D1985825

Rolf Gutmann
Rechte für Ausländer

JOB AKTUELL

Rolf Gutmann

Rechte für Ausländer

Aufenthaltsrecht
Arbeitsrecht
Sozialrecht

BUND
VERLAG

Bibliografische Information der Deutschen Nationalbibliothek
Die Deutsche Nationalbibliothek verzeichnet diese Publikation in der Deutschen Nationalbibliografie; detaillierte bibliografische Daten sind im Internet über http://dnb.d-nb.de abrufbar.

Herstellung: Birgit Fieber
Umschlag: Neil McBeath, Stuttgart
Satz: JOUVE Germany, Kriftel
Druck: freiburger graphische betriebe, Freiburg
Printed in Germany 2009
ISBN 978-3-7663-3887-7

www.bund-verlag.de

Inhaltsverzeichnis

Literaturverzeichnis

Annuß, Georg: Mitwirkung und Mitbestimmung der Arbeitnehmer im Regierungsentwurf eines Gesetzes zur Reform des BetrVG, NZA 2001, 367

v. Bar, Christian: Internationales Privatrecht, 2. Band, Besonderer Teil, München 1991

Bauer, Jobst-Hubertus: Arbeitsrechtliche Auswirkungen des neuen Verbraucherschutzrechts, DB 2002, 42

Beichel, Stephan: Ausweisungsschutz und Verfassung, 2001

Benassi, Günter: Die aufenthaltsrechtliche Bedeutung des Assoziationsratsbeschlusses 1/80 im Lichte der neuen Rechtsprechung, InfAuslR 1995, 89

Bergmann, Jan/Kenntner, Markus: Deutsches Vewaltungsrecht unter europäischem Einfluss, Stuttgart 2002

Böhm, Wolfgang: Arbeitnehmer-Entsendegesetz als »Ermächtigungsgesetz«? NZA 1999, 128

Borgmann, Bernd: Entsendung drittstaatsangehöriger Arbeitnehmer durch EU-Unternehmen nach Deutschland, ZAR 1996, 119

Breidenbach, Wolfgang: Die Auswirkungen des Assoziationsrechts EG/Türkei auf das deutsche Arbeitsgenehmigungsrecht, 2000

Buschkröger, Katja: Das »Sprachrisiko« im Inland, AiB 1999, 545

Campos, Manuel: Die Verhinderung von Ausländerdiskriminierung und Förderung der Chancengleichheit am Arbeitsplatz, AiB 1998, 14

Classen, Georg: Sozialleistungen für MigrantInnen und Flüchtlinge, 2008

Däubler, Wolfgang: EG-Arbeitsrecht auf dem Vormarsch, NZA 1992, 577

ders.: Ein Antidumping-Gesetz für die Bauwirtschaft, DB 1995, 726

Däubler, Wolfgang/Kittner, Michael/Lörcher, Klaus: Internationale Arbeits- und Sozialordnung, 2. Aufl. 1994 (DKL)

von Danwitz, Thomas: Die Rechtsprechung des EuGH zum Entsenderecht, EuZW 2002, 237

Davy, Ulrike: Das Verbot der Diskriminierung wegen der Behinderung im deutschen Verfassungsrecht und im europäischen Gemeinschaftsrecht, in: *Eichenhofer, Eberhard*, Die Behinderten in der sozialen Sicherung, 2002

Deibel, Klaus: Die Neuregelung des Asylbewerberleistungsrechts 2005, ZAR 2004, 321

Dienelt, Klaus: Die Visafreiheit türkischer Touristen und anderer Dienstleistungsempfänger, InfAuslR 2001, 473

ders.: Rechte aus den Europa-Mittelmeer-Abkommen, InfAuslR 2004, 45

ders.: Die Titelfiktion des §81 Abs. 4 AufenthG bei verspäteter Antragstellung, InfAuslR 2005, 136

Dieterich, Thomas/Hanau, Peter/Schaub, Günter (Hrsg.): Erfurter Kommentar zum Arbeitsrecht, 2. Aufl. 2001

Diller, Martin: Englisch im Betrieb und Betriebsverfassung, DB 2000, 718

Eichenhofer, Eberhard: Sozialrecht in der Europäischen Union, 2. Aufl. 2003

ders., Die sozialrechtliche Stellung von Ausländern aus Nicht-EWG- sowie Nicht-Abkommensstaaten, in: *Klaus Barwig/Klaus Sieveking/Gisbert Brinkmann/Klaus Lörcher/Sibylle Röseler (Hrsg.)* Sozialer Schutz von Ausländern in Deutschland, 1997, 63

Eriksen, Lars: Die Anwendbarkeit des Art. 48 EWGV auf den deutschen juristischen Vorbereitungsdienst, NVwZ 1995, 1061

Fehrenbacher, Ansgar: Personenfreizügigkeit zwischen den EG-Mitgliedstaaten und der Schweiz, ZAR 2002, 278

ders.: Die Freizügigkeitsregelungen im Rahmen der EU-Erweiterung und ihre ausländerrechtlichen Folgen, ZAR 2004, 22

Feldgen, Dagmar: Nachweisgesetz, 1995

Fitting, Karl/Kaiser, Heinrich/Heither, Friedrich/Engels, Gerd/Schmidt, Ingrid: Betriebsverfassungsgesetz, 22. Aufl. 2004

Frings, Dorothee: Sozialrecht für Zuwanderer, 2008

Förster, Hartmut/Heidenreich, Jürgen/Heuser, Achim: Auslandsentsendung und Beschäftigung ausländischer Arbeitnehmer, 2002

Forch, Stefan: Freizügigkeit für Studienreferendare, NVwZ 1987, 27

Franz, Fritz: Benachteiligung der ausländischen Wohnbevölkerung, in: *Barwig, Klaus/Brinkmann, Gisbert/Huber, Bertold/Lörcher, Klaus/Schumacher, Christoph* (Hrsg.): Vom Ausländer zum Bürger. Problemanzeigen im Ausländer-, Asyl- und Staatsangehörigkeitsrecht, Festschrift für Fritz Franz und Gert Müller, 1994, 615

Geffken, Rolf: Soziale Grundrechte unter Vorbehalt?, NZA 1995, 504

Geiger, Udo: Der Zugang Drittstaatsangehöriger zum SGB II – Grundsicherung für Arbeitsuchende, InfAuslR 2004, 360

Glupe, Gerrit: Die Ausweisung türkischer Arbeitnehmer nach dem Nazli-Urteil des EuGH, ZAR 2000, 167

Von der Groeben/Thiesing/Ehlermann: EU-/EG-Vertrag, 5. Aufl.

Hailbronner, Kay: Die Stillhalteklauseln des Assoziationsrechts EWG/Türkei, ZAR 2004, 45

Hanau, Peter: Das Arbeitnehmer-Entsendegesetz, NJW 1996, 1369

Hänlein, Andreas: Ende des Streits um den befristeten Arbeitsvertrag von Fremdsprachenlektoren – zur Änderung des § 57 b III HRG, NZA 1999, 513

Heinhold, Hubert/Classen, Georg: Das neue Zuwanderungsgesetz. Hinweise für die Flüchtlingssozialarbeit, 2004

Heinz, Andreas/Schuhmann, Helmut/Busemann, Andreas: Ausländische Arbeitnehmer. Aufenthalts-, Arbeitsgenehmigungs-, Arbeits-, Steuer- und Sozialversicherungsrecht, 2. Aufl. 2002

Heldmann, Hans Heinz: Ausländergesetz. Kommentar, 2. Aufl. 1993

Helm, Rüdiger: Übersetzungen für ausländische Beschäftigte, AiB 1993, 70

Hofherr, Karin: Die illegale Beschäftigung ausländischer Arbeitnehmer und ihre arbeitsvertraglichen Folgen, 1999

Hofmann, Rainer/Hoffmann, Holber: Ausländerrecht, 2008

Hohm, Karl-Heinz (Hrsg.): Asylbewerberleistungsgesetz (AsylbLG). Kommentar, Stand 12/2008

Huber, Bertold/Göbel-Zimmermann, Ralph: Ausländer- und Asylrecht, 2. Aufl. 2008

Huber, u. a., Handbuch des Ausländer- und Asylrechts, 20. Aufl., 2006

Hümmerich, Klaus/Holthausen, Joachim: Der Arbeitnehmer als Verbraucher, NZA 2002, 173

Ignor, Alexander/Rixen, Stephan (Hrsg.): Handbuch Arbeitsstrafrecht. Die Tatbestände der einschlägigen Gesetze, 2002

Junker, Abbo/Wichmann, Julia: Das Arbeitnehmer-Entsendegesetz – Doch ein Verstoß gegen Europäisches Recht?, NZA 1996, 505

Kittner, Michael/Zwanziger, Bertram (Hrsg.): Arbeitsrecht. Handbuch für die Praxis, 2003, 2. Aufl. (Kittner)

Koenigs, Folkmar: Zum Verhältnis Dienstleistungsfreiheit – sozialer Schutz der Arbeitnehmer, DB 2002, 1270

Kienle, Thomas/Koch, Alexander: Grenzüberschreitende Arbeitnehmerüberlassung – Probleme und Folgen, DB 2001, 922

Kretz, Jürgen: Arbeitnehmer-Entsendegesetz, 1996

Krummel, Christoph/Küttner, Wolfdieter: Antisemitismus und Ausländerfeindlichkeit im Betrieb, NZA 1996, 67

Küttner, Wolfdieter (Hrsg.): Personalbuch 2002 Arbeitsrecht Lohnsteuerrecht Sozialversicherungsrecht, 11. Aufl. 2004

Lansnicker, Frank/Schwirtzek, Thomas: Außerdienstliches fremdenfeindliches Verhalten des Arbeitnehmers als Kündigungsgrund?, DB 2001, 865

Lörcher, Klaus: Die Rechte der türkischen Arbeitnehmer/Innen nach der Ratifizierung der Europäischen Sozialcharta durch die Türkei und dem Sevince-Urteil des EuGH, EuZW 1991, 395

Lunk, Stefan: »Export« deutschen Arbeitsschutzrechts? Zugleich Anmerkung zu den Auswirkungen der Entsenderichtlinie bei Entsendung deutscher Arbeitnehmer in andere EG-Mitgliedstaaten, DB 2001, 1934

Mager, Ute: Möglichkeiten und Grenzen rechtlicher Maßnahmen gegen die Diskriminierung von Ausländern, ZAR 1992, 170

Marx, Reinhard: 25 Jahre deutsches Asylrecht, InfAuslR 2004, 21

ders.: Strategische Überlegungen zur Befristung von Ausweisung und Abschiebung, InfAuslR 2003, 374

Mrozynski, Peter: Die Übernahme der Kosten für einen Dolmetscher im Zusammenhang mit der Erbringung von Sozialleistungen, ZfSH/SGB 2003, 470

Natzel, Ivo: Schutz des Arbeitnehmers als Verbraucher?, NZA 2002, 595

Rehwald, Rainer: Arbeitsunfähigkeit im Ausland, AiB 1998, 301

Reiserer, Kerstin: Allgemeiner Kündigungsschutz bei Arbeitsverhältnissen mit Auslandsbezug, NZA 1994, 673

Remmert A. Stock: Zugang zu Gaststätten und Rassendiskriminierung, ZAR 1999, 118

Renck, Ludwig: Das Schulkreuz und die Lehrer, NVwZ 2002, 955

Renner, Günter: Ausländerrecht in Deutschland, 1998

Riesenhuber, Karl: Die Sprache des arbeitsrechtlichen Nachweises, NZA 1999, 798

Rittstieg, Helmut: Aktuelle Fragen des Ausländerrechts, NJW 1972, 2153

Rixen, Stephan: Krankheit oder Glaubensfreiheit, NJW 2003, 1712

Schaub, Günter: Arbeitsrechtshandbuch, 10. Aufl. 2002

Schiek, Dagmar: Diskriminierung wegen »Rasse« oder »ethnischer Herkunft« – Probleme der Umsetzung der RL 2000/43/EG im Arbeitsrecht, AuR 2003, 44

Schlachter, Monika: Grenzüberschreitende Arbeitsverhältnisse, NZA 2000, 57

Schöne, Steffen: Die Novellierung der Gewerbeordnung und die Auswirkungen auf das Arbeitsrecht, NZA 2002, 829

Schuler, Rolf: Das Internationale Sozialrecht der Bundesrepublik Deutschland, 1988

Sieveking, Klaus: Zur Bedeutung des Arbeitslosengeldes II für Ausländer, ZAR 2004, 283

Steindorff, Berufsfreiheit für nichtwirtschaftliche Zwecke im EG-Recht, NJW 1982, 1902

Stiebig, Volker: Ein »altes« Thema neu belebt: Kirchenasyl, ZAR 2004, 101

Thüsing, Gregor: Richtlinienkonforme Auslegung und unmittelbare Geltungskraft von EG-Richtlinien im Anti-Diskriminierungsrecht, NJW 2003, 3441

Tryjanowski, Alexandra: Recht auf Wiederkehr und Art. 8 EMRK, InfAuslR 2007, 268

Vedder, Christoph: Rechtswirkungen von Assoziationsratsbeschlüssen, EuR 1994, 202

Weber, Claus: Die Rechte erwerbsunfähiger türkischer Arbeitnehmer nach dem Assoziationsratsbeschluß EWG-Türkei Nr. 1/80, NVwZ 1995, 1080

Weiß, Wolfgang: Zur Wirkung des arbeitsrechtlichen Gleichbehandlungsgebots in den Assoziationsabkommen der EG mit Drittstaaten insbesondere auf Ausländerklauseln, InfAuslR 1998, 313

ders.: Transfersysteme und Ausländerklauseln unter dem Licht des EG-Kartellrechts, SpuRT 1998, 97

Westphal, Volker/Stoppa, Edgar: Die EU-Osterweiterung und das Ausländerrecht, InfAuslR 2004, 133

Wesel, Uwe: Turnvater Jahn und der Bart des Propheten, NJW 1994, 1389

Zimmer, Reingard: Fremdenfeindlichkeit und Rassismus im Betrieb, AiB 2001, 256

Abkürzungsverzeichnis

a. A.	anderer Auffassung
a. a. O.	am angegebenen Ort
Abs.	Absatz
AEntG	Arbeitnehmer-Entsendegesetz
a. F.	alte Fassung
AG	Amtsgericht
AGBG	Gesetz über die Allgemeinen Geschäftsbedingungen
AGG	Allgemeines Gleichstellungsgesetz
AiB	Arbeitsrecht im Betrieb
ÄnderungsG	Änderungsgesetz
AO	Abgabenordnung
AOK	Allgemeine Ortskrankenkasse
AP	Nachschlagewerk des Bundesarbeitsgerichts – Arbeitsrechtliche Praxis –
ArbG	Arbeitsgericht
ArbPlSchG	Arbeitsplatzschutzgesetz
ARB 1/80	Beschluss Nr. 1/80 des Assoziationsrats EWG-Türkei
ArbGG	Arbeitsgerichtsgesetz
ArbSchG	Arbeitsschutzgesetz
ArGV	Arbeitsgenehmigungsverordnung
Art.	Artikel
AssAbk	Assoziierungsabkommen
AsylbLG	Asylbewerberleistungsgesetz
AsylVfG	Asylverfahrensgesetz
AuAS	Schnelldienst Ausländer- und Asylrecht
AufenthG	Aufenthaltsgesetz
AufenthV	Aufenthaltsverordnung
Aufl	Auflage
AuR	Arbeit und Recht
AuslG	Ausländergesetz

AÜG	Arbeitnehmer-Überlassungsgesetz
AUV	Auslandsumzugsverordnung
Az.	Aktenzeichen
BaFöG	Bundesausbildungsförderungsgesetz
BAG	Bundesarbeitsgericht
BÄO	Bundesärzteordnung
BAT	Bundes-Angestellten-Tarifvertrag
BauArbbV	Verordnung über zwingende Arbeitsbedingungen im Baugewerbe
BaubetriebeVO	Baubetriebe-Verordnung
Bay.	Bayerisches
BayObLG	Bayerisches Oberstes Landesgericht
BB	Betriebsberater
BBeamtG	Bundesbeamtengesetz
BBiG	Berufsbildungsgesetz
BEEG	Bundeselterngeld- und Elternzeitgesetz
BErzGG	Bundeserziehungsgeldgesetz
BeschV	Verordnung über die Zulassung von neueinreisenden Ausländern zur Ausübung einer Beschäftigung – Beschäftigungsverordnung
BeschVerfV	Verordnung über das Verfahren und die Zulassung von im Inland lebenden Ausländern zur Ausübung einer Beschäftigung – Beschäftigungsverfahrensverordnung
BetrAVG	Gesetz zur Verbesserung der betrieblichen Altersversorgung
BetrVG	Betriebsverfassungsgesetz
BFH	Bundesfinanzhof
BFH/NV	Bundesfinanzhof/amtlich nicht veröffentlichte Entscheidungen
BFM	Bundesfinanzministerium
BGB	Bürgerliches Gesetzbuch
BGBl.	Bundesgesetzblatt
BGH	Bundesgerichtshof
BKGG	Bundeskindergeldgesetz
BPersVG	Bundespersonalvertretungsgesetz
BRRG	Beamtenrahmengesetz
BSHG	Bundessozialhilfegesetz

BSG	Bundessozialgericht
BSGE	Bundessozialgerichts-Entscheidungen
BStBl	Bundessteuerblatt
BUrlG	Bundesurlaubsgesetz
BVerfG	Bundesverfassungsgericht
BVerwG	Bundesverwaltungsgericht
BVersG	Bundesversorgungsgesetz
BVG	Bundesvertriebenen- und Flüchtlingsgesetz
bzw.	beziehungsweise
DB	Der Betrieb
ders.	derselbe
DRdA	Das Recht der Arbeit
DStZ	Deutsche Steuerrechtszeitschrift
DÜ	Dubliner Übereinkommen
DVBl.	Deutsches Verwaltungsblatt
ebd.	ebenda
EBRG	Europäisches Betriebsräte-Gesetz
EFA	Europäisches Fürsorgeabkommen
EFG	Entscheidungen der Finanzgerichte
EFTA	European Free Trade Association (Europäische Freihandelszone (der Nicht-EWG-Staaten))
EFZG	Entgeltfortzahlungsgesetz
EG	EG-Vertrag
EGBGB	Einführungsgesetz zum Bürgerlichen Gesetzbuch
EGMR	Europäischer Gerichtshof für Menschenrechte
EGV	Europäischer Gemeinschaftsvertrag
EMRK	Europäische Menschenrechtskonvention
ENA	Europäisches Niederlassungsabkommen
ErfK	Erfurter Kommentar
EStG	Einkommensteuergesetz
EU	Europäische Union
EU/EWR HwV	Verordnung über die für Staatsangehörige der Mitgliedstaaten der Europäischen Union oder eines anderen Vertragsstaates des Abkommens über den Europäischen Wirtschaftsraum oder der Schweiz geltenden Voraussetzungen der Eintragung in die Handwerksrolle

EuGH	Gerichtshof der Europäischen Gemeinschaft (im Sprachgebrauch: Europäischer Gerichtshof)
Eugrz	Europäische grundrechte-zeitschrift
EuGVÜ	Europäisches Gerichtsstand- und Vollstreckungsübereinkommen
EuR	Europarecht
EuZW	Europäische Zeitschrift für Wirtschaftsrecht
evtl.	eventuell
EWG	Europäische Wirtschaftsgemeinschaft
EWGV	Europäische Wirtschaftsgemeinschafts-Gründungs-Vertrag
EWR	Europäischer Wirtschaftsraum
EzA	Entscheidungssammlung zum Arbeitsrecht
EZAR	Entscheidungssammlung zum Ausländer- und Asylrecht
EWR	Europäischer Wirtschaftsraum
f.	folgende
ff.	fortfolgende
FeV	Fahrerlaubnisverordnung
FG	Finanzgericht
FlaggenRG	Flaggenrechtsgesetz
FreizügG/EU	Freizügigkeitsgesetz/EU
GAD	Gesetz über den Auswärtigen Dienst
gem.	gemäß
GewA	Gewerbearchiv
GewO	Gewerbeordnung
Ggfls.	Gegebenenfalls
GFK	Genfer Flüchtlingskonvention
GG	Grundgesetz
GK	Gemeinschaftskommentar
GmbH	Gesellschaft mit beschränkter Haftung
GmbHR	GmbH-Rundschau
HAG	Gesetz über die Rechtstellung heimatloser Ausländer
Hess.	Hessisches
HGB	Handelsgesetzbuch

HRG	Hochschulrahmengesetz
Hrsg.	Herausgeber
ILO	Internationale Arbeitsorganisation
InfAuslR	Informationsbrief Ausländerrecht
IntV	Integrationsverordnung
IPR	Internationales Privatrecht
i.V. m.	in Verbindung mit
JArbSchG	Jugendarbeitsschutzgesetz
JR	Juristische Rundschau
JZ	Juristenzeitung
KiStG	Kirchensteuergesetz
krit.	kritisch
KSchG	Kündigungsschutzgesetz
LAG	Landesarbeitsgericht
Lkw	Lastkraftwagen
LPartG	Lebenspartnerschaftsgesetz
LSG	Landessozialgericht
m. w. N.	mit weiteren Nachweisen
MDR	Monatsschrift für Deutsches Recht
m. E.	Meines Erachtens
MindestlohnVO	Mindestlohn-Verordnung
MOE-Staaten	Staaten Mittel- und Osteuropas
MuSchG	Mutterschutzgesetz
NachwG	Nachweisgesetz
NATO	North Atlantic treaty organisation (Nord-atlantisches Verteidigungsbündnis)
Nds.	Niedersächsisches
NDV	Nachrichtendienst des Deutschen Vereins für öffentliche und private Fürsorge
Nieders.	Niedersachsen
NJW	Neue Juristische Wochenschrift
NJW-RR	Neue Juristische Wochenschrift – Rechtsprechungsreport

Nr.	Nummer
NS	National-sozialistisch
NVwZ	Neue Zeitschrift für Verwaltungsrecht
NVwZ-RR	Neue Zeitschrift für Verwaltungsrecht – Rechtsprechungsreport
NZA	Neue Zeitschrift für Arbeitsrecht
NZA-RR	Neue Zeitschrift für Arbeitsrecht – Rechtsprechungsreport
NZS	Neue Zeitschrift für Sozialrecht
NRW	Nordrhein-Westfalen
OEG	Opferentschädigungsgesetz
ÖGB	Österreichischer Gewerkschaftsbund
LG	Oberlandesgericht
OVG	Oberverwaltungsgericht
OWiG	Gesetz über Ordnungswidrigkeiten
PassG	Passgesetz
PAuswG	Personalausweisgesetz
RL	Richtlinie
Rn.	Randnummer
S.	Seite
SchwbG	Schwerbehindertengesetz
SDÜ	Schengener Durchführungsübereinkommen
SeemannsG	Seemannsgesetz
SG	Sozialgericht
SGB I	Erstes Buch Sozialgesetzbuch – Allgemeiner Teil
SGB II	Zweites Buch Sozialgesetzbuch – Grundsicherung für Arbeitssuchende
SGB III	Drittes Buch Sozialgesetzbuch – Arbeitsförderung
SGB V	Fünftes Buch Sozialgesetzbuch – Gesetzliche Krankenversicherung
SGB VI	Sechstes Buch Sozialgesetzbuch – Rentenversicherung
SGB VII	Siebtes Buch Sozialgesetzbuch – Gesetzliche Unfallversicherung
SGB VIII	Achtes Buch Sozialgesetzbuch – Kinder- und Jugendhilfe

SGB IX	Neuntes Buch Sozialgesetzbuch – Rehabilitation und Teilhabe behinderter Menschen
SGB XII	Zwölftes Buch Sozialgesetzbuch – Sozialhilfe
SIS	Schengener Informationssystem
Slg.	Sammlung
sog.	sogenannte
SozR	Sozialrecht
SpuRT	Sport und Recht
StaatenlÜbk	Staatenlosen-Übereinkommen
StAG	Staatsangehörigkeitsgesetz
StGB	Strafgesetzbuch
TVG	Tarifvertragsgesetz
TzBfG	Teilzeit- und Befristungsgesetz
u.	und
u. a.	unter anderem; und andere
ULAK	Urlaubs- und Lohnabrechnungskasse
UVG	Unterhaltsvorschussgesetz
v.	von
VerfGH	Verfassungsgerichtshof
VersR	Versicherungsrecht
VG	Verwaltungsgericht
VGH	Verwaltungsgerichtshof
vgl.	vergleiche
VO	Verordnung
VwGO	Verwaltungsgerichtsordnung
VwVfG	Verwaltungsverfahrensgesetz
VwZG	Verwaltungszustellungsgesetz
WahlO BetrVG	Wahlordnung zum Betriebsverfassungsgesetz
WoBindG	Wohnungsbindungsgesetz
WoFG	Wohnraumförderungsgesetz
WoGG	Wohngeldgesetz
WoGVwV	Verwaltungsvorschrift zum Wohngeldgesetz
ZAR	Zeitschrift für Ausländerrecht
z. B.	zum Beispiel

ZfsH/SGB	Zeitschrift für Sozialhilfe und Sozialgesetzbuch
ZPO	Zivilprozessordnung
ZusProt	Zusatzprotokoll zum Assoziationsabkommen EWG-Türkei

Vorbemerkung

Erst seit kurzer Zeit besteht eine allgemeine Übereinstimmung darüber, dass Deutschland ein Zuwanderungsland ist. In der alten Bundesrepublik stieg der Bevölkerungsanteil der Vertriebenen und DDR-Flüchtlinge von 16,7 % im Jahr 1950 auf 23,9 % 10 Jahre später. Im Vergleich hierzu betrug der Ausländeranteil an den Beschäftigten im Jahr 1959 0,8 % und liegt heute bei 9 %.

Zuwanderung ist ein Merkmal von Reichtum. Weltweit sind wohlhabende Länder durch Zuwanderung gekennzeichnet, Abwanderung kennzeichnet arme Länder. Je ärmer ein Land ist, umso größer ist im Zeichen weltweiter Mobilität die Bereitschaft zur Auswanderung und umso geringer ist die Attraktivität eines solchen Landes für Ausländer. Eine von Zuwanderung geprägte Situation verweist in der Regel auf eine günstige wirtschaftliche Gesamtlage. Fehlt Zuwanderung und wird der Wanderungstrend zu einer Abwanderung, ist eine Änderung durch eine aktive Wirtschaftspolitik geboten.

In den letzten Jahren hat sich die Zuwanderung ins Bundesgebiet auf dem Hintergrund wachsender ökonomischer Schwierigkeiten verringert. Einen negativen Wanderungssaldo verzeichnen die Statistiker für Zeiträume, die durch eine besonders krisenhafte Wirtschaftsentwicklung gekennzeichnet sind.

Deutschland kann ähnlich wie andere hochindustrialisierte Staaten in einigen Bereichen der Wirtschaft einen gestiegenen Bedarf an hochqualifizierten Fach- und Führungskräften nicht nur aus eigenem Nachwuchs decken. Weltweit findet auf einem internationalen Arbeitsmarkt ein Wettbewerb um die besten Kräfte statt, um die Konkurrenzfähigkeit der Wirtschaft zu erhalten und die Leistungsfähigkeit von Wissenschaft und Forschung zu sichern und auszubauen.

Ein gravierendes Problem ist die wachsende Überalterung der Gesellschaft. Bevölkerungswissenschaftler prognostizieren für das Jahr 2050 wegen steigender Lebenserwartung und sinkender Geburtenzahlen gravierende Veränderungen der Altersstruktur. Kommen derzeit auf zehn Personen im Alter zwischen 20 und 60 Jahren vier Personen, die älter als 60 sind, werden dies 2050 acht Personen sein. Gleichzeitig wird nicht nur in Deutschland und in Europa die Bevölkerungszahl zurückgehen.

Die demografische Entwicklung gefährdet unseren Wohlstand und unsere Wettbewerbsfähigkeit. In Zukunft rücken immer weniger junge Menschen mit frisch erworbenem Wissen im Arbeitsmarkt nach. Dadurch kann die Innovationsfähigkeit unserer Wirtschaft erlahmen. Zwar ist Zuwanderung allein nicht ausreichend, um die gesellschaftlichen Folgen dieser Entwicklung auszugleichen. Neben der Belebung des Binnenmarkts muss der Arbeitnehmer am Produktivitätszuwachs unserer Gesellschaft teilhaben können. Doch Zuwanderung bleibt ein wichtiger Faktor für die Gestaltung unserer Zukunft.

Ein rechtsstaatliches und demokratisches Problem liegt in der Tatsache, dass die meisten Immigranten ebenso wie ihre im Land geborenen Kinder ein Leben in Deutschland verbringen, ohne die deutsche Staatsangehörigkeit zu erwerben. Für diese Inländer bedeutet der Ausländerstatus Ausgrenzung und Diskriminierung. Deshalb muss die rechtsstaatliche Grundfrage der Gleichbehandlung aufgeworfen werden. Wenn in manchen Stadtteilen die Mehrheit der Einwohner nicht die deutsche Staatsangehörigkeit besitzt, werden diese Stadtteile nur noch von einer Minderheit regiert, die Struktur ist dann unter demokratischstaatlichen Gründen fragwürdig. So wird die Einbeziehung der dauerhaft sesshaft gewordenen Einwanderer in vieler Hinsicht zur Zukunftsfrage einer Gesellschaft, in der Zuwanderung und Wohlstand eng zusammenhängen.

Die politischen Parteien streiten intensiv um den hiernach gebotenen Umgang mit Zuwanderung und den durch sie hervorgerufenen sozialen Fragestellungen. Die Entwicklung des Ausländerrechts ist von diesen Auseinandersetzungen geprägt und deshalb besonders raschen Veränderungen unterworfen. Die Bedeutung des Ausländerrechts wird in den kommenden Jahren nicht abnehmen. Unter permanentem Reformdruck wird dieses Recht entgegen aller Versprechen, vereinfacht zu werden, zunehmend komplizierter.

Gute Gesetze zeichnen sich durch Klarheit, Einfachheit und Eleganz aus. Die Formulierungen des Zuwanderungsgesetzes sind hölzern und bleiben dem Nichtjuristen teilweise unverständlich. Teilweise erscheinen sie als plump, teilweise als überflüssig, wie z. B. über das Ruhen ausländerrechtlicher Verpflichtungen eines Gefangenen. Schon als der

Gesetzesbeschluss verfasst wurde entstand Änderungsbedarf, u. a. weil verbindlichen Vorgaben der Europäischen Union (noch) nicht entsprochen wurde. Mit dem »Richtlinienumsetzungsgesetz« wurden eine Reihe europäischer Richtlinien umgesetzt, teilweise fehlerhaft.

Immer unübersichtlicher wurde in den vergangenen Jahren das auf Ausländer anzuwendende Sozialrecht. In dem Bemühen, den Sozialstaat effektiver zu gestalten, wurden bei dieser Gruppe Einsparpotentiale entdeckt, denen wiederum die Rechtsprechung des Bundesverfassungsgerichts und des Europäischen Gerichtshofs entgegenwirken. Dieses Buch will einen Beitrag leisten, in einem unübersichtlichen Feld einen Überblick zu gewinnen. Eine auch nur annähernd umfassende Darstellung des Ausländersozialrechts ist wegen der Komplexität des Gebiets hier nicht möglich.

Im Arbeitsrecht fehlen weithin Sondernormen für ausländische Arbeitnehmer. Dennoch bestehen einige Fragen, die besonders durch die Beschäftigung von Ausländern aufgeworfen werden und die hier darzustellen sind.

Zusammenfassend ist die Überbürokratisierung des Ausländerrechts zu kritisieren, das für die Angehörigen der nicht der EU angehörenden Staaten gilt. Die Gleichbehandlung im Arbeitsrecht will Lohndumping und einer dadurch bewirkten Verschlechterung der Chancen von Inländern am Arbeitsmarkt entgegenwirken. Demgegenüber erfolgt durch Benachteiligungen im Sozial- und teilweise auch im – hier nicht dargestellten – Steuerrecht eine Extra-Ausbeutung ausländischer Arbeitnehmer von Staats wegen.

Wer ist Ausländer?

Ausländer sind Personen mit einer fremden Staatsangehörigkeit. Dahinter verbergen sich sehr unterschiedliche Rechtspositionen. Ausländer bezeichnet dem ursprünglichen Wortsinn nach einen Menschen, dessen Lebensmittelpunkt sich außerhalb des Landes befindet, der im Ausland lebt und der daher nicht zu diesem Land und zu dieser Gesellschaft gehört. Im Rechtssinne ist darüber hinaus Ausländer jeder, der nicht die deutsche Staatsangehörigkeit (oder die Volkszugehörigkeit im Sinne des Art. 116 Abs. 1 GG) hat. Ausländer im Rechtssinn sind daher auch viele Inländer, die u. a. als sog. Gastarbeiter in dieses Land einwanderten, ihre Familienangehörigen und ihre Nachkommen.

Ebenfalls Nichtdeutsche sind **Staatenlose,** d. h. Personen ohne Staatsangehörigkeit. Auch sie gelten deshalb als Ausländer. Für diesen Personenkreis gelten vor allem die völkervertraglich eingegangenen Verpflichtungen der Bundesrepublik Deutschland im Übereinkommen über die Rechtsstellung der Staatenlosen vom 28. 9. 1954 und im Übereinkommen zur Verminderung der Fälle von Staatenlosigkeit vom 13. 9. 1973.

Die Bezeichnung als Ausländer steht im offenen Widerspruch zur gesellschaftlichen Situation der Inländer ohne deutsche Staatsangehörigkeit. Diesem Widerspruch wird oft durch die beschönigende Rede vom »ausländischen Mitbürger« ausgewichen, nachdem die Bezeichnung »Gastarbeiter« ganz offensichtlich falsch geworden ist. Aber auch die Bezeichnung »ausländischer Mitbürger« ist falsch, darüber hinaus irreführend und illusionär. Menschen ohne deutsche Staatsangehörigkeit, ob Inländer oder Ausländer, sind nicht Mitbürger. Ihnen fehlen die Bürgerrechte. Darüber hinaus stehen sie unter ausländerrechtlichen Sondernormen, die sie gegenüber den Staatsangehörigen abgrenzen und diskriminieren.

Ausländer sind nicht rechtlos. Deutschland soll nach seiner Verfassung ein Rechtsstaat auch für Ausländer sein. Dies gilt auch für Ausländer, die mangels Aufenthaltstitels ausreisepflichtig sind. Sie werden als **Illegale** bezeichnet. Doch nur ihr Aufenthalt ist illegal. Im Übrigen genießen sie den Schutz der Rechtsordnung.

Man kann zwischen mehr und weniger privilegierten sowie nicht privilegierten Ausländern unterscheiden. Besonders begünstigt sind **Unionsbürger** und ihre Familienangehörigen. Für sie gelten umfassende Diskriminierungsverbote. Teilweise werden sie von der Rechtsprechung besser gestellt als Deutsche und ihre Familienangehörigen.

Die **Freizügigkeit** nach europäischem Recht steht Unionsbürgern nicht in jedem Fall zu. Wer von ihr Gebrauch machen will, muss bestimmte Voraussetzungen erfüllen, mit deren Verlust das Recht auf europäische Freizügigkeit auch wieder verloren gehen kann. Dies unterscheidet die europäische Freizügigkeit von der innerstaatlichen Freizügigkeit gem. Art. 11 GG, die jedem deutschen Staatsangehörigen ohne jede weitere Voraussetzung zusteht. Freizügigkeit beinhaltet nicht nur aufenthaltsrechtliche, sondern auch arbeits-, sozial- und steuerrechtliche Diskriminierungsverbote.

Staatsangehörige anderer Staaten als den EU-Staaten bezeichnen wir als **Drittstaatsangehörige**. Ihr Status richtet sich zunächst nach den Bestimmungen des nationalen Rechts. Weitergehende Rechte sind teilweise aufgrund völkerrechtlicher Vereinbarungen der Europäischen Union oder der Bundesrepublik Deutschland zu gewähren. So verschaffen das EWR-Abkommen den Staatsangehörigen Norwegens, Islands und Liechtensteins und das Freizügigkeitsabkommen mit der Schweiz deren Staatsangehörigen volle Freizügigkeit in der Europäischen Gemeinschaft.

Aufgrund des Assoziationsverhältnisses zwischen der Europäischen Gemeinschaft und der Türkei sind in der Gemeinschaft ordnungsgemäß beschäftigte **türkische Staatsangehörige** und ihre Familienangehörigen in Bezug auf den Aufenthaltsstatus, die Erwerbstätigkeit und die sozialrechtliche Stellung besonders begünstigt.

Weniger weit reichen die Begünstigungen, die die völkerrechtlichen Vereinbarungen der Europäischen Union vor allem den Staatsangehörigen aus den Maghreb-Staaten Algerien, Marokko und Tunesien verschafft. Auch die Abkommen der Europäischen Union mit Staaten wie Russland oder der Ukraine enthalten innerstaatlich anwendbare Regelungen.

Für **Asylberechtigte**, Konventions- und andere Flüchtlinge gelten die Regeln der Genfer Flüchtlingskonvention vom 28. 7. 1951, die besonders den Rechtsstatus nach Anerkennung regelt. Die Zuständigkeit für die Aufnahme von Flüchtlingen in der Europäischen Gemeinschaft legt das Dubliner Übereinkommen fest. Den Status der Asylbewerber während des in Deutschland durchgeführten Asylverfahrens regelt das AsylVfG.

Eine kleine Personengruppe sind die **Heimatlosen Ausländer**. Das sind während des 2. Weltkriegs nach Deutschland verschleppte Opfer des NS-Regimes, die nach 1945 nicht in ihre Herkunftsstaaten zurückkehrten, und deren Kinder. Nach dem Gesetz über die Heimatlosen Ausländer genießen sie weitgehende Gleichstellung mit Deutschen, doch es wird an der Möglichkeit ihrer Ausweisung festgehalten.

Besondere Vorschriften gelten für Ausländer, die der deutschen Gerichtsbarkeit nicht unterliegen. Dies sind vor allem die Mitglieder des **diplomatischen Personals** der in der Bundesrepublik tätigen Botschaften, deren Familienmitglieder und Hauspersonal. Darunter fällt auch das Personal konsularischer Vertretungen und die Angehörigen internationaler Organisationen und Institutionen. Dazu zählen auch die Regelungen im NATO-Truppenstatut für die Mitglieder der NATO-Stationierungsstreitkräfte, ihr ziviles Gefolge und ihre Angehörigen.

Dieses Buch kann nur einen knappen Überblick über ein hochkomplexes Rechtsgebiet geben. Es werden Hinweise zu den häufig in der Praxis auftretenden Einzelfragen gegeben. Vollständigkeit ist nicht nur vom Umfang dieses Buches her, sondern auch aufgrund der Kompliziertheit der Materie nicht erreichbar.

A. Deutsches Ausländerrecht

1. Aufenthaltstitel

1.1 Visum

1.1.1 Visumserfordernis

Ausländer, die nicht Angehörige eines Mitgliedstaats der EU sind, benötigen für ihren Inlandsaufenthalt grundsätzlich einen Aufenthaltstitel. Ausnahmen ergeben sich aus dem Recht der EU und aus einigen älteren Sichtvermerksabkommen (vgl. § 16 AufenhV). § 4 AufenthG benennt als Aufenthaltstitel das Visum, die Aufenthaltserlaubnis, die Niederlassungserlaubnis und die Erlaubnis zum Daueraufenthalt-EG.

Aufenthaltstitel

<table>
<tr><th>Visum</th><th>Aufenthalts-erlaubnis</th><th>Niederlassungs-erlaubnis</th><th>Erlaubnis zum Daueraufenthalt-EG</th></tr>
<tr><td>wird vor der Einreise als Schengen- oder nationales Visum erteilt</td><td>wird nach Einreise erteilt und kann verlängert werden</td><td colspan="2">wird nach der Einreise erteilt</td></tr>
<tr><td>in der Regel maximal drei Monate gültig</td><td>befristet gültig, in der Regel verlängerbar</td><td colspan="2">unbefristet gültig</td></tr>
<tr><td colspan="2">die Zulässigkeit einer Erwerbstätigkeit hängt vom Aufenthaltszweck ab</td><td colspan="2">berechtigt zu selbstständiger und unselbstständiger Erwerbstätigkeit</td></tr>
<tr><td>wird im Visum vermerkt</td><td>wird bei der Aufenthaltserlaubnis vermerkt</td><td></td><td>ermöglicht den Umzug in einen anderen EU-Staat</td></tr>
</table>

Visa werden entweder als **Schengen-Visum** oder als **nationales Visum** erteilt. Schengen-Visa dürfen nur für kurzfristige Aufenthalte von bis zu drei Monaten innerhalb eines Halbjahres, gerechnet von dem ersten Tag der Einreise an, erteilt werden oder ausschließlich zum Zweck der Durchreise. Wurden sie für einen kürzeren Zeitraum erteilt, dürfen sie nur in besonderen Fällen im Inland bis zur Höchstgrenze von drei Monaten verlängert werden (§6 Abs. 3 AufenthG). Die weitergehenden Ausnahmen aus völkerrechtlichen oder humanitären Gründen oder zur Wahrung politischer Interessen Deutschlands sind praktisch bedeutungslos. Schengen-Visa berechtigen zur Durchreise durch andere Mitgliedstaaten und zum vorübergehenden Aufenthalt in ihnen (Art. 5, 21 Abs. 1 SDÜ). Besucher-Visa sind Schengen C-Visa, werden also mit einem »C« im Pass gekennzeichnet.

Für Aufenthalte, die drei Monate übersteigen, ist ein nationales Visum erforderlich, das ebenfalls vor der Einreise beantragt werden muss. Es darf nur unter den Voraussetzungen erteilt werden, die im AufenthG geregelt sind und berechtigt nur zur Durchreise durch andere Mitgliedstaaten, nicht aber zum vorübergehenden Aufenthalt in ihnen.

Die Regelungen über Schengen-Visa sind im Schengener Durchführungsübereinkommen (SDÜ) festgelegt. Dieses Abkommen wird nicht von allen Mitgliedstaaten der EU angewandt. Die mit dem SDÜ vereinbarte Reisefreiheit für Drittstaatsangehörige zwischen den Schengen-Staaten setzt ein gemeinsames Grenzregime der beteiligten Mitgliedsstaaten voraus. Kehrseite der Reisefreiheit für Drittstaatsangehörige im Raum des SDÜ ist der Umstand, dass umgekehrt die von einem der Staaten, die das SDÜ unterzeichnet haben, verfügte Ausweisung ein Betretensverbot auch für alle anderen Schengen-Staaten bedeutet.

In den Visa ist durch große Buchstaben von A bis D der **Typ des Schengen-Visums** vermerkt. Dieser Vermerk erleichtert die Grenzkontrolle, die mit Visa konfrontiert ist, die in verschiedenen Sprachen formulierte Auflagen enthalten können. Doch hat dieser Buchstabe keinen eigenständigen Regelungscharakter. Merkmal eines Verwaltungsakts ist in einem Rechtsstaat, dass die durch ihn getroffene Regelung für den Empfänger erkennbar ist. Schlüsselzeichen dürfen nur verwendet werden, wenn der vom Verwaltungsakt Betroffene den Inhalt eindeutig erkennen kann (§37 Abs. 5 VwVfG). Die Zuordnung der Großbuchstaben in den Schengen-Visa ist Außenstehenden in der Regel unverständlich.

Die VO 539/2001/EU legt für alle EU-Mitgliedstaaten verbindlich fest, unter welchen Voraussetzungen Einreisen visafrei zulässig sind und wann Visa benötigt werden. Aus einer Reihe von Staaten, beginnend mit Afghanistan, ist für die Einreise immer ein Visum erforderlich.

Die Staatsangehörigen einiger Staaten, beginnend mit Andorra und Argentinien, dürfen für Aufenthalte bis zu drei Monaten visumsfrei einreisen. Beabsichtigen sie die Aufnahme einer Erwerbstätigkeit, benötigen Ausländer aus diesen Staaten für bestimmte Tätigkeiten gem. § 16 BeschV kein Visum, sofern ihre Beschäftigungsdauer drei Monate innerhalb eines Zeitraums von zwölf Monaten nicht übersteigt. Die Rechtsverordnung definiert dazu, sprachlich schwer verständlich, Beschäftigung als »Nichtbeschäftigung«. Die deutsche Rechtsverordnung schöpft damit die gemeinschaftsrechtlich gewährte Kompetenz zur Beschränkung der Visumsfreiheit aus.

Die Einreise in die Bundesrepublik Deutschland mit einem Visum der zuständigen Auslandsvertretung wird nicht dadurch unerlaubt und zur Straftat, dass unzulässig die Aufnahme einer Erwerbstätigkeit beabsichtigt ist (BGH v. 11. 2. 2000, InfAuslR 2000, 342). Die Straftat beginnt mit der Aufnahme einer nicht erlaubten Beschäftigung.

1.1.2 Wann und wo ist ein Visum zu beantragen?

Für die Erteilung einer Aufenthaltserlaubnis nach Einreise kennt der Gesetzgeber **zwei Wege**: Bei den Staatsangehörigen der in der Anlage II der in VO 539/2001/EG aufgeführten Länder darf eine Aufenthaltserlaubnis in den Fällen des § 39 AufenthV nach der Einreise erteilt werden, auch wenn der Ausländer ohne Visum eingereist ist. Die Staatsangehörigen anderer Länder müssen vor der Einreise ein Visum einholen. Auch hiervon sind Ausnahmen möglich.

Zuständig für die Erteilung von Visa sind die deutschen Auslandsvertretungen (Botschaften und Konsulate) **in dem Land, in dem der Antragsteller seinen ständigen Aufenthalt hat**. Dient die Einreise einem dauerhaften Aufenthalt oder der Ausübung von Erwerbstätigkeit, muss die Ausländerbehörde des Zielorts zustimmen und deshalb von der Auslandsvertretung angeschrieben werden. Hiervon ausgenommen sind die Fälle der §§ 33 ff. AufenthV. Ist die Aufnahme einer unselbstständigen Erwerbstätigkeit beabsichtigt, ist auch die Zustimmung der Bundesagentur für Arbeit erforderlich (§ 39 AufenthG).

Das Bundesinnenministerium legt gemeinsam mit dem Auswärtigen Amt Staaten fest, deren Angehörige im Visumsverfahren grundsätzlich einer Überprüfung durch die deutschen Geheimdienste unterzogen werden. Diese nach den Flugzeugentführungen zum Zweck von Attentaten am 11.9.2001 eingeführte Regelung lässt also einen (parlamentarisch nicht überprüften) behördlichen Anfangsverdacht allein aufgrund der Staatsangehörigkeit zu. Sie ist dafür aber wenig geeignet. Die an den Todesflügen beteiligten Studenten waren zu jung, um vor ihrer Einreise aufzufallen.

Die Ablehnung eines Visums muss nicht begründet werden und bedarf auch keiner Rechtsmittelbelehrung (§ 77 AufenthG). Zuständig für die Erhebung einer Klage ist das Verwaltungsgericht Berlin als Sitz der Bundesregierung (§ 52 Nr. 2 Satz 4 VwGO). Fehlt eine Rechtsmittelbelehrung, ist die Klage innerhalb eines Jahres ab Zustellung der Entscheidung zulässig (§ 58 Abs. 2 Satz 1 VwGO). Auf Klage hin muss das Auswärtige Amt die Gründe für die Ablehnung des Visums mitteilen.

In der Regel begründen die Auslandsvertretungen auf eine schriftliche Beschwerde ihre Entscheidung näher und versehen sie dann mit einer Rechtsmittelbelehrung. In diesem Fall ist die Klage gegen diesen begründeten Bescheid innerhalb eines Monats beim Verwaltungsgericht Berlin zu erheben (OVG Berlin v. 31.1.2003, InfAuslR 2003, 275).

1.1.3 Anspruch auf ein Visum

Rechtsansprüche auf Erteilung von Visa kennt das AufenthG nur im Familiennachzug, bei der Rückkehroption und für ehemalige Deutsche. Die Voraussetzungen sind in §§ 28, 30, 32, 37, 38 AufenthG geregelt. Sie werden bei den Voraussetzungen der Aufenthaltserlaubnisse dargestellt. In den anderen Fällen hat die Ausländerbehörde ein weites **Ermessen**. So können beispielsweise selbst Deutsche darauf verwiesen werden, ihre aus Drittstaaten stammenden erwachsenen Familienangehörigen, z. B. auländische Eltern oder Schwiegereltern oder erwachsene Kinder, in Staaten außerhalb der EU zu treffen.

Trotz eines Anspruchs auf einen Aufenthalt kann das Visum versagt werden, wenn ein **Ausweisungsgrund** vorliegt. Als einen Regel-Versagungsgrund nennt § 54 Nr. 6 AufenthG falsche Angaben gegenüber der deutschen Auslandsvertretung oder der Ausländerbehörde über Aufenthalte in Deutschland oder irgendeinem anderen Land.

1.1.4 Einreiseverbote

aa) **Ausweisung, Zurückschiebung und Abschiebung** lösen das Verbot aus, erneut in das Bundesgebiet einzureisen. Ein Aufenthaltstitel darf nicht erteilt werden (§ 11 Abs. 1 AuslG). Visapflichtigen dürfen also keine Visa erteilt werden; visafreie Ausländer dürfen auch nicht zum alleinigen Zweck eines vorübergehenden Besuchsaufenthalts einreisen.

Dieses Verbot ist nach dem Gesetzeswortlaut »in der Regel« befristet. In der Praxis erfolgt eine **Befristung** nur nach einer häufig ohne Ansehung des Einzelfalls festgelegten langen Frist. So wird in Baden-Württemberg nach einer zwingenden Ausweisung (§ 53 AufenthG) eine Befristung bemessen, indem zur Länge der zuvor verhängten Freiheitsstrafe in der Regel wenigstens drei Jahre hinzu addiert werden. Andere Bundesländer verfahren ähnlich (*Marx*, InfAuslR 2003, 374). Solche schematischen Zeitspannen dürfen nicht nur bei Unionsbürgern und deren Familienangehörigen festgelegt werden. Die Fristen sind vielmehr entsprechend den Umständen des Einzelfalls zu begründen. Die Entwicklung des Ausländers in der Strafhaft ist zu berücksichtigen (VGH Baden-Württemberg v. 23. 7. 2008, InfAuslR 2008, 429). Unionsbürger und ihre Familienangehörigen dürfen spätestens drei Jahre nach Vollstreckung eines Aufenthaltsverbots dessen Überprüfung beantragen (§ 7 Abs. 2 Satz 4 FreizügG/EU).

Nach dem VGH Baden-Württemberg (v. 24. 6. 1998, InfAuslR 1998, 433) muss die Ausländerbehörde überprüfen, ob der spezial- und generalpräventive Ausweisungszweck bereits erreicht ist oder wann dies voraussichtlich der Fall sein wird. Es wird bei Ausweisungen gefragt, ob der Ausgewiesene die Ursachen seiner Straftat, z. B. Drogenabhängigkeit, überwunden und ob er sich insoweit ausreichend positiv entwickelt hat. Auch Ehe und Familie sollen berücksichtigt werden.

Für Angehörige der 2. Ausländergeneration gilt eine günstigere Regelung, die freilich in der Praxis der Ausländerbehörden erst noch durchgesetzt werden muss (vgl. *Tryjanowski*, InfAuslR 2007, 268). § 37 Abs. 3 AufenthG lässt die Erteilung einer Aufenthaltserlaubnis auch an Ausländer der 2. Generation zu, die ausgewiesen worden waren oder ausgewiesen werden konnten oder gegen die ein Ausweisungsgrund vorliegt. Das entspricht den Anforderungen von Art. 8 EMRK, wonach ausgewiesene Angehörige der 2. Ausländergeneration Aussicht auf Rückkehr haben müssen (EGMR v. 28. 6. 2007, InfAuslR 2007, 325

[Kaya]). Deshalb hat auch der in der Vergangenheit zurückgelegte Inlandsaufenthalt ein bei der Entscheidung über die Befristung und ihre Dauer zu berücksichtigendes Gewicht.

Eine Befristung ist unzulässig, wenn ein Ausländer wegen eines Verbrechens gegen den Frieden, eines Kriegsverbrechens oder eines Verbrechens gegen die Menschlichkeit oder aufgrund einer Abschiebungsordnung durch das Innenministerium eines Bundeslandes oder das Bundesministerium des Innern abgeschoben wurde (§ 11 Abs. 1 Satz 3 AufenthG). Diese Regelung ist eine der überflüssigen, im Zuge der Terrorismusbekämpfung aufgenommenen Vorschriften.

bb) Die Befristung darf bei nicht mit Deutschen oder Unionsbürgern verheirateten Drittstaatsangehörigen von der vorherigen Zahlung der Abschiebungskosten abhängig gemacht werden (Hess. VGH v. 25.6.1998, InfAuslR 1998, 445).

Die **Befristung der Ausweisung von Unionsbürgern** setzt voraus, dass die der Ausweisung zu Grunde liegende Gefahr nicht mehr besteht. Im Übrigen darf die Ausländerbehörde die Zahlung der Kosten der Abschiebung zwar verlangen, die Ausübung des gemeinschaftsrechtlichen Grundrechts der Freizügigkeit darf aber gegenüber Erwerbstätigen nicht vom persönlichen Wohlstand und der Zahlungsfähigkeit abhängig gemacht werden. Die Ausländerbehörde darf deshalb die Entscheidung über die Befristung der Ausweisung nicht von der vorherigen Zahlung von Geld abhängig machen. Sie ist gegenüber Freizügigkeitsberechtigten stattdessen auf die Verwaltungsvollstreckung nach Wiedereinreise zu verweisen.

Auch bei den **Ehegatten Deutscher** darf Zahlung von Abschiebekosten nicht zur Voraussetzung für die Befristung der Wirkung von Ausweisung und Abschiebung gemacht werden (OVG Hamburg v. 14.7.1989, InfAuslR1990, 60).

cc) Ein Einreiseverbot nach Deutschland kann auch durch einen anderen EU-Mitgliedstaat durch Eintragung ins **Schengener Informationssystem** (SIS) ausgelöst werden (Art. 5 Abs. 1 d) SDÜ). Der Ausländer muss in diesem Fall in dem anderen Mitgliedstaat die Löschung der Ausschreibung veranlassen.

Von diesem Einreiseverbot ist abzuweichen, soweit ein gesetzlicher Anspruch auf eine Aufenthaltserlaubnis besteht. Das ist für den Familiennachzug wichtig. Nach Art. 25 Abs. 1 SDÜ ist vorab der Mitgliedstaat zu konsultieren, der die Einreisesperre ins SIS eingetragen hat. Sofern die deutsche Auslandsvertretung ein Visum erteilt, muss der andere EU-Mitgliedstaat entscheiden, ob er die Ausschreibung insgesamt löscht oder nur für sein Hoheitsgebiet aufrecht erhält.

Unter denselben Voraussetzungen kann ein Ausländer nach einer Ausweisung aus Deutschland eine Löschung im Schengener Informationssystem verlangen, wenn er ein Aufenthaltsrecht in einem anderen EU-Mitgliedstaat hat.

1.1.5 Betretenserlaubnis

Erfordern zwingende Gründe die Anwesenheit im Bundesgebiet oder würde die Versagung der Erlaubnis eine unbillige Härte bedeuten, kann ausgewiesenen Ausländern kurzfristig das vorübergehende Betreten des Bundesgebiets erlaubt werden (§ 11 Abs. 2 AufenthG). Zwingende Gründe, die die Erteilung einer Betretenserlaubnis für einen ausgewiesenen und/oder abgeschobenen Ausländer ermöglichen, liegen z. B. vor, wenn seine persönliche Anwesenheit zur sachgerechten Wahrnehmung von gerichtlichen oder behördlichen Terminen unbedingt erforderlich ist.

Einige Verwaltungsgerichte verweisen den Ausländer auf die Vertretung durch einen Rechtsanwalt (so: OVG Berlin v. 9. 1. 2001, InfAuslR 2001, 169). Diese Auffassung ist zu eng. Der Anspruch auf rechtliches Gehör beinhaltet, dass der Kläger persönlich vor Gericht erscheinen und seine Einwendungen vorbringen darf (EGMR v. 8. 6. 2006, Newsletter Menschenrechte 2006, 133 [Kaya]). Deshalb liegt in diesen Fällen eine unbillige Härte vor, welche die Erteilung einer Betretenserlaubnis gem. § 11 AufenthG gebietet (Nieders. OVG v. 18. 4. 2002, AuAS 2002, 112).

Nach einer Abschiebung während eines laufenden Strafverfahrens ist das **Strafgericht** wegen des Anspruchs auf rechtliches Gehör verpflichtet, dem Abgeschobenen die Teilnahme an der Hauptverhandlung zu ermöglichen, indem sie ihm eine Betretenserlaubnis verschafft. Alternativ kann es nur auf die Durchsetzung des staatlichen Strafanspruchs verzichten und das Strafverfahren ohne Verurteilung einstellen (OLG Stuttgart v. 3. 8. 2004, InfAuslR 2004, 400).

Nach OVG Berlin (v. 1. 8. 2001, AuAS 2001, 244) soll es zulässig sein, die Betretenserlaubnis zum Zwecke der Teilnahme als Angeklagter an einem Strafverfahren davon abhängig zu machen, dass der bereits früher abgeschobene Ausländer eine Kaution in Höhe der voraussichtlich anfallenden Abschiebungskosten leistet. Dagegen spricht, dass das Recht auf Verteidigung gegen einen Strafvorwurf nicht von einer vorherigen Zahlung abhängig gemacht werden darf. Das OVG übersieht, dass die Durchführung der Hauptverhandlung dem öffentlichen Interesse dient, die Berechtigung des staatlichen Strafanspruchs festzustellen. Seine Auffassung gewährleistet kein faires Verfahren und verstößt gegen das Recht gem. Art. 6 Abs. 3 b) EMRK, sich selbst zu verteidigen. Denn dazu gehört auch das Recht, vor Gericht zu erscheinen.

1.1.6 Verpflichtungserklärung

Besteht kein gesetzlicher Anspruch auf ein Visum oder die Aufenthaltserlaubnis, kann die Erteilung eines Visums oder einer Aufenthaltserlaubnis von der Vorlage einer Verpflichtungserklärung durch einen Dritten abhängig gemacht werden. Dies soll selbst für die Aufnahme aus humanitären Gründen gelten (§ 23 Abs. 1 Satz 2 AufenthG). Eine wirklich humanitäre Gesinnung macht ihr Handeln nicht davon abhängig, ob ein Schutzbedürftiger über materielle Güter verfügt. Wahre Humanität schützt nicht nur Wohlhabende. Dennoch kann vor allem von der Härtefallkommission die Vorlage von Verpflichtungserklärungen zur Voraussetzung für die Erteilung einer Aufenthaltserlaubnis in Härtefällen gemacht werden (§ 23a AufenthG).

Eine Verpflichtungserklärung darf nur verlangt werden, wenn der Ausländer keinen Rechtsanspruch auf einen Aufenthaltstitel hat. **Sie wird beim Ausländeramt beurkundet und verpflichtet, alle Kosten, wie für Ernährung, Wohnung, Bekleidung und anderen Grundbedürfnissen des täglichen Lebens, für die Versorgung im Krankheitsfalle und bei Pflegebedürftigkeit zu übernehmen.** Sie umfasst nicht die Ausreisekosten.

Eine Verpflichtungserklärung kann leicht zu einer Überforderung der Leistungsfähigkeit desjenigen führen, der sich zur Kostenübernahme verpflichtete, z. B. wegen einer nicht vorsehbar erforderlichen Krankenhausbehandlung. Doch nach Auffassung des Bundesverwaltungsgerichts kommt nur in seltenen Ausnahmefällen ein Verstoß gegen den Grundsatz der Verhältnismäßigkeit in Betracht. Dies könnte der Fall sein, wenn der Verpflichtete von vornherein erkennbar außerstande war, die bei Verwandten typischen Naturalleistungen (Aufnahme in die Wohnung, Gewährung von Lebensunterhalt nach Maßgabe des der Familie Möglichen) zu erfüllen und irgendeine Haftung zu übernehmen (BVerwG v. 24. 11. 1998, InfAuslR 1999, 182).

1.2 Aufenthaltserlaubnisse

1.2.1 Unterschiedliche Formen

Das Aufenthaltsgesetz benennt verschiedene Voraussetzungen, unter denen Aufenthaltstitel erteilt werden dürfen. Die Aufenthaltserlaubnis ermöglicht einen zeitlich begrenzten Aufenthalt. In einigen Fällen ist die Aufenthaltserlaubnis verlängerbar, in anderen nicht. Jede Aufenthaltserlaubnis enthält eine Regelung darüber, ob und in welchem Umfang Erwerbstätigkeit zulässig ist.

Das AufenthaltsG kennt unterschiedlichste Formen der Aufenthaltserlaubnis. Der Grund, aus dem sie jeweils erteilt wurde, entscheidet über ihre Verlängerbarkeit und die Möglichkeit, eine Niederlassungserlaubnis zu erlangen. Dieser Grund sollte nach der Absicht des Gesetzgebers weiter dafür maßgeblich sein, ob der Ausländer soziale Rechte wie Kinder- oder Erziehungsgeld erlangen kann. Die verschiedenen Gruppen der Aufenthaltserlaubnis zerfallen in drei Hauptgruppen: 1) Familiennachzug, 2) das Ziel einer Beschäftigung oder Ausbildung und 3) humanitäre Gründe.

Eine Zusammenstellung der ca. 40 Typen der Aufenthaltserlaubnis findet sich in einer Anlage zur Durchführungsverordnung zum Gesetz über das Ausländerzentralregister (AZR).

Die Rechtslage ist für die Betroffenen undurchsichtig. Nicht in jedem Fall ist äußerlich erkennbar, welche Rechtsfolge die erteilte Aufenthaltserlaubnis hat. Selbst wenn bei der Aufenthaltserlaubnis im Pass der Paragraf vermerkt ist, aufgrund dessen der Aufenthaltstitel erteilt wurde, bleibt die Regelung für die Betroffenen unverständlich.

Aufenthaltserlaubnisse sind Verwaltungsakte. Verwaltungsakt ist jede Verfügung, Entscheidung oder andere hoheitliche Maßnahme, die eine Behörde zur Regelung eines Einzelfalls auf dem Gebiet des öffentlichen Rechts trifft und die auf unmittelbare Rechtswirkung nach außen gerichtet ist (§ 35 VwVfG). Schlüsselzeichen können verwendet werden, wenn derjenige, für den der Verwaltungsakt bestimmt ist oder der von ihm betroffen wird, aufgrund der dazu gegebenen Erläuterungen den Inhalt des Verwaltungsaktes eindeutig erkennen kann (§ 37 Abs. 5 VwVfG). Regelmäßig reicht der Hinweis auf eine Gesetzesvorschrift nicht aus, damit der Ausländer erkennen kann, welche Form einer Aufenthaltserlaubnis er erhalten hat und welche sozialrechtlichen Folgen diese hat. Einfaches Recht ist für den Betroffenen nachvollziehbares

Recht. Der Undurchschaubarkeit für die Betroffenen wohnt eine erhebliche staatliche Willkür inne.

1.2.2 Voraussetzungen der Aufenthaltserlaubnisse

Gemeinsame Voraussetzung für die Erteilung einer Aufenthaltserlaubnis ist in der Regel die **Sicherung des Lebensunterhalts** (§ 5 Abs. 1 Nr. 1 AufenthG). Dazu gehört vor allem ein **ausreichender Krankenversicherungsschutz** (§ 2 Abs. 3 AufenthG). Vereinzelt sind ausdrücklich Ausnahmen von diesem Grundsatz vorgesehen. So kann der Familiennachzug zu Deutschen nur ausnahmsweise von der Sicherung des Lebensunterhalts abhängig gemacht werden (§ 28 Abs. 1 Satz 2 u. 3 AufenthG). Im Bundesgebiet aufgewachsene Kinder müssen evtl. keine Sicherung des Lebensunterhalts nachweisen (§ 35 Abs. 1 AufenthG). Dasselbe gilt für aus dem Ausland wiederkehrende, im Bundesgebiet aufgewachsene Kinder nach einem fünfjährigen Aufenthalt (§ 37 Abs. 4 AufenthG).

Soweit kein Anspruch auf die Erteilung eines Aufenthaltstitels besteht, darf der Aufenthalt des Ausländers nicht aus einem sonstigen Grund Interessen der Bundesrepublik Deutschland beeinträchtigen oder gefährden. Das AufenthG enthält hier wie an anderen Stellen eine teilweise Wiederholung, indem bei Terrorismus-Verdacht oder Gefährdung der freiheitlichen demokratischen Grundordnung oder der Sicherheit der Bundesrepublik Deutschland ein Aufenthaltstitel zwingend zu versagen ist. Dasselbe gilt für die Beteiligung an Gewalttätigkeiten zur Verfolgung politischer Ziele, den öffentlichen Aufruf zu Gewaltanwendung oder ihre Androhung. Diese Voraussetzungen gelten nicht nur für die erstmalige Erteilung von Aufenthaltstiteln, sondern auch für ihre Verlängerung. Ausnahmen hiervon sind wiederum im Gesetz an verschiedenen Stellen geregelt.

Für Einreise und Aufenthalt müssen Ausländer im **Besitz eines Passes** sein. Dieser Pass ist für anerkannte Flüchtlinge und Staatenlose, die in Deutschland aufgenommen wurden, von der Ausländerbehörde auszustellen.

Im Unterschied zur Niederlassungserlaubnis können Visum und Aufenthaltserlaubnis mit Bedingungen und Auflagen versehen werden. Dazu gehören räumliche Beschränkungen oder Beschäftigungsrechte. Entscheidungen über die Ausübung einer Beschäftigung sind auch dann unmittelbar zu beachten, wenn Rechtsmittel eingelegt werden (§ 84 Abs. 1 Nr. 3 AufenthG).

1.2.3 Aufenthalt zur Beschäftigung

§ 18 AufenthG beabsichtigt, möglichst wenige ausländische Arbeitnehmer zum deutschen Arbeitsmarkt zuzulassen. Ein Aufenthaltstitel zur Ausübung einer Beschäftigung darf nur erteilt werden, wenn die Bundesagentur für Arbeit gem. § 39 AufenthG zugestimmt hat oder die Tätigkeit keiner Zustimmung bedarf. In einigen Fällen sind zeitliche Obergrenzen für die Erteilung der Zustimmung festgelegt: z. B. bei Saisonarbeitskräften Tätigkeiten von mindestens 30 Stunden wöchentlich bei mindestens durchschnittlich sechs Stunden Arbeit täglich und bis zu vier Monaten (§ 18 BeschV); bei Au-Pair-Beschäftigungen für unter 25-jährige für eine Familie mit Deutsch als Muttersprache bis zu einem Jahr (§ 20 BeschV) oder Haushaltshilfen mit versicherungspflichtiger Vollzeitbeschäftigung bis zu drei Jahre (§ 21 BeschV). Durch die Beteiligung der Bundesagentur für Arbeit wird sichergestellt, dass eine Zuwanderung nur erfolgt, wenn für die beabsichtigte Beschäftigung am Arbeitsmarkt keine bevorrechtigten Arbeitgeber zur Verfügung stehen. Es muss ein konkretes Arbeitsplatzangebot vorliegen.

Ebenfalls in der Beschäftigungsverordnung wird der Verzicht auf eine Beteiligung der Agentur für Arbeit und auf Prüfung des Arbeitsmarktes für einzelne Beschäftigungen geregelt. Betroffen sind z. B. Beschäftigungen von wissenschaftlichem Personal (§ 5 BeschV), Hochqualifizierten gem. § 19 Abs. 2 AufenthG (§ 3 BeschV), Führungskräften (§ 4 BeschV) oder Ferienbeschäftigungen von Studenten (§ 10 BeschV).

§ 18 Abs. 3 AufenthG will die Zuwanderung für Beschäftigungen, die keine qualifizierte Berufsausbildung voraussetzen, ausschließen. Dazu gehören ungelernte und angelernte Tätigkeiten. Im Einzelfall kann eine Aufenthaltserlaubnis erteilt werden, **wenn an der Beschäftigung ein öffentliches**, vor allem ein regionales, wirtschaftliches oder arbeitsmarktpolitisches **Interesse** besteht. Ein solches Interesse liegt vor, wenn die beabsichtigte Beschäftigung geeignet ist, neue Arbeitsplätze zu schaffen oder bestehende Arbeitsplätze zu sichern.

Die Aufenthaltserlaubnis wird nur verlängert, wenn in diesem Zeitpunkt die Voraussetzungen für ihre Erteilung noch vorliegen (§ 8 AufenthG). Zugewanderte Ausländer tragen daher ein erhöhtes Arbeitsmarktrisiko.

Die Ausländerbehörde muss nur dann erneut eine Zustimmung der Agentur für Arbeit zur Genehmigung einer Weiterbeschäftigung einholen, wenn die bisherige Zustimmung der Agentur für Arbeit zum

Arbeitsverhältnis für einen kürzeren Zeitraum als ein Jahr erteilt war (§ 6 BeschVerfV).

1.2.4 Völkerrechtliche Begünstigungen

Völkerrechtliche Begünstigungen enthalten einige von der EU abgeschlossene Verträge. Die Vereinbarungen in der Assoziation mit der Türkei umfassen neben weitgehenden Begünstigungen für bereits zugewanderte türkische Arbeitnehmer und deren Familienangehörige auch sog. Stillhalte-Klauseln (dazu S. 147 ff.). Aus den arbeitsrechtlichen Begünstigungen in einigen anderen Abkommen der Europäischen Union hat der Europäische Gerichtshof ebenfalls aufenthaltsrechtliche Begünstigungen hergeleitet.

In völkerrechtlichen Abkommen gelegentlich vereinbarte **Meistbegünstigungsklauseln** verpflichten die Vertragsparteien, die jeweils günstigste mit einem anderen Staat vereinbarte Regelung auch untereinander anzuwenden. Eine solche Klausel enthält das deutsch-iranische Niederlassungsabkommen. Zu diesem Abkommen entschied allerdings das BVerwG (v. 4. 10. 1988, InfAuslR 1989, 37), der Einwanderungsvorbehalt dieses Abkommens genieße gegenüber den aufenthaltsrechtlichen Bestimmungen des Abkommens einschließlich der Meistbegünstigungsklausel Vorrang. Diese Auffassung ist bedenklich. Sie läuft darauf hinaus, die Meistbegünstigungsklausel gegenüber dem Iran vollständig zu entwerten.

Andererseits ist zweifelhaft, ob die Meistbegünstigungsklauseln dazu führen, dass die türkischen Staatsangehörigen im ARB 1/80 oder gar die Unionsbürgern eingeräumten Rechte auch den Staatsangehörigen z. B. des Iran oder der USA zugute kommen sollten (so aber VG Wiesbaden v. 23. 3. 1998, InfAuslR 1998, 291). Denn die Vereinbarungen mit der Türkei dienen einerseits der Aufnahme der Türkei in die EU, sind aber andererseits wie die Freizügigkeitsrechte von Unionsbürgern supranationales Recht. Dieses supranationale Recht ist mit einer partiellen Aufgabe von Souveränitätsrechten verbunden. Es hat dadurch eine andere Rechtsqualität als eine völkerrechtliche Verpflichtung, wie sie mit den Meistbegünstigungsklauseln verbunden ist (Hess. VGH v. 5. 2. 2004, InfAuslR 2004, 185).

Soweit in einzelnen **völkerrechtlichen Verträgen** eine gegenseitig günstigste bzw. wohlwollende Behandlung zugesagt wurde, ist ebenfalls eine selbstständige Erwerbstätigkeit zu ermöglichen. Dies betrifft die Abkommen Deutschlands mit der Dominikanischen Republik, mit Indonesien, Iran, Japan, Philippinen, Sri Lanka, Türkei und den USA.

Enthalten sind Meistbegünstigungsklauseln in den Abkommen Deutschlands mit Ceylon, der Dominikanischen Republik, dem Iran, Japan und den USA.

Besonders günstige Regelungen enthält der Freundschafts-, Handels- und Schifffahrtsvertrag zwischen Deutschland und den **USA**. Einen Anspruch auf sichtvermerksfreie Einreise vermittelt sein Art. II Abs. 1 Satz 2. Diese Verpflichtung genießt als vor Gründung der Europäischen Union abgeschlossener völkerrechtlicher Vertrag Vorrang vor europäischem Recht (Art. 307 Abs. 1 EG). Visafrei einreisen dürfen danach aus den USA Handels- und Kaufleute und gem. Nr. 1 des dazugehörigen Protokolls ihre Ehegatten und ihre minderjährigen Kinder. Aus dem Abkommen ergibt sich kein Recht auf freien Zugang zu Beschäftigungen als Arbeitnehmer. Angeblich darf neu einreisenden US-Amerikanern die Arbeitsaufnahme nur erlaubt werden, wenn keine vorrangigen Arbeitsuchenden auf dem Arbeitsmarkt verfügbar sind (so VGH Baden-Württemberg v. 23. 10. 2006, InfAuslR 2007, 59). Diese Auffassung übersieht, dass die Arbeitsagentur nach § 34 BeschV gegenüber der Ausländerbehörde die Zustimmung zur Ausübung einer Beschäftigung ohne Prüfung des Arbeitsmarkts erteilen darf.

Ein Anspruch auf Zugang zu einer frei gewählten, auch selbstständigen Erwerbstätigkeit kann sich – ohne Besitz einer Niederlassungserlaubnis – für türkische Staatsangehörige aus Art. 12 Abs. 1 des Europäischen Niederlassungsabkommens (ENA) ergeben. Voraussetzung ist lediglich eine 5-jährige ununterbrochene Ausübung einer Erwerbstätigkeit oder ein 10-jähriger ununterbrochener Aufenthalt im Bundesgebiet. Das Zugangsrecht umfasst den Anspruch auf gesonderte berufsrechtliche Erlaubnisse wie die ärztliche Approbation, die dann nicht mehr wegen der Staatsangehörigkeit versagt werden darf.

Art. 4 des deutsch-türkischen Niederlassungsabkommens erleichtert den Zugang zur selbstständigen Erwerbstätigkeit schon vor Erfüllung der Voraussetzungen gem. Art. 12 Abs. 1 ENA. Zwar darf ein übergeordnetes wirtschaftliches Interesse oder ein besonderes örtliches Bedürfnis verlangt werden, sowie dass der Ausländer mit den deutschen Lebensverhältnissen vertraut ist und über ausreichende Kenntnisse der deutschen Sprache verfügt (BVerwG v. 9. 5. 1986, InfAuslR 1986, 237). Doch Mindestinvestitionen, wie sie § 21 AufenthG nennt, dürfen von türkischen Selbstständigen nicht verlangt werden (Antwort der Bundesregierung v. 26. 11. 2007 auf eine Kleine Anfrage, InfAuslR 2008, 66).

Wie übergenau die Auslegung der Gerichte sein kann, zeigt die Behauptung des OVG NRW (v. 1. 10. 1999, AuAS 2000, 40), der Antrag auf Verlängerung der Aufenthaltserlaubnis müsse spätestens am letzten Tag vor Ablauf der bisherigen Aufenthaltserlaubnis gestellt werden. Demgegenüber lässt BVerwG (v. 1.3.1983, InfAuslR 1983, 170) es ausreichen, dass der Verlängerungsantrag am ersten Tag nach Ablauf der Gültigkeit der bisherigen Aufenthaltserlaubnis gestellt wird.

Für das BVerwG (v. 19. 8. 1993, InfAuslR 1994, 98) ist schon eine Unterbrechung der Rechtmäßigkeit des Aufenthalts von nur einem Tag schädlich und verhindert die aus der Aufenthaltsdauer folgende Vergünstigung. Es ist allerdings zweifelhaft, ob diese enge Auslegung von den anderen Signatarstaaten des ENA, von denen nur die Türkei nicht der Europäischen Union angehört, geteilt wird. Dagegen spricht der EuGH (v. 30. 9. 1997, InfAuslR 1997, 434 [Ertanir]), der zu Art. 6 f. ARB 1/80 Unterbrechungen der Rechtmäßigkeit des Aufenthalts diese Bedeutung nicht zukommen lässt.

Besondere Vergünstigungen können sich auch aus Abkommen ergeben, die die Europäische Union abgeschlossen hat, wie das Abkommen über Zusammenarbeit und Partnerschaft mit Russland, das einen Anspruch auf gleiche Arbeitsbedingungen zuerkennt (EuGH v. 12. 4. 2005, InfAuslR 2005, 234 [Simutenkov]; VGH Baden-Württemberg v. 19. 4. 2004, InfAuslR 2004, 286).

cc) Daneben bestehen noch multilaterale Verträge, die nicht durch das Merkmal der Gegenseitigkeit gekennzeichnet sind. So begünstigt das Staatenlosen-Übereinkommen gerade nicht gegenseitig die Staatsangehörigen, sondern will gemeinsam helfen, die negativen Folgen von Staatenlosigkeit zu verringern. Art. 18 des Staatenlosen-Übereinkommens gebietet es, diesem Personenkreis eine möglichst günstige Behandlung zukommen zu lassen.

1.2.5 Hoch qualifizierte Zuwanderer

Schon bei der erstmaligen Einreise können besonders hoch qualifizierte Fachkräfte ein dauerhaftes Bleiberecht in Form der Niederlassungserlaubnis erwerben (§ 19 AufenthG). Hoch qualifiziert sind Wissenschaftler mit besonderen fachlichen Kenntnissen, Lehrpersonen oder Wissenschaftler in hervorgehobener Funktion oder Spezialisten und leitende

Angestellte mit besonderer Berufserfahrung, die ein **Gehalt in Höhe von mindestens dem Beitragsbemessungssatz** der gesetzlichen Krankenversicherung erhalten.

Diese Regelung soll im internationalen Wettbewerb um die besten Köpfe helfen, diese für die Zuwanderung nach Deutschland zu gewinnen. Der Gesetzgeber hat verstanden, dass die Beschäftigung dieses Personenkreises weitere Arbeitsplätze für geringer qualifiziertes Personal schafft.

Der Gesetzgeber belässt den Behörden ein Ermessen bei der Entscheidung über die Aufnahme Hochqualifizierter. Die Behörden können deshalb flexibel auf die Entwicklung am Arbeitsmarkt reagieren.

1.3 Selbstständige Erwerbstätigkeit

Unter besonderen Umständen ist auch die Zuwanderung zur Aufnahme einer selbstständigen Erwerbstätigkeit möglich. Als **Selbstständige** anzusehen sind z. B. der geschäftsführungsberechtigte Gesellschafter einer Gesellschaft bürgerlichen Rechts, einer offen Handels- oder einer Kommanditgesellschaft, der Geschäftsführer einer Ein-Mann-GmbH und leitende Angestellte mit Generalvollmacht oder Prokura.

§ 21 AufenthG stellt an die Zuwanderung als Selbstständiger ins Bundesgebiet hohe Anforderungen. Verlangt werden

- ein übergeordnetes wirtschaftliches Interesse oder ein besonderes regionales Bedürfnis,
- die Erwartung positiver Auswirkungen auf die Wirtschaft **und**
- die gesicherte Finanzierung des Geschäftskonzepts.

Im Regelfall liegen die Voraussetzungen vor, wenn mehr als € **250.000 investiert** und **mindestens fünf Arbeitsplätze** geschaffen werden. Für die Prüfung der Tragfähigkeit der zu Grunde liegenden Geschäftsidee, der unternehmerischen Erfahrungen des Ausländers, der Höhe des Kapitaleinsatzes, den Auswirkungen auf die Beschäftigungs- und Ausbildungssituation und den Beitrag für Innovation und Forschung sind die fachkundigen Körperschaften wie die örtlichen Industrie- und Handelskammern, die Gewerbebehörden, öffentlich-rechtliche Berufsvertretungen und die für die Berufszulassung zuständigen Behörden zu beteiligen. Über 45-Jährige sollen nachweisen, dass sie über eine ausreichende Alterssicherung verfügen.

Nach 3-jährigem Inlandsaufenthalt ist eine Niederlassungserlaubnis zu erteilen, sofern der Ausländer die geplante Tätigkeit erfolgreich verwirklicht hat und der Lebensunterhalt des Unternehmers und seiner mit ihm zusammenlebenden Familienangehörigen gesichert ist. Deutschkenntnisse werden dann nicht verlangt. Die bei Arbeitnehmern verlangten ausreichenden Sprachkenntnisse folgen für den Gesetzgeber bei Selbstständigen ersichtlich aus dem wirtschaftlichen Erfolg.

Möglich ist auch die Erteilung einer Aufenthaltserlaubnis für die Ausübung einer **freiberuflichen Tätigkeit**, z. B. als Arzt. Die zuständige Stelle muss dazu die Berufsausübungserlaubnis erteilt oder zugesagt haben (§ 21 Abs. 5 AufenthG).

Umstritten ist, ob ein nicht aus der EU stammender Ausländer ohne inländischen Wohnsitz eine GmbH gründen und ihr Geschäftsführer werden kann. Das OLG Köln (v. 26. 10. 1998, NJW-RR 1999, 1637) bejaht das für den Fall, dass der Ausländer ins Bundesgebiet jederzeit visumsfrei einreisen darf. Tatsächlich wäre eine solche Einschränkung unzulässig. Bei entsprechender Organisation des Geschäftsbetriebes kann ein Geschäftsführer seine Aufgaben in weiten Bereichen in Staaten ausüben, die nicht der Europäischen Union angehören, ohne hiermit von vornherein seine gesetzlichen Pflichten zu vernachlässigen (OLG Dresden v. 5. 11. 2002, DStZ 2003, 400). Eine Unternehmensgründung verschafft nur unter den Voraussetzungen des § 21 AufenthG ein Aufenthaltsrecht.

1.4 Aufenthalt zur Ausbildung

1.4.1 Studenten

aa) Deutschland hat ein erhebliches Interesse an ausländischen Studenten. Sie stellen die künftige Elite ihrer Herkunftsländer dar. Studienaufenthalte schaffen für die Zukunft die Voraussetzung für enge politische und wirtschaftliche Bindungen der Herkunftsländer an Deutschland.

Einreise und Aufenthalt von Studenten an Hochschulen und vergleichbaren Einrichtungen regelt § 16 Abs. 1 AufenthG. Bei der Beantragung des Visums sind der künftige Studienort, die Studieneinrichtung sowie der Studiengang und die Fachrichtung anzugeben. Es kann sich um ein Aufbau-, Zusatz- oder Ergänzungsstudium oder um eine Promotion handeln. Bei Einreise muss der Ausländer nicht in jedem Fall über einen Studienplatz verfügen. Häufig ist vor Zulassung zum Studium zunächst ein Sprachkurs zu absolvieren.

Sofern nicht noch eine studienvorbereitende Maßnahme wie ein Praktikum oder der Besuch eines Kollegs zu absolvieren ist, muss der Student spätestens nach neun Monaten die Zulassung zum Studium erlangt haben (§ 16 Abs. 1a AufenthG). Eine Maßnahme, die das Studium vorbereitet, soll zwei Jahre nicht überschreiten.

Allgemeine Voraussetzung für die Erteilung der Aufenthaltserlaubnis sind die Sicherung des Lebensunterhalts und der Nachweis einer Krankenversicherung. Zu letzterem ordnet § 5 Abs. 1 Nr. 9 SGB V die Versicherungspflicht von Studenten an, die an staatlichen oder staatlich anerkannten Hochschulen eingeschrieben sind.

Nach Zulassung zum Studium wird die Aufenthaltserlaubnis mit mindestens 1-jähriger und bis zu 2-jähriger Gültigkeit erteilt. Sie kann verlängert werden, wenn der Aufenthaltszweck noch nicht erreicht ist und in einem angemessenen Zeitraum noch erreicht werden kann. Wird die übliche Studiendauer im Studiengang um mehr als drei Semester überschritten, stellt sich die Frage, ob noch Aussicht besteht, das Studium erfolgreich abzuschließen. Um dies zu überprüfen, kann die Ausländerbehörde eine Stellungnahme der Hochschule verlangen.

bb) Ein **Wechsel des Studiums** bzw. der Fachrichtung bedarf der Genehmigung durch die Ausländerbehörde. Die Genehmigung soll in der Regel nicht erteilt werden (§ 16 Abs. 2 AufenthG). Dies gilt auch, wenn die Fächerkombination verändert und Hauptfächer zu Nebenfächern herabgestuft werden und umgekehrt. Die Genehmigung durch die Ausländerbehörde hängt davon ab, inwieweit sich durch den Wechsel die Gesamtstudiendauer verlängert.

cc) Während des Studiums (und während der Arbeitssuche nach Abschluss des Studiums) ist die Aufnahme einer **Beschäftigung** von insgesamt jährlich höchstens 90 Tagen oder 180 halben Kalendertagen oder eine studentische Nebentätigkeit erlaubt (§ 16 Abs. 3 AufenthG).

Eine Vorrangprüfung durch die Agentur für Arbeit findet auch für Ferienbeschäftigungen, die drei Monate innerhalb eines Zeitraums von zwölf Monaten nicht übersteigen, nicht statt (§ 10 BeschVerfV).

Türkische Studenten können über die erlaubten Nebentätigkeiten nicht die Voraussetzungen eines dauerhaften Aufenthaltsrechts ohne Studienabschluss erlangen. Der Gesetzgeber hat die Regelung in § 16 AufenthG in Kenntnis des Art. 6 ARB 1/80 getroffen und vermeidet dadurch mögliche Aufenthaltsverfestigungen. Rechte nach Art. 6

Abs. 1 erster Gedankenstrich ARB 1/80 können die zeitlich beschränkten Beschäftigungen nicht verschaffen. Sie können also nicht dahin uminterpretiert werden, dass 90 Tage volle Beschäftigung in Wirklichkeit 365 Tage einer vierteltägigen Beschäftigung wären (VG Darmstadt v. 22. 2. 2008, InfAuslR 2008, 344; vgl. § 189 Abs. 1 BGB). Arbeitszeit und Dauer der Beschäftigung dürfen nicht verwechselt werden. Vielmehr beginnt nach jeder Unterbrechung der Beschäftigung die 1-Jahres-Frist des Art. 6 Abs. 1 ARB 1/80 neu zu laufen (EuGH v. 29. 5. 1997, NVwZ 1997, 1108 [Eker]). Die Frist des Art. 6 Abs. 1 dritter Gedankenstrich ARB 1/80 von vier Jahren ordnungsgemäßer Beschäftigung kann auf diesem Wege ebenfalls nicht erreicht werden. Denn nach dem EuGH (v. 10. 1. 2006, InfAuslR 2006, 106 [Sedef], muss die 4-jährige Beschäftigung ohne Unterbrechung beim selben Arbeitgeber zurückgelegt werden.

1.4.2 Andere Aufenthalte zur Ausbildung

Eine Aufenthaltserlaubnis für die Teilnahme an **Sprachkursen**, die nicht der Studienvorbereitung dienen, kann gem. § 16 Abs. 5 AufenthG erteilt werden. Die Ausländerbehörde hat dabei ein weites Ermessen.

Wesentlich enger ist ihr Ermessensspielraum nach derselben Vorschrift, wenn ein **Schulbesuch** beabsichtigt ist. Er darf nur in Ausnahmefällen ermöglicht werden. Dazu müssen besondere persönliche Gründe dargelegt werden.

Zur Unüberschaubarkeit des Regelungsdschungels gehören die Regelungen in § 2 Abs. 1 AufenthG, wonach die Absolventen deutscher Auslandsschulen ohne Prüfung des Vorrangs von Inländern, Unionsbürgern oder Drittstaatsangehörigen ein Einreisevisum und eine Aufenthalts- und Arbeitserlaubnis für eine betriebliche Ausbildung in einem anerkannten Ausbildungsberuf erhalten können.

1.4.3 Bleiberechte nach Studienabschluss

Studenten kann nach erfolgreichem **Abschluss ihres Studiums** die Aufenthaltserlaubnis zur **Arbeitsplatzsuche** erteilt werden. Der künftige Arbeitsplatz muss der mit dem Studienabschluss erlangten Qualifikation entsprechen. Die Aufnahme einer niedriger qualifizierten Tätigkeit ist nicht begünstigt (§ 16 Abs. 4 AufenthG). Die scheinbare weitere Voraussetzung in dieser Vorschrift, wonach keine bevorrechtigten Arbeitsuchenden für den Arbeitsplatz zur Verfügung stehen dürfen, wird durch § 27 BeschV aufgehoben. Gesetzestechnisch verwundert es, dass die Rechtsverordnung eine Voraussetzung aufhebt, die das Gesetz vorsieht, also eigentlich gesetzwidrig ist.

Für **türkische Studenten** günstiger ist die Regelung des Art. 7 Satz 2 ARB 1/80 (näher: S. 146 ff.). Der danach entstehende Aufenthaltsanspruch berechtigt sie zur Suche nach jedweder Beschäftigung, unabhängig von der erforderlichen Qualifikation. Nach dieser Regelung begünstigt sind also abweichend von § 16 Abs. 4 AufenthG auch geringfügig entlohnte Tätigkeiten und Tätigkeiten als Hilfsarbeiter.

1.4.4 Bleiberecht für ausgebildete Fachkräfte mit Duldung

Ausländer mit Duldung, die in Deutschland erfolgreich ein Hochschulstudium oder eine Berufsausbildung in einem anerkannten oder vergleichbaren Ausbildungsberuf absolviert haben (z. B. auch als Friseur oder Friseuse) erhalten eine Arbeits- und Aufenthaltserlaubnis, wenn sie eine ihrem Abschluss entsprechende und für ihren Lebensunterhalt ausreichende Arbeitsstelle finden. Die Vorschrift gehört zu den verschiedenen Härteregelungen des Gesetzes, die die harte Duldungspraxis lindern. Sie enthält auch weitere, den Härteregelungen ähnliche Voraussetzungen. Der Ausländer darf nicht über aufenthaltsrelevante Tatsachen getäuscht haben, eine Aufenthaltsbeendigung nicht vorsätzlich hinausgezögert haben und keine Vorstrafen haben, die 50 bzw. 90 Tagessätze übersteigen.

Geduldete Ausländer, die im Ausland ein anerkanntes Studium oder eine anerkannte Berufsausbildung absolviert haben und in Deutschland seit mindestens zwei bzw. drei Jahren qualifiziert beschäftigt sind, erhalten ebenfalls eine Aufenthaltserlaubnis (§ 18a Abs. 1 Nr. 1 b) und c) AufenthG).

1.5 Humanitär begründeter Aufenthalt

1.5.1 Flüchtlinge

aa) Asylberechtigte und anerkannte Flüchtlinge im Sinne der Genfer Flüchtlingskonvention (GFK) erhalten eine Aufenthaltserlaubnis. Die Asylberechtigung wird im Asylverfahren festgestellt. Dasselbe gilt für Ausländer, bei denen die Voraussetzungen des § 60 Abs. 1 AufenthG festgestellt wurden (zu den Voraussetzungen für beide Personengruppen siehe S. 150 f.). Es ist weder die Sicherung des Lebensunterhalts noch ausreichender Wohnraum erforderlich.

Die Aufenthaltserlaubnis kann mit einschränkenden **Auflagen** versehen werden. Da sich die Rechtsstellung beider Personengruppen gem. § 60 Abs. 1 Satz 1 AufenthG nach der GFK beurteilt, sind dabei deren Vorgaben zu beachten. Die Flüchtlinge haben einen Anspruch auf Reiseausweise; ihnen ist Aus- und Wiedereinreise zu erlauben (Art. 28 GFK).

In der Verwaltungspraxis wurde in der Vergangenheit häufig versucht, den Aufenthalt von Flüchtlingen, die Sozialhilfe bezogen, auf die Grenzen des Bundeslandes zu beschränken oder ihnen den Wohnort vorzuschreiben. Allerdings verstoßen solche Wohnsitzauflagen gegen Art. 1 EFA und Art. 23 GFK (BVerwG v. 15. 1. 2008, InfAuslR 2008, 268).

Der Zugang zur selbstständigen Erwerbstätigkeit darf gem. Art. 18 GFK nicht ausgeschlossen werden (VG Stuttgart v. 17. 7. 2003, InfAuslR 2003, 404). Es wäre an dieser Stelle auch der Analogieschluss aus § 24 Abs. 6 Satz 1 AufenthG zulässig: wenn schon nur vorübergehend aufgenommenen Flüchtlingen der Zugang zu selbstständiger Erwerbstätigkeit nicht untersagt werden darf, gilt dies erst recht für auf Dauer aufgenommene Flüchtlinge.

bb) Nach **3-jährigem Besitz einer Aufenthaltserlaubnis** ist den anerkannten Flüchtlingen eine Niederlassungserlaubnis zu erteilen, wenn das Bundesamt für Migration und Flüchtlinge (BAMF) mitgeteilt hat, dass die Voraussetzungen für einen Widerruf oder eine Rücknahme der Rechtsstellung als Flüchtling nicht vorliegen (§ 26 Abs. 3 AufenthG). Weitergehende Voraussetzungen wie Sprachkenntnisse, die Sicherung des Lebensunterhalts oder der Nachweis ausreichenden Wohnraums dürfen nicht verlangt werden.

cc) Ein Anspruch auf die Erteilung einer Aufenthaltserlaubnis wird verneint, wenn der Ausländer aus schwerwiegenden Gründen der öffentlichen Sicherheit und Ordnung **ausgewiesen** wurde. § 60 Abs. 8 AufenthG konkretisiert dies dahingehend, dass eine Verurteilung wegen eines Verbrechens oder eines besonders schweren Vergehens zu einer Freiheitsstrafe von mindestens drei Jahren zum Verlust des Abschiebeschutzes führt.

Liegen in einem solchen Fall Abschiebungshindernisse nach der EMRK vor, darf der Ausländer dennoch nicht abgeschoben werden. Droht bei Rückkehr ins Heimatland politische Verfolgung, besteht für den Ausländer das Abschiebungshindernis des § 60 Abs. 7 AufenthG und es soll von der Abschiebung abgesehen werden. In diesen Fällen soll wiederum gem. § 25 Abs. 3 Satz 1 AufenthG eine Aufenthaltserlaubnis erteilt werden. Diese Aufenthaltserlaubnis kann erst nach sieben

Jahren und unter den in § 9 AufenthG festgelegten Voraussetzungen als Niederlassungserlaubnis verlängert werden. So können Straftaten nicht nur zu einer Ausweisung, sondern auch zu einer Verschlechterung des Status führen, die nicht dauerhaft sein muss.

dd) **Reist** ein Asylberechtigter oder Konventionsflüchtling **aus**, bleibt sein Aufenthaltstitel abweichend von § 51 Abs. 1 AufenthG gem. § 51 Abs. 7 AufenthG gültig, solange er im Besitz eines gültigen Reiseausweises für Flüchtlinge ist. Er hat keinen Anspruch auf Verlängerung oder erneute Erteilung eines Aufenthaltstitels, wenn die Zuständigkeit für die Ausstellung eines Reiseausweises auf einen anderen Staat übergegangen ist, also wenn ein anderer Staat ihn dauerhaft aufgenommen hat.

1.5.2 Vorübergehender Schutz

Flüchtlinge können nach der RL 2001/55/EG aufgenommen werden, wenn der Rat der EU einen entsprechenden Beschluss fasst. Der Rat kann die Höchstdauer für die Aufnahme und ihr Ende bestimmen. Das Europäische Parlament ist über den Beschluss zu unterrichten. Es handelt sich um reines Regierungsrecht.

Die auf diesem Weg aufgenommenen Flüchtlinge erhalten gem. § 24 AufenthG für die Dauer der Aufnahme eine Aufenthaltserlaubnis. Sie werden durch Zuweisungsentscheidungen auf die Länder verteilt. Auch der Wohnort kann vorgeschrieben werden. Es ist fraglich, ob diese Regelung mit Art. 26 GFK vereinbar ist.

Die Ausübung einer selbstständigen Erwerbstätigkeit darf nicht ausgeschlossen werden. § 24 Abs. 6 Satz 1 AufenthG entspricht Art. 18 GFK. Die Ausübung einer Beschäftigung kann durch Auflage beschränkt werden. Doch gibt spätestens nach einem 3-jährigen Inlandsaufenthalt Art. 17 Abs. 2 a) GFK das Recht auf bundesweite Arbeitssuche und damit auch das Recht, zur Aufnahme einer Beschäftigung den Wohnort zu wechseln.

Beschließt der Rat der EU das Ende der Aufnahme, dürfte nach dem Wortlaut des § 24 Abs. 1 AufenthG eine Verlängerung der Aufenthaltserlaubnis nicht mehr verlangt werden. Da gegen den Beschluss des Rats Rechtsmittel nicht gegeben sind, würde eine solche Auffassung gegen das Rechtswegegebot des Art. 19 Abs. 4 GG verstoßen. Es wäre nicht mit dem Grundsatz des effektiven gerichtlichen Rechtsschutzes vereinbar, einem allgemeinen Grundsatz des Gemeinschaftsrechts (EuGH v. 3. 9. 2008, EuGRZ 2008, 480).

Verfassungskonform lässt sich diese Problematik auflösen, indem wie sonst bei der Ermessenskontrolle hoheitlichen Handelns der Behörde zugestanden wird, dass sie in der Regel diesem Beschluss folgen wird. Doch muss in Ausnahmefällen aus besonderen persönlichen Gründen eine Abweichung möglich sein.

Ohnedies können bei beabsichtigter Aufenthaltsbeendigung Abschiebungshindernisse gem. § 60 Abs. 2 – 7 AufenthG vorliegen, die ungeachtet des Beschlusses des Rats einer Aufenthaltsbeendigung entgegenstehen.

1.5.3 Heimatlose Ausländer

Die Rechte einer Sondergruppe aus humanitären Gründen aufgenommener Ausländer werden durch das Gesetz über die Rechtsstellung heimatloser Ausländer festgelegt. Es handelt sich um Flüchtlinge und Verschleppte des 2. Weltkriegs, die seit 30. 6. 1950 in Deutschland leben, und deren Abkömmlinge. 1996 lebten noch ca. 17 000 heimatlose Ausländer in Deutschland, 2007 nur noch 5 917.

Sie benötigen gemäß § 12 HAG keinen Aufenthaltstitel und erhalten einen deutschen Reiseausweis, in dem der Status als heimatloser Ausländer und das Recht zum Inlandsaufenthalt vermerkt sind.

Die Rabiatheit des deutschen Gesetzgebers zeigt sich darin, dass er in § 23 HAG eine Ausweisung dieses Personenkreises grundsätzlich zulässt, selbst die Anwendung von zwingender und Regel-Ausweisung. Dem steht die geschichtliche Verantwortung für Verschleppung und Flucht und heute die Dauer des Inlandsaufenthalts von über einem halben Jahrhundert und entsprechende Entfremdung vom Herkunftsland entgegen. Erst recht ist für die folgenden Generationen das Herkunftsland ein fremdes Ausland. Eine Abschiebung dürfte in diesen Fällen regelmäßig gegen Art. 8 EMRK verstoßen.

1.6 Weitere völkerrechtliche Verpflichtungen

1.6.1 Staatenlose

Die Rechte Staatenloser regelt das Staatenlosen-Übereinkommen. Es ist weitgehend der GFK nachgebildet. Für die Einreise für einen Aufenthalt von bis zu drei Monaten bedürfen im Ausland lebende Staatenlose keines Visums, wenn sie einen Reiseausweis eines der Länder besitzen, die in Anlage A zur AufenthV aufgeführt sind. Für einen längeren Aufenthalt darf auch dieser Personenkreis nur mit einem Visum einreisen.

Aus dem Staatenlosen-Übereinkommen ergibt sich nur dann ein Aufenthaltsrecht von Staatenlosen, wenn mit Zustimmung der deutschen Behörden ein fester Aufenthalt im Bundesgebiet begründet wurde. Die faktische Anwesenheit genügt nicht (BVerwG v. 16. 10. 1990, InfAuslR 1991, 72).

Hat der Ausländer die Staatenlosigkeit selbst durch Verzicht auf die bisherige Staatsangehörigkeit herbeigeführt und kann er seine Staatsangehörigkeit wieder erwerben, hat er keinen Aufenthaltsanspruch und es können ihm die Vorteile des Staatenlosen-Übereinkommens verwehrt werden (BVerwG v. 24. 11. 1998, InfAuslR 1999, 108). Er ist jedoch nicht verpflichtet, seine Einbürgerung durch einen anderen Staat zu beantragen, zu dem er keine Bindungen hat (VG Karlsruhe v. 26. 2. 2003, InfAuslR 2003, 439).

Staatenlose haben nach Art. 18 des Staatenlosen-Übereinkommens Anspruch auf Zugang zur selbstständigen Erwerbstätigkeit. Eine Gegenseitigkeit, wie sie § 21 Abs. 2 AufenthG voraussetzt, darf nicht verlangt werden. Sie dürfen beim Zugang zur unselbstständigen Erwerbstätigkeit nicht gegenüber anderen Ausländern benachteiligt werden (Art. 17 des Staatenlosen-Übereinkommens).

1.6.2 NATO-Streitkräfte

Sonderregelungen gelten auch für die Angehörigen der Soldaten der NATO-Streitkräfte und das diese Truppen begleitende Zivilpersonal, ausgenommen Staatenlose oder die Angehörigen von nicht der NATO angehörenden Staaten. In ihren Pässen sind sie als Angehörige bzw. Gefolge zu bezeichnen.

Sie sind von Pass- und Sichtvermerksbestimmungen sowie von der Einreisekontrolle beim Betreten oder Verlassen des Hoheitsgebietes eines Aufnahmestaats befreit. Ihr Aufenthalt ist genehmigungsfrei. Sie unterliegen nicht der Meldepflicht, erwerben jedoch keinerlei Recht auf ständigen Aufenthalt oder Wohnsitz in den Hoheitsgebieten des Aufnahmestaats (Art. 3 NATO-Truppenstatut).

Auf die Darstellung des Status von diplomatischem Personal und anderen durch völkerrechtliche Abkommen privilegierte Personen wird an dieser Stelle verzichtet.

2. Familiennachzug

2.1 Nachzug zu Ausländern

2.1.1 Ehegatten

aa) Der Nachzug von Ehegatten von Ausländern ist zulässig, wenn dabei die Lebensgemeinschaft hergestellt wird. Der bereits im Bundesgebiet lebende Ehegatte muss eine Niederlassungserlaubnis besitzen und der Wohnraum muss ausreichen (§§ 29 Abs. 1 AufenthG). Der **Lebensunterhalt** muss **gesichert** sein (§ 5 Abs. 1 Nr. 1 AufenthG), einschließlich Krankenversicherung (§ 2 Abs. 3 Satz 1 AufenthG). Beide Ehegatten müssen das 18. Lebensjahr vollendet haben (§ 30 Abs. 1 Nr. 1 AufenthG). Ausnahmen in Härtefällen lässt das Gesetz nur für den Nachzug minderjähriger Ehegatten zu. Eine an dieser Stelle nach dem allgemeinen verfassungsrechtlichen Grundsatz der Verhältnismäßigkeit erforderliche Härteklausel für alle außergewöhnlichen Fälle enthält das Gesetz nicht.

Das für die Sicherung des Lebensunterhalts erforderliche Einkommen wird aus den für die Familie festgesetzten Sozialhilfe-Regelsätzen, den Unterkunftskosten (Miete und Nebenkosten) für ausreichenden Wohnraum und den für die Familie voraussichtlich aufzubringenden Kranken- und Pflegeversicherungsbeiträgen errechnet (BVerwG v. 26. 8. 2008, InfAuslR 2009, 8).

Die **Berechnung des Unterhaltsbedarfs** orientiert sich an den Regelsätzen des Arbeitslosengelds II. Für eine Familie mit zwei Kindern berechnet sich das erforderliche Einkommen wie folgt:

Regelleistung gem. § 20 Abs. 2 SGB II	347,00
Ehefrau Erhöhung der Regelleistung für zwei Erwachsene (§ 20 Abs. 3 SGB II)	312,00
Kind 5 Jahre alt, 60 % der Regelleistung (§ 28 Satz 2 Nr. 1 SGB II)	208,00
Kind 15 Jahre – 25 Jahre alt, 80 % der Regelleistung (§ 28 Satz 2 Nr. 1 SGB II)	278,00
Summe der Regelsätze	1.145,00
Unterkunft und Heizung (§ 22 SGB II)	500,00
Gesamtbedarf der Familie	1.645,00

Dem so berechneten Bedarf ist das nach Einreise konkret entstehende **Gesamteinkommen** der Familie gegenüber zu stellen. Anzusetzen ist also das Einkommen des im Inland lebenden Ehegatten, wobei die Lohnsteuerklasse III statt bisher I anzusetzen ist und das nach Einreise zu zahlende ungekürzte Kindergeld.

Das erforderliche Einkommen kann auch dadurch erreicht werden, dass der im Bundesgebiet lebende Ehegatte einen Nebenjob übernimmt (OVG Berlin v. 4. 3. 2004, InfAuslR 2004, 237).

Vom Einkommen müssen noch die **Freibeträge** gem. § 30 SGB II abgezogen werden (BVerwG v. 26. 8. 2008, InfAuslR 2009, 8). Vom Einkommen zwischen € 100 und € 800 beträgt der Freibetrag 20 %, vom Einkommen über € 800 bis € 1.200 10 %, höchstens also € 180,00 (im Internet können für die Berechnung die Einkommensrechner für Arbeitslosengeld-II-Leistungen benützt werden). Ist ein unterhaltsberechtigtes minderjähriges Kind vorhanden, erhöht sich der Freibetrag auf höchstens € 210,00. Nur das Nettoeinkommen abzüglich des Freibetrags wird auf den nach diesen Grundsätzen berechneten Bedarf angerechnet.

Benötigen zwar nicht die nachziehenden Familienangehörigen, aber andere ausländische Familienangehörige oder andere Haushaltsangehörige Arbeitslosengeld II oder Sozialhilfe, kann der Familiennachzug nach Ermessen der Behörde abgelehnt werden (§ 27 Abs. 3 AufenthG). Solche Familienangehörige könnten die Kinder aus erster Ehe sein. Der Familiennachzug darf nicht zu Lasten vorrangig Unterhaltsberechtigter ausgeübt werden.

Der nachgezogene Ehegatte darf eine Erwerbstätigkeit aufnehmen, sofern der Ausländer, zu dem der Nachzug erfolgt, eine Erwerbstätigkeit ausüben darf. In den anderen Fällen darf er spätestens nach zwei Jahren jegliche Erwerbstätigkeit aufnehmen (§ 29 Abs. 5 AufenthG).

Ausreichender Wohnraum (§ 2 Abs. 4 AufenthG) ist vorhanden, wenn pro Person 12 m^2 Wohnfläche (in Berlin: 8 m^2) zur Verfügung stehen.

Kinder bis zur Vollendung des 2. Lebensjahres werden bei der erforderlichen Wohnfläche nicht mitgezählt. Sollte die Wohnfläche der Zahl nach zu klein sein, ist zu prüfen, ob der konkrete Schnitt der Wohnung dennoch ein Zusammenleben mit dem Nachziehenden ermöglicht.

bb) Hat der Ausländer **mehrere Ehegatten**, stellt sich die Frage nach der Zulässigkeit des Familiennachzugs für die zweite Ehefrau für das Zusammenleben mit ihrem Ehemann, den gemeinsamen Kindern und der ersten Ehefrau. Auch die nach dem Heimatrecht der Betroffenen gültig geschlossene polygame Ehe ist im Bundesgebiet zu beachten. Art. 4 Abs. 4 RL 2003/86/EG untersagt den Mitgliedstaaten allerdings, den Nachzug von Zweitfrauen zu erlauben. Im Familiennachzug begünstigt sind lediglich die minderjährigen Kinder aus solchen Zweitehen.

Entsprechend räumt § 30 Abs. 4 AufenthG nur einem einzigen Ehegatten eines Ausländers das Recht zum Familiennachzug ein. Art. 6 GG ist dabei nicht verletzt. Sein Schutzgebot gebietet nicht in gleicher Weise die Gestattung des Familiennachzugs wie bei der in Einehe verbundenen Ehefrau (BVerwG v. 30. 4. 1985, InfAuslR 1985, 196).

Eine Ausnahme ist zu machen, wenn der Ehegatte sich ohne Aufenthaltstitel im Bundesgebiet aufhält und Abschiebung und Ausreise ins Heimatland unmöglich sind. Für diesen Sonderfall ist die Mehrehe auch ausländerrechtlich anzuerkennen (OVG Rheinland-Pfalz v. 12. 3. 2004, InfAuslR 2004, 294).

cc) Behaupten die Eheleute gegenüber der Ausländerbehörde wahrheitswidrig, sie würden zusammenleben, machen sie sich durch falsche Angaben strafbar (§ 95 Abs. 2 Nr. 2 AufenthG). Die nur dem Schein nach gelebte eheliche Lebensgemeinschaft wird häufig als **Schein- oder Zweckehe** bezeichnet. Sie ist eine wirksame Ehe, die auch die Pflicht zur Leistung von Unterhalt begründen kann. Doch ist sie nicht schützenswert. Die aufgrund falscher Angaben über die eheliche Lebensgemeinschaft erteilte Aufenthaltserlaubnis kann wieder zurückgenommen werden (BVerwG v. 23. 5. 1995, InfAuslR 1995, 349). Der Familiennachzug ist ebenfalls ausgeschlossen für Ehegatten, die zur Eingehung der Ehe genötigt wurden.

cc) Weitere Voraussetzung für den Ehegattennachzug ist seit 2007 eine **einfache Kenntnis der deutschen Sprache**. Der nachziehende Ehegatte muss »sich zumindest auf einfache Art in deutscher Sprache verständigen« können. Vorwand für diese Verschärfung war der Schutz von Frauen aus islamischen Ländern vor Zwangsehen. Dahinter steht ein reales Problem: durch den Siegeszug des Satellitenfernsehens ist es heute möglich, Fernsehen aus dem Herkunftsland zu empfangen mit der Folge deutlich verzögerten Erlernens der deutschen Sprache. Der Gesetzgeber hat dieses Problem allerdings nicht als Grund für die Regelung genannt.

Fragwürdig ist die Vereinbarkeit dieser Regelung mit EU-Recht. Die RL 2003/86/EG zum Familiennachzug erlaubt den Mitgliedstaaten zu verlangen, dass Drittstaatsangehörige Integrationsmaßnahmen nachkommen müssen. Das setzt voraus, dass diese Integrationsmaßnahmen vom Mitgliedsstaat angeboten werden. Verlangt werden darf auch nur eine Teilnahme, nicht aber das Erreichen eines bestimmten Bildungszieles. Immerhin können solche Maßnahmen auch den einzelnen, abhängig von seiner Vorbildung und seinen geistigen Fähigkeiten, überfordern. Doch rechtfertigt eine geringe Begabung nicht die Verkürzung des Rechts auf Familiennachzug.

Die Zulässigkeit dieses Spracherfordernisses nach dem Maßstab des Grundgesetzes ist ebenfalls äußerst umstritten (*Huber/Göbel-Zimmermann*, Ausländer- und Asylrecht, S. 300 f.). Um Scheinehen zu verhindern ist die Maßnahme nicht geeignet und nicht erforderlich.

Das Gesetz kennt Ausnahmen vom Spracherfordernis. Eine Ausnahme enthält § 30 Abs. 1 Satz 3 Nr. 1 AufenthG in Übereinstimmung mit RL 2003/86/EG für den Familiennachzug zu Flüchtlingen, wenn die Ehe schon bei Einreise bestand. Eine andere Ausnahme betrifft den Familiennachzug zu Ausländern, die jederzeit für einen Aufenthalt von mehr als drei Monaten visumsfrei einreisen dürfen. Das sind die Staatsangehörigen Australiens, Israels, Japans, von Kanada, Süd-Korea, Neuseeland und der USA (§ 41 AufenthV) und z. B. Brasilien (§ 16 AufenthV). Es handelt sich um Länder, aus denen kein Zuwanderungsdruck besteht.

Die Regelung ist abwegig, wie die folgenden Beispiele zeigen:

- *Eine Amerikanerin, die einen Amerikaner heiratet, muss für den Familiennachzug keine Kenntnisse der deutschen Sprache nachweisen.*
- *Eine Amerikanerin, die einen Türken heiratet, muss für den Familiennachzug Kenntnisse der deutschen Sprache nachweisen.*
- *Eine Amerikanerin, die einen Italiener heiratet, muss für den Familiennachzug keine Kenntnisse der deutschen Sprache nachweisen.*
- *Eine Amerikanerin, die einen Deutschen heiratet, muss für den Familiennachzug Kenntnisse der deutschen Sprache nachweisen, ausgenommen es sind deutsche Kinder aus der Ehe hervorgegangen oder der deutsche Ehemann war oder ist im europäischen Ausland grenzüberschreitend erwerbstätig.*

Das Spracherfordernis steht in keinem sachlichen Zusammenhang mit seinem vorgeblichen Ziel, Scheinehen zu verhindern. Es gibt auch keinen Erfahrungssatz, wonach die Ehegatten der Staatsangehörige aus den begünstigten Ländern besonders leicht oder besonders schnell die deutsche Sprache erlernen würden. Sprachbegabung hängt sicher nicht von der Staatsangehörigkeit ab. Weiter wird auf Sprachkenntnisse bei Einreise verzichtet, wenn »ein erkennbar geringer Integrationsbedarf besteht« oder die Ehe schon bei Einreise des Ausländers bestand, zu dem der Nachzug erfolgt, oder der Ehegatte aufgrund einer Behinderung einfache Sprachkenntnisse nicht nachweisen kann.

Darüber hinaus schafft das sprachliche Erfordernis für den Familiennachzug bei Familien mit Kindern neue soziale Schwierigkeiten. Die Kinder wachsen zunächst in inkompletten Familien auf. Sie werden bei einem späteren Nachzug mit höherer Wahrscheinlichkeit Probleme beim Erwerb der deutschen Sprache haben.

dd) Der nachgezogene Ehegatte erlangt ein **eigenständiges Aufenthaltsrecht**, das unabhängig vom Fortbestand der ehelichen Lebensgemeinschaft ist, wenn diese seit mindestens zwei Jahren rechtmäßig im Bundesgebiet bestanden hat. Weiter muss der Ausländer, zu dem der Nachzug erfolgte, bis dahin im Besitz einer Aufenthaltserlaubnis oder Niederlassungserlaubnis sein. Ein eigenständiges Aufenthaltsrecht entsteht auch, wenn der Ehegatte, zu dem der Ausländer zuzog, verstarb, während die eheliche Lebensgemeinschaft im Bundesgebiet bestand. – Mit eigenständigem Aufenthaltsrecht ist dem nachgezogenen Ehegatten die Aufnahme jeder beliebigen Beschäftigung zu erlauben (§ 31 Abs. 1 Satz 2 AufenthG).

Eine **besondere Härte** liegt vor, wenn dem Ehegatten wegen der aus der Auflösung seiner ehelichen Lebensgemeinschaft erwachsenden Rückkehrverpflichtung eine erhebliche Beeinträchtigung seiner schutzwürdigen Belange droht. Dazu gehört das Wohl eines mit dem ausländischen Ehegatten in familiärer Lebensgemeinschaft lebenden Kindes. Eine besondere Härte liegt vor, wenn nach Rückkehr im Heimatland gesellschaftliche Diskriminierung droht und ein eigenständiges Leben deshalb dort nicht geführt werden kann. Dies ist der Fall, wenn eine geschiedene Ehefrau im Heimatland als »Nutte« angesehen wird (VG Saarlouis v. 28. 11. 2003, InfAuslR 2004, 116).

Das eigenständige Aufenthaltsrecht entsteht auch, wenn die Ehefrau vor Schlägen ins Frauenhaus flüchten muss. Besondere Härten sind zu bejahen, wenn eine Zwangsabtreibung droht, ein weiterer Aufenthalt in

Deutschland im Hinblick auf eine Beeinträchtigung des Wohls des Kindes wegen der Verhältnisse im Herkunftsland erforderlich ist oder eine willkürliche Versagung des Umgangs mit dem Kind droht (BVerfG v. 8. 12. 2005, InfAuslR 2006, 122).

Das eigenständige Aufenthaltsrecht entsteht allerdings nicht, wenn für den Ausländer, zu dem der Nachzug erfolgte, die Verlängerung der Aufenthaltserlaubnis ausgeschlossen ist (§ 31 Abs. 1 Satz 2 AufenthG). Das abgeleitete Aufenthaltsrecht des nachgezogenen Ehegatten soll auch bei Verselbstständigung nicht weiter reichen als bei demjenigen, von dem dieses Recht hergeleitet wird.

2.1.2 Lebenspartnerschaft

Auf Lebenspartner, die aus dem Ausland zugezogen sind, sind die vorstehenden Vorschriften entsprechend anzuwenden (§ 27 Abs. 2 AufenthG).

2.1.3 Kinder

Der Familiennachzug ist Kindern **bis zur Vollendung des 16. Lebensjahres** erlaubt. Voraussetzung ist neben der Sicherung des Lebensunterhalts und ausreichendem Wohnraum (zu beidem oben S. 58 ff.), dass beide Eltern eine Aufenthalts- oder eine Niederlassungserlaubnis besitzen. Ist die elterliche Sorge nur dem Elternteil allein übertragen, zu dem der Zuzug erfolgt, muss dieses Elternteil im Besitz einer Aufenthalts- oder Niederlassungserlaubnis sein (§ 32 Abs. 3 AufenthG). Maßgeblich ist das Alter bei Antragstellung, selbst wenn im Verlauf des Verfahrens die Altersgrenze überschritten wird (BVerwG v. 18. 11. 1997, InfAuslR 1998, 161).

Die Kindern erteilte Aufenthaltserlaubnis muss auch dann verlängert werden, wenn ausreichender Wohnraum nicht zur Verfügung steht oder der Lebensunterhalt nicht gesichert ist.

Die Altersgrenze des 18. Lebensjahres für den Kindernachzug gilt weiter, wenn Eltern (bzw. der allein sorgeberechtigte Elternteil) und die Kinder gemeinsam einreisen.

Über 16-jährigen, aber noch nicht volljährigen Kindern ist eine Aufenthaltserlaubnis zu erteilen, wenn sie die deutsche Sprache beherrschen oder aufgrund ihrer bisherigen Ausbildung gewährleistet erscheint, dass sie sich in die Lebensverhältnisse in Deutschland einfügen können. Auch hier müssen beide Elternteile oder der allein sorgeberechtigte Elternteil eine Aufenthalts- oder Niederlassungserlaubnis besitzen. Daneben kann zur Vermeidung einer besonderen Härte eine Aufenthaltserlaubnis erteilt werden.

Im Bundesgebiet geborenen Kindern kann eine Aufenthaltserlaubnis erteilt werden, wenn ein Elternteil bei seiner Geburt im Besitz einer Aufenthaltserlaubnis ist (§ 33 AufenthG).

2.1.4 Eigenständiges Aufenthaltsrecht der Kinder

Für die im Bundesgebiet aufgewachsenen Angehörigen der 2. Ausländergeneration ist Deutschland ihre Heimat und das Herkunftsland fremd. Sie sind sowohl durch das Elternhaus wie auch durch die deutschsprachige Umgebung geprägt. Häufig werden sie in Deutschland als Ausländer wahrgenommen und in ihren Herkunftsländern als »Deutschländer«. § 34 AufenthG versucht, ihrer besonderen Situation Rechnung zu tragen. So ist die Aufenthaltserlaubnis auch dann zu verlängern, **wenn der Lebensunterhalt nicht gesichert ist oder ausreichender Wohnraum fehlt**. Voraussetzung ist, dass ein sorgeberechtigter Elternteil einen Aufenthaltstitel besitzt und das Kind mit ihm zusammenlebt oder das Kind ein Wiederkehrrecht hätte. Mit Volljährigkeit oder Erteilung einer Niederlassungserlaubnis wird dieses Aufenthaltsrecht zu einem eigenständigen Recht, das vom Aufenthalt der Eltern unabhängig ist.

2.1.5 Wiederkehrrecht

Für Kinder, die von ihren Eltern in deren Heimatland mitgenommen werden, ohne dass sie dort zurechtkommen könnten, wurde ein Recht auf Wiederkehr geschaffen. § 37 AufenthG verlangt, dass der Ausländer vor seiner Ausreise acht Jahre lang rechtmäßig seinen gewöhnlichen Aufenthalt im Inland hatte und sechs Jahre eine allgemein bildende Schule mit Vollzeit-Unterricht besuchte oder zumindest einen Schulabschluss erlangte. Der Lebensunterhalt muss gesichert sein. Dafür genügt auch eine Unterhaltsverpflichtung durch einen Dritten, z. B. einen nahen Angehörigen, für die Dauer von fünf Jahren. Schließlich muss der Antrag auf Wiederkehr nach Vollendung des 15. und vor Vollendung des 21. Lebensjahres gestellt werden. Seit der Ausreise dürfen nicht mehr als fünf Jahre vergangen sein.

Von den zeitlichen Voraussetzungen kann in Ausnahmefällen abgewichen werden. Eine besondere Härte liegt regelmäßig vor, wenn einem

Ausländer das Recht auf Wiederkehr versagt würde, der bei der gebotenen Gesamtbetrachtung Defizite bei der Erfüllung der Tatbestandsmerkmale des § 16 Abs. 1 Nr. 1 und 3 AuslG durch die Übererfüllung eines dieser Merkmale oder auf sonstige Weise ausgleichen kann und dadurch dem gesetzlichen Typus des Wiederkehrers entspricht. Das kam in einem von BVerwG (v. 19. 3. 2002, InfAuslR 2002, 394) entschiedenen Sachverhalt wegen des Besuchs der Deutschen Schule in Istanbul nach Rückkehr in die Türkei in Betracht. § 2 BeschV begünstigt nun ganz allgemein die Absolventen deutscher Auslandsschulen bei der Aufnahme einer Ausbildung.

Allerdings können Ausweisungsgründe oder eine Ausweisung der Wiederkehr entgegenstehen und es sollte die persönliche Betreuung minderjähriger Rückkehrer gesichert sein.

Nach Ablauf von fünf Jahren ist die Aufenthaltserlaubnis auch dann zu verlängern, wenn der Lebensunterhalt nicht mehr gesichert sein sollte.

Das Wiederkehrrecht wird auch Rentnern gewährt, die von einem Träger im Bundesgebiet Rente erhalten. Sie müssen sich vor der Ausreise mindestens acht Jahre im Bundesgebiet aufgehalten haben.

2.1.6 Flüchtlinge

Für den Familiennachzug zu Asylberechtigten und Flüchtlingen enthält § 29 Abs. 2 AufenthG eine Sonderregelung. Danach dürfen der Besitz einer Niederlassungserlaubnis oder die Sicherung des Lebensunterhalts nicht verlangt werden, wenn der Antrag auf Familiennachzug innerhalb von drei Monaten nach rechtskräftiger Anerkennung als Asylberechtigter oder Flüchtling gestellt wird und die Familie nicht in einem anderen EU-Mitgliedstaat zusammenleben kann. Auch Kenntnisse der deutschen Sprache dürfen nicht verlangt werden. Die Schlussfolgerung, bei späterer Antragstellung dürften diese Voraussetzungen aufgestellt werden, ist allerdings verfehlt. Art. 6 GG enthält ein verfassungsrechtliches Gebot, den Nachzug zu Flüchtlingen zu erlauben, wenn die Familie nicht in einem anderen Land zusammenleben kann (BVerwG v. 13. 1. 1988, InfAuslR 1988, 97).

2.2 Nachzug zu Deutschen

2.2.1 Ehegatten

Der Nachzug von Ausländern zu ihren deutschen Ehegatten setzt voraus, dass damit die eheliche Lebensgemeinschaft im Bundesgebiet hergestellt wird. Sicherung des Lebensunterhalts wird in diesen Fällen im Allgemeinen nicht verlangt (§ 28 Abs. 1 Nr. 1 AufenthG).

Auch für den Nachzug zu Deutschen gilt, dass die »**Scheinehe**« kein Aufenthaltsrecht verschafft, sowie dass der nachgezogene Ehegatte nach 2-jähriger rechtmäßiger Lebensgemeinschaft im Bundesgebiet ein eigenständiges Aufenthaltsrecht erwirbt.

Darüber hinaus wird auch für den Nachzug zu einem Deutschen verlangt, dass der nichtdeutsche Ehegatte über **ausreichende Sprachkenntnisse** verfügt (§ 28 Abs. 1 Satz 4 AufenthG). Damit wird auf Deutsche im Fall der Eheschließung ein Auswanderungsdruck ausgeübt, ein mit Art. 6 GG unvereinbares Ergebnis. Wegen des Gleichbehandlungsgrundsatzes in Art. 3 GG ist es besonders bedenklich, dass ausländische Ehegatten zu einigen Drittstaatsangehörigen zum Beispiel aus den USA, Kanada oder Honduras ohne Prüfung der Sprachkenntnisse zu Drittstaatsangehörigen einreisen dürfen und damit günstiger gestellt sind als die (aus denselben oder anderen Staaten stammenden) Ehegatten Deutscher. Es ist nicht ersichtlich, wieso Ehegatten von Staatsangehörigen aus diesen Staaten leichter Deutsch lernen als die Ehegatten Deutscher. Im Gegenteil: Die Annahme liegt nahe, dass in Ehen Deutscher mit Drittstaatsangehörigen in der Familie eher Deutsch die Sprache der interfamiliären Verständigung ist als in reinen Ehen Drittstaater.

Keine Kenntnisse der deutschen Sprache müssen nachgewiesen werden, wenn aus der Ehe bereits ein Kind hervorgegangen ist. Ironisierend könnte die Regelung als kinderfreundlich und deshalb als ein besonderer Beitrag gegen die Überalterung der Gesellschaft bezeichnet werden.

§ 28 Abs. 1 Satz 3 AufenthG ermöglicht die Ablehnung des Ehegattennachzugs zu Deutschen, wenn der **Lebensunterhalt** nicht gesichert ist. Nach der Gesetzesbegründung könnten solche Ausnahmen vorliegen, wenn der deutsche Ehegatte eine weitere Staatsangehörigkeit besitzt oder geraume Zeit im Herkunftsland des ausländischen Ehegatten gelebt hat und die Sprache von dessen Herkunftsland spricht. Diese Vorschrift würde damit zu einer Unterscheidung zwischen Deutschen mit und ohne Migrationshintergrund führen, sie würde damit verfassungswidrig Deutsche nach ihrer Abstammung bzw. Herkunft unterscheiden (*Huber/Göbel-Zimmermann*, Ausländer- und Asylrecht, S. 284).

In der Regel ist dem ausländischen Ehegatten nach 3-jährigem Besitz der Aufenthaltserlaubnis eine **Niederlassungserlaubnis** zu erteilen. Die eheliche Lebensgemeinschaft muss in diesem Falle noch bestehen. Es darf kein Ausweisungsgrund vorliegen und der ausländische Ehegatte muss sich auf einfache Art und Weise in der deutschen Sprache verständigen können. Schriftliche Sprachkenntnisse werden ebenfalls gefordert.

2.2.2 Eltern deutscher Kinder

Anspruch auf Familiennachzug zu Deutschen haben gem. § 28 Abs. 1 Nr. 2 u. 3 AufenthG die minderjährigen ledigen Kinder von Deutschen sowie die Eltern minderjähriger Deutscher zur Ausübung der Personensorge. Möglich ist diese Form des Nachzugs auch dadurch, dass das deutsche Kind erst nach der Einreise geboren wird. **Deutsch mit Geburt** ist ein Kind zunächst, wenn ein Elternteil deutsch ist. Es können aber auch beide Elternteile Ausländer sein, nämlich in den Fällen des § 4 Abs. 3 StAG (siehe unten S. 272). Der Nachzug **nichtehelicher Väter** zu ihren Kindern kann erleichtert werden, wenn schon vor der Geburt vor dem Jugendamt die Vaterschaft anerkannt und ggfls. eine Vereinbarung über die Einräumung der elterlichen Sorge (§ 1626a BGB) beurkundet wird. Weitere Voraussetzung für den Familiennachzug ist, dass der deutsche Familienangehörige seinen gewöhnlichen Aufenthalt im Bundesgebiet hat. Der Familiennachzug ist in den Fällen des § 28 AufenthG auch dann zu erlauben, wenn der Lebensunterhalt nicht gesichert ist. Auch ausreichender Wohnraum wird nicht verlangt.

Für die Aufenthaltserlaubnis des ausländischen Elternteils darf ein **Zusammenleben mit seinem deutschen Kind** nicht verlangt werden. Erforderlich ist lediglich ein enger Umgang mit dem Kind (BVerfG v. 8. 12. 2005, InfAuslR 2006, 122; BVerfG v. 9. 1. 2009, InfAuslR 2009, 150).

Der Nachzug erwachsener Kinder ist gem. §§ 28 Abs. 4, 36 AufenthG nur zulässig, wenn eine besondere Härte vorliegt. Eine solche Härte ist zu bejahen, wenn ein solches Kind das schwer kranke Adoptivelternteil pflegt. Das gilt auch dann, wenn noch weitere, deutsche Kinder vorhanden sein sollten (BVerfG v. 14. 12. 1989, InfAuslR 1990, 74).

2.2.3 Aufenthaltsrecht früherer Deutscher

Wer die deutsche Staatsangehörigkeit verloren hat, also Ausländer ist, soll wieder ein Aufenthaltsrecht erhalten können. § 38 AufenthG unterscheidet zwischen früheren Deutschen, die im Inland leben, und den im Ausland lebenden ehemaligen Deutschen. Die deutsche Staatsangehörigkeit geht nach § 25 StAG verloren, wenn der Betroffene eine ausländische Staatsangehörigkeit beantragt und annimmt. Befindet sich der frühere Deutsche im Inland, erhält er eine Niederlassungserlaubnis, wenn er wenigstens fünf Jahre als Deutscher im Inland lebte. Bei kürzerem Aufenthalt erhält ein früherer Deutscher eine 1-jährige Aufenthaltserlaubnis.

Befindet er sich bei Verlust der Staatsangehörigkeit im Ausland, muss die Behörde über den Antrag auf Erteilung einer Aufenthaltserlaubnis nach Ermessen entscheiden. Weitere Voraussetzung ist die ausreichende Kenntnis der deutschen Sprache.

2.4 Besondere Härtefälle

2.4.1 Härtefall-Kommission

Aus der Anwendung des Aufenthaltsgesetzes können unerwartete Härten entstehen. § 23a AufenthG ermächtigt die Bundesländer, eine Härtefallkommission einzurichten. Sie sind zu ihrer Einrichtung nicht verpflichtet. Die Härtefallkommission hat die Aufgabe festzustellen, ob dringende humanitäre oder persönliche Gründe die weitere Anwesenheit des Ausländers im Bundesgebiet rechtfertigen. Die Annahme eines Härtefalls ist in der Regel ausgeschlossen, wenn der Ausländer Straftaten von erheblichem Gewicht begangen hat. Die Härtefall-Kommission ist nicht verpflichtet, sich mit Einzelfällen zu befassen. Gegen ihre Entscheidungen gibt es keine Rechtsmittel.

2.4.2 Altfallregelung

Wer seit 1. 7. 1999 ununterbrochen mit Duldung oder Aufenthaltsgestattung oder einer humanitären Aufenthaltserlaubnis in Deutschland lebt, kann ein weiteres Aufenthaltsrecht unter weiteren Voraussetzungen erlangen. Erforderlich sind

- ausreichender Wohnraum

- hinreichende mündliche Deutschkenntnisse nach Stufe A2 des Gemeinsamen Europäischen Referenzrahmens für Sprachen
- Die Ausländerbehörde darf nicht über Umstände getäuscht worden sein, die aufenthaltsrechtlich relevante waren; behördliche Maßnahmen zur Aufenthaltsbeendigung dürfen nicht vorsätzlich hinausgezögert oder behindert worden sein
- keine Bezüge zu extremistischen oder terroristischen Organisationen bestehen und diese nicht unterstützt werden
- keine Verurteilung wegen einer vorsätzlichen Straftat. Außer Betracht bleiben Geldstrafen von insgesamt bis zu 50 Tagessätzen oder bis zu 90 Tagessätzen, wenn die Straftat nach dem Aufenthaltsgesetz oder dem Asylverfahrensgesetz nur durch Ausländer begangen werden kann.

Hat sich der Ausländer mit minderjährigen Kindern im Bundesgebiet aufgehalten, verkürzt sich die Mindest-Aufenthaltszeit auf die Zeit ab 1.7.2001. Dabei müssen schulpflichtige Kinder die Schule besucht haben. Die Aufenthaltserlaubnis kann auch dann erteilt werden, wenn der Lebensunterhalt nicht gesichert ist (§ 104a Abs. 1 Satz 3 AufenthG).

Bei Volljährigen, die als Minderjährige eingereist sind, wird nicht die Sicherung des Lebensunterhalts geprüft, sondern eine Prognose verlangt, ob sie sich aufgrund der bisherigen Ausbildung und Lebensverhältnisse voraussichtlich sozial integrieren können.

Von einem Familienangehörigen vorsätzlich begangene Straftaten, die die Grenze von 50 bzw. 90 Tagessätze überschreiten, sollen den anderen Familienangehörigen zugerechnet werden. Diese Regelung lässt an Sippenhaft denken. Das AG Bernau (v. 3.8.2007, InfAuslR 2008, 179) sieht darin die – verfassungswidrige – Aufforderung an den Strafrichter, eine Strafe zu verhängen, die der Schuld nicht entspricht und dadurch unverhältnismäßig und verfassungswidrig wird.

2.4.3 Geduldet in Deutschland aufgewachsene Angehörige der 2. Ausländergeneration

Ein besonderer Härtefall kann auch vorliegen, wenn ein langjährig geduldeter Ausländer, der im Bundesgebiet von früher Kindheit an aufgewachsen ist, abgeschoben werden soll. Diese in die deutschen Lebensverhältnisse hineingewachsenen Kinder können durch Art. 8 EMRK vor Ausweisung geschützt sein und deshalb einen Anspruch auf eine Aufenthaltserlaubnis haben (VGH Baden-Württemberg v. 3.11.2008, Inf-

AuslR 2008, 72). Es sind dabei stets alle Umstände des Einzelfalls abzuwägen: ist der Lebensunterhalt gesichert, ist der Ausländer mehr als geringfügig vorbestraft, wie gestalten sich die Verhältnisse im Herkunftsstaat usw.

3. Niederlassungserlaubnis

3.1 Aufenthaltsverfestigung

Die Niederlassungserlaubnis ist eine Aufenthaltsverfestigung unterhalb der Einbürgerung. Sie gilt unbefristet und unbeschränkt (zulässig ist in Ausnahmefällen die Einschränkung der politischen Betätigung). Die Niederlassungserlaubnis kann bei der Einreise hoch qualifizierten Zuwanderern sofort erteilt werden (siehe S. 48). Andere Ausländer müssen einen festgelegten Katalog von Voraussetzungen erfüllen:

- **5-jähriger Besitz einer Aufenthaltserlaubnis**. Dabei können Unterbrechungen des erlaubten Aufenthalts, vor allem durch verspäteten Antrag auf Verlängerung der Aufenthaltserlaubnis, von bis zu einem Jahr außer Betracht bleiben (§ 85 AufenthG).
- **Sicherung des Lebensunterhalts** (siehe S. 58 f.), ausgenommen über 16-jährige Kinder oder der Ausländer ist wegen Krankheit oder Behinderung nicht in der Lage, ausreichendes Einkommen zu erzielen.
- Entrichtung von **60 Monatsbeiträgen zur gesetzlichen Rentenversicherung** oder Aufwendungen für einen Anspruch auf eine vergleichbare private Lebensversicherung (unter Anrechnung von Ausfallzeiten wegen Kinderbetreuung oder häuslicher Pflege). Dieser Nachweis ist nicht erforderlich, wenn sich der Ausländer in einer Ausbildung befindet, die zu einem anerkannten schulischen oder beruflichen Bildungsabschluss führt.
- Es dürfen **keine** »Gründe der öffentlichen Sicherheit oder Ordnung unter Berücksichtigung der Schwere oder der Art des Verstoßes gegen die öffentliche Sicherheit oder Ordnung oder der vom Ausländer ausgehenden Gefahr unter Berücksichtigung der Dauer des bisherigen Aufenthalts und dem Bestehen von Bindungen im Bundesgebiet« entgegenstehen, vor allem keine **Vorstrafen**. Die Regelung erschwert Vorbestraften die Erlangung einer Niederlassungserlaubnis. Die Ent-

scheidung wird dem Ermessen der Behörde überantwortet, das häufig restriktiv ausgeübt wird. Wichtig ist ein Vergleich mit § 12a StAG. Nach dieser Vorschrift stehen Verurteilungen zu Geldstrafe von bis zu 90 Tagessätzen und Verurteilungen zu Freiheitsstrafe bis zu drei Monaten, die zur Bewährung ausgesetzt und nach Ablauf der Bewährungsfrist erlassen wurden, einer Einbürgerung nicht entgegen. Es wäre unverhältnismäßig, an die Anerkennung der Aufenthaltsverfestigung in Form der Niederlassungserlaubnis höhere Anforderungen zu stellen.

- Soweit es sich um Arbeitnehmer handelt, muss ihre **Beschäftigung erlaubt** sein. Dies schließt nur zum Studium eingereiste Ausländer von der Aufenthaltsverfestigung aus. Diese dürfen höchstens 90 ganze oder 180 halbe Tage im Jahr arbeiten.

Besitz sonstiger für die Berufsausübung erforderlicher Erlaubnisse:

- Ausreichende Kenntnisse der **deutschen Sprache**
- Grundkenntnisse der deutschen Rechts- und Gesellschaftsordnung und der hiesigen Lebensverhältnisse
- Vorhandensein **ausreichenden Wohnraums** (siehe S. 59 f.).

Bei in ehelicher Lebensgemeinschaft zusammenlebenden **Ehegatten** genügt es, wenn einer von beiden die erforderliche Anwartschaft in der Rentenversicherung nachweist und zur Sicherung des Lebensunterhalts erwerbstätig ist, sowie die für die Berufsausübung nötigen Erlaubnisse besitzt.

Die Hälfte der Ausbildungszeit kann bleibeberechtigten früheren Studenten auf die erforderliche Aufenthaltszeit von acht Jahren angerechnet werden.

Vor Erteilung einer Niederlassungserlaubnis ist eine Regelanfrage der Ausländerbehörde bei den Polizeibehörden und allen deutschen Geheimdiensten vorgesehen (§ 73 Abs. 2 Satz 2 AufenthG). Machen diese Bedenken geltend, wird die Erteilung unzulässig. Eine solche **Zusammenarbeit von Polizei und Geheimdiens**t stößt auf erhebliche verfassungsrechtliche Bedenken. Sie war bisher aus den Erfahrungen des Nationalsozialismus ein Tabu. Dieses Tabu wird ausgerechnet dann gebrochen, wenn Ausländer ein Recht auf Daueraufenthalt geltend machen. Rein praktisch gesehen sind die Erkenntnisse der Geheimdienste allzu oft unzuverlässige Behauptungen unzuverlässiger Informanten, die einer gerichtlichen Überprüfung nicht Stand halten.

Das Recht zum Daueraufenthalt besteht nicht nur, weil es der Gesetzgeber mehr oder weniger zufällig ermöglicht. Es ist vielmehr nach dem

Grundsatz des **Vertrauensschutzes** zu gewähren. Mit jedem Aufenthaltsjahr erhöht sich das Vertrauen der Ausländer darauf, dass sie den bisherigen Aufenthalt fortsetzen können (*Rittstieg*, NJW 1972, 2153).

3.2 Integrationskurse

3.2.1 Recht für bzw. gegen eine Minderheit

Mit den Integrationskursen hat der Gesetzgeber in §§ 44 ff. AufenthG ein Instrument für die Integration geschaffen. Unstreitig muss der Erwerb sprachlicher Kompetenzen gefördert werden. Die soziale Eingliederung – über die Vermittelbarkeit auf dem Arbeitsmarkt hinaus – erfordert die Fähigkeit zur Verständigung mit der Umwelt und deshalb die Kenntnisse der deutschen Sprache. Doch erscheint das gesetzgeberische Konzept wenig durchdacht und zu stark vom bloßen Willen beherrscht.

Die Integrationskurse bestehen aus einem **Basis-** und einem **Aufbausprachkurs**. Hinzu kommt ein **Orientierungskurs** zur Vermittlung von Grundkenntnissen der Rechtsordnung, der Kultur und der Geschichte in Deutschland. Die Teilnahme ist grundsätzlich kostenpflichtig, wobei die Leistungsfähigkeit zu berücksichtigen ist. Für Spätaussiedler und ihre ausländischen Familienangehörigen sind die Integrationskurse demgegenüber kostenlos (§ 9 Abs. 1b VG, § 9 Abs. 5 IntV).

Mit einer erfolgreichen Teilnahme an einem Integrationskurs wird eine wichtige Voraussetzung für eine spätere Einbürgerung verwirklicht.

3.2.2 Teilnahmepflicht

Die Pflicht zur Teilnahm an einem Integrationskurs wird im Einzelfall von der Ausländerbehörde bei Erteilung des Aufenthaltstitels festgestellt oder bei Bewilligung von Arbeitslosengeld II auf Aufforderung der für die Bewilligung dieser Sozialleistung zuständigen Stelle (§ 44a Abs. 1 Satz 2 AufenthG).

Die Pflicht zur Teilnahme an einem Integrationskurs ist eine Sonderlast, die **gegenüber Unionsbürgern** durch die Unionsbürgerschaft und das mit ihr verbundene Freizügigkeitsrecht untersagt ist. Die Dauer des Aufenthalts der Unionsbürger und ihrer Familienangehörigen darf nicht vom erfolgreichen Besuch eines Integrationskurses abhängig gemacht werden. Das Freizügigkeitsrecht erstreckt sich auf die Staatsangehörigen der EWR-Staaten und der Schweiz, denen diese Verpflichtung deshalb ebenfalls nicht auferlegt werden darf. Gegenüber **türkischen Arbeitnehmern** und ihren Familienangehörigen dürfen die Rechte auf Arbeitsmarktzugang nicht von dem Bestehen eines Integrationskurses abhängig gemacht werden. Ebenso verbieten die Standstill-Klauseln des Art. 13 ARB 1/80 und des Art. 41 Abs. 1 des Zusatzprotokolls zum Assoziationsabkommen EWG-Türkei die Einführung neuer Beschränkungen der Aufenthaltsverfestigung und des Zugangs zur selbstständigen Erwerbstätigkeit (vgl. S. 147 ff.).

Das Gesetz kennt weitere Ausnahmen von der Pflicht, einen Integrationskurs mit Erfolg besucht zu haben. So ist von ihr befreit, wer diese Pflicht wegen einer körperlichen, geistigen oder seelischen Krankheit oder Behinderung nicht erfüllen kann. Nicht teilnehmen muss, wer sich in einer beruflichen oder sonstigen Ausbildung befindet oder die Teilnahme an vergleichbaren Bildungsangeboten im Bundesgebiet nachweisen kann. Schließlich kann die Teilnahme auf Dauer unmöglich oder unzumutbar sein, z. B. wegen Kindererziehung oder Schichtarbeit. Die Ausländerbehörde kann »bei erkennbar geringem Integrationsbedarf« ein Teilnahmerecht und damit eine Teilnahmepflicht verneinen.

Die Anforderungen an die sprachlichen Kenntnisse sind überhöht. § 3 Abs. 2 IntV sieht das Kursziel ausreichender Kenntnisse der deutschen Sprache als erreicht, »wenn sich ein Kursteilnehmer im täglichen Leben in seiner Umgebung selbstständig sprachlich zurechtfinden und entsprechend seinem Alter und Bildungsstand ein Gespräch führen und sich schriftlich ausdrücken kann«. Damit wird allerdings das sprachliche Niveau benannt, das bislang Voraussetzung einer Einbürgerung gem. § 10 Abs. 4 StAG war. Unabhängig von Alter und Bildungsstand wird das zu erreichende sprachliche Niveau in § 17 Abs. 1 Nr. 1 IntV mit dem Zertifikat Deutsch B1 angegeben. Verlangt wird dabei: »[Der Ausländer] kann die Hauptpunkte verstehen, wenn klare Standardsprache verwendet wird und wenn es um vertraute Dinge aus Arbeit, Schule, Freizeit usw. geht. Kann die meisten Situationen bewältigen, denen man auf Reisen im Sprachgebiet begegnet. Kann sich einfach und zusammenhängend über vertraute Themen und persönliche Interessengebiete äußern. Kann über Erfahrungen und Ereignisse berichten, Träume, Hoffnungen und Ziele beschreiben und zu Plänen und Ansichten kurze Begründungen oder Erklärungen geben.« Das Niveau von Deutsch B1 ist wohl höher als das von Boulevard-Zeitungen (wie

BILD) vorausgesetzte. Es ist auch höher als das von § 9 Abs. 2 Satz 5 AufenthG für die Erteilung einer Niederlassungserlaubnis erforderliche sprachliche Niveau.

Die IntV verstößt durch ihre willkürlich überhöhten Anforderungen gegen verfassungsrechtliche Vorgaben. Der durch mehrfache Verlängerung der Aufenthaltserlaubnis und Einleben in die hiesigen Verhältnisse verfestigte Aufenthalt beinhaltet schützenswertes Vertrauen. Mit jeder Verlängerung der Aufenthaltserlaubnis erstarkt diese Rechtsposition weiter (*Rittstieg*, NJW 1972, 2153). Deshalb gebietet der Grundsatz des Vertrauensschutzes nach langjährigem Inlandsaufenthalt die Verlängerung der Aufenthaltserlaubnis (BVerfG v. 26. 9. 1978, NJW 1979, 2446). Die Anerkennung der tatsächlich erfolgten sozialen Verfestigung von Voraussetzungen abhängig zu machen, die auf eine Einbürgerung hinauslaufen und an eine Zwangsassimilation denken lassen, würde diesen **Vertrauensschutz** verletzen. Entsprechend ist gem. § 8 Abs. 3 Satz 2 AufenthG eine Aufenthaltserlaubnis trotz nicht ordnungsgemäßer Teilnahme an einem Sprachkurs zu verlängern, wenn ein Rechtsanspruch besteht.

Verfügt der Ausländer über ausreichende Kenntnisse der deutschen Sprache und wird im Übrigen eine Verpflichtung zur Teilnahme an einem Integrationskurs bejaht, muss er nur noch den **Orientierungskurs** besuchen. Ausreichende Sprachkenntnisse liegen vor, wenn sich der Ausländer auf einfache Art mündlich in der deutschen Sprache verständigen kann (§ 9 Abs. 2 Satz AufenthG).

Eine Verpflichtung zur Teilnahme an einem Integrationskurs besteht auch, wenn der Ausländer Arbeitslosengeld II bezieht und die **Agentur für Arbeit** dies angeregt hat. Damit wird Ausländern eine Pflicht auferlegt, der Deutsche mit unzureichenden Sprachkenntnissen nicht unterliegen.

Weiter sind Ausländer zur Teilnahme verpflichtet, wenn sie – nach Eindruck der Ausländerbehörde – »in besonderer Weise integrationsbedürftig« erscheinen. Der Zweck ist unklar. Die Integrationskurse haben keine pädagogische Aufgabe der Nacherziehung. Die Ausländerbehörden verfügen nicht über die fachlichen Kenntnisse, um die Anforderungen der Berufswelt zu kennen. Wenn der Ausländer über ausreichende Sprachkenntnisse verfügt, kann allenfalls die Teilnahme an einem Orientierungskurs sinnvoll sein, durch den er Kenntnisse unserer Rechtsordnung erhält.

3.2.3 Sanktionen

Die pflichtwidrige **Nichtteilnahme** an Integrationskursen hat nachteilige Konsequenzen bei späteren Anträgen auf Einbürgerung. Vor allem aber kann Arbeitslosengeld II bei Verweigerung der Teilnahme gem. §44a Abs. 3 Satz 2 AufenthG um bis zu 10% gekürzt werden. Indem bei Verletzung der Teilnahmepflicht der voraussichtliche Kostenbeitrag vorab durch Gebührenbescheid erhoben werden kann, wird das soziale Existenzniveau noch deutlich unter dasjenige abgesenkt, das für Deutsche gilt. Verfassungsrechtlich darf das Existenzminimum nicht unterschritten werden. Die damit erfolgende Ungleichbehandlung gegenüber Deutschen und den ausländischen Familienangehörigen von Spätaussiedlern verstößt auch gegen Art. 6 des ILO-Übereinkommens 97. Der dort festgelegte Anspruch auf Gleichbehandlung in Bezug auf die gesetzlichen Vorschriften über die Arbeitslosigkeit lässt es nicht zu, wegen fehlender Bemühungen um einen Spracherwerb Ausländern die Leistungsansprüche als Arbeitslose zu kürzen, wenn Deutsche in der gleichen Lage keinen Kürzungen ausgesetzt werden.

Türkische Staatsangehörige schützt zusätzlich Art. 1 EFA gegen die Leistungskürzung wegen Nichtbesuchs oder Abbruchs eines Integrationskurses. Weiter untersagen die Europa-Mittelmeer-Abkommen der Europäischen Union mit **Marokko, Algerien und Tunesien** die sozialrechtliche Diskriminierung der Arbeitnehmer aus diesen Ländern. Welchen Sinn macht ein Mittel der Eingliederung, das gegenüber der Mehrzahl der Zuwanderer nicht angewandt werden darf?

Einerseits ist es zu begrüßen, wenn Arbeitslosen die Gelegenheit gegeben wird, sich fortzubilden. Allerdings enthält die jetzige Konzeption eine grobe Ungerechtigkeit: Während ihrer Beschäftigung müssen Ausländer genauso wie Inländer Beiträge zur Arbeitslosenversicherung entrichten und Steuern bezahlen. Im Fall ihrer Arbeitslosigkeit wird ihnen zwar das Arbeitslosengeld genauso wie Inländern bezahlt, aber das Arbeitslosengeld II wird aus Steuergeldern finanziert und ihnen nur gekürzt, also ungleich gewährt.

Zweifellos sind Deutschkenntnisse günstig für die Arbeitssuche. Allerdings gibt es Berufe, für die keine Deutschkenntnisse benötigt werden. Für die meisten älteren Arbeitslosen wird der Arbeitsmarkt selbst mit Absolvieren eines Sprachkurses verschlossen bleiben, gleichgültig ob Deutscher oder Ausländer.

Darüber hinaus lässt die Vorschrift daran denken, dass das erfolgreiche Absolvieren des Deutschkurses verlangt wird. Dies enthält aber das Verlangen nach einer intellektuellen Leistung, zu der ein Arbeitsloser nicht verpflichtet werden darf. Verlangt werden darf allenfalls, dass er sich anstrengt und bemüht, bestimmte Lernziele zu erreichen.

3.3 Besondere Regelungen

3.3.1 Kinder

Die Voraussetzungen für die Erlangung einer Niederlassungserlaubnis sind für einige Personengruppen abweichend gestaltet. Ausländische Kinder erhalten gem. § 35 AufenthG eine Niederlassungserlaubnis, wenn sie bei Vollendung des 16. Lebensjahres seit fünf Jahren eine Aufenthaltserlaubnis besitzen. Eine Sicherung des Lebensunterhalts wird also nicht verlangt. Die Ausländerbehörden sind verpflichtet, auf dieses Recht hinzuweisen.

Alternativ wird nachgezogenen Kindern die Niederlassungserlaubnis erteilt,

- wenn der Ausländer volljährig ist und seit fünf Jahren eine Aufenthaltserlaubnis besitzt,
- über ausreichende Kenntnisse der deutschen Sprache verfügt
- und der Lebensunterhalt gesichert ist oder der Ausländer sich in einer Ausbildung befindet, die zu einem anerkannten schulischen oder beruflichen Bildungsabschluss führt.

Ein Anspruch besteht nicht, wenn der Ausländer in den letzten drei Jahren wegen einer vorsätzlichen Straftat zu einer Jugendstrafe von mindestens sechs Monaten oder einer Freiheitsstrafe von mindestens drei Monaten oder einer Geldstrafe von mindestens 90 Tagessätzen verurteilt wurde oder die Verhängung einer Jugendstrafe ausgesetzt ist (§ 35 AufenthG). Die Ausländerbehörde hat dann über den Antrag nach ihrem Ermessen zu entscheiden.

Wegen einer körperlichen, geistigen oder seelischen Krankheit werden **Behinderte** von den Voraussetzungen der Sprachkenntnisse und der Sicherung des Lebensunterhalts befreit, wenn sie sie aufgrund der Behinderung nicht erfüllen können.

3.3.2 Familienangehörige Deutscher

Den Familienangehörigen Deutscher soll in der Regel nach § 28 Abs. 2 AufenthG unter einfacheren Voraussetzungen eine Niederlassungserlaubnis erteilt werden:

- drei Jahre im Besitz einer Aufenthaltserlaubnis
- Fortbestehen der ehelichen Lebensgemeinschaft
- die Fähigkeit, sich auf einfache Art in der deutschen Sprache verständigen zu können
- es liegt kein Ausweisungsgrund vor.

Auch hier werden nur mündliche Kenntnisse der deutschen Sprache verlangt. Für die ausländischen Familienangehörigen Deutscher dürfen nicht höhere Anforderungen als für die Familienangehörigen von Ausländern aufgestellt werden (vgl. § 9 Abs. 1 Satz 5 AufenthG).

3.3.3 Selbstständige

Selbstständigen Zuwanderern kann nach 3-jährigem Inlandsaufenthalt eine Niederlassungserlaubnis erteilt werden, wenn der Ausländer seine Tätigkeit erfolgreich verwirklicht hat und der Lebensunterhalt und derjenige der mit dem Selbstständigen zusammenlebenden Familienangehörigen durch ausreichende Einkünfte gesichert ist (§ 21 Abs. 4 AufenthG).

3.3.4 Flüchtlinge

Asylberechtigte und anerkannte Flüchtlinge erhalten nach 3-jährigem Inlandsaufenthalt eine Niederlassungserlaubnis, sofern das Bundesamt für Migration und Flüchtlinge den gewährten Schutz nicht durch Bescheid gegenüber dem Flüchtling widerruft (§ 26 Abs. 3 AufenthG).

Ausländern ohne Flüchtlingsstatus, die wegen eines Abschiebungshindernisses eine Aufenthaltserlaubnis erhalten haben, kann nach 7-jährigem Besitz dieser Aufenthaltserlaubnis eine Niederlassungserlaubnis erteilt werden (§ 26 Abs. 4 AufenthG). Auf die Frist für die Erteilung einer Niederlassungserlaubnis nach § 26 Abs. 4 AufenthG werden Zeiten des Besitzes einer Aufenthaltsbefugnis oder Duldung nach dem AuslG 1990, die vor dem 1. 1. 2005 lagen, angerechnet (§ 102 Abs. 2 AufenthG).

3.3.5 Übergangsregelungen

Unbefristete Aufenthaltserlaubnisse und Aufenthaltsberechtigungen gelten als Niederlassungserlaubnis fort (§ 101 AufenthG). Wurde ein Antrag auf Erteilung einer unbefristeten Aufenthaltserlaubnis oder Aufenthaltsberechtigung vor dem 1. 1. 2005 gestellt, ist über ihn nach bisherigem Recht zu entscheiden.

Hat ein Ausländer vor dem 1. 1. 2005 eine Aufenthaltserlaubnis oder Aufenthaltsbefugnis erhalten, muss er für die Erteilung einer Niederlassungserlaubnis weder Pflichtversicherungsnachweise noch Grundkenntnisse der Rechts- und Gesellschaftsordnung und der Lebensverhältnisse Deutschlands nachweisen. Verlangt wird in diesen Altfällen unverändert lediglich die Fähigkeit, sich auf einfache Art in deutscher Sprache **mündlich** verständigen zu können. Damit beschränkt § 104 Abs. 2 AufenthG die Verschärfungen, die mit der Einführung der Niederlassungserlaubnis verbunden sind, auf ab dem 1. 1. 2005 zuwandernde Ausländer.

4. Erlaubnis zum Daueraufenthalt-EG

Die **höchste Stufe der Aufenthaltsverfestigung** unterhalb der Einbürgerung stellt die »Erlaubnis zum Daueraufenthalt-EG« dar. Sie ist mit den weitreichendsten Rechten verbunden. Denn nur sie berechtigt Drittstaatsangehörige zur beruflichen Wanderung in einen anderen Mitgliedstaat der Europäischen Union. Weiter verschafft sie den weitestgehend möglichen Schutz vor Ausweisung.

Voraussetzungen sind gem. § 9a AufenthG:

- ein 5-jähriger Inlandsaufenthalt. Zeiten eines Studiums oder einer Berufsausbildung werden dabei nur zur Hälfte angerechnet; frühere Zeiten des Inlandsaufenthalts höchstens bis zu vier Jahren
- Sicherung des Lebensunterhalts durch feste und regelmäßige Einkünfte
- ausreichende Kenntnisse der deutschen Sprache
- Grundkenntnisse der Rechts- und Gesellschaftsordnung und der Lebensverhältnisse im Bundesgebiet
- ausreichender Wohnraum
- keine entgegenstehenden Ausweisungsgründe.

Diese Voraussetzungen werden in §§ 9b, 9c AufenthG noch genauer bezeichnet, wobei einige Bedingungen des Gesetzes möglicherweise gegen die RL 2003/109/EG verstoßen. So wird ohne Ermächtigung durch die Richtlinie der Nachweis einer Pflegeversicherung verlangt. Eigenes Einkommen ist nicht nachzuweisen, wenn das Einkommen des Ehegatten ausreicht.

Wer im Besitz einer humanitären Aufenthaltserlaubnis ist, darf keine Erlaubnis zum Daueraufenthalt-EG erhalten.

Die Ausweisung Daueraufenthaltsberechtigter ist nur nach dem Maßstab des Gemeinschaftsrechts zulässig. Die Maßstäbe der zwingenden Ausweisung und der Regel-Ausweisung werden dann unzulässig (EuGH v. 29. 4. 2004, InfAuslR 2004, 268 [Orfanopoulos]; siehe S. 128 ff.). Unter Verstoß gegen diese europarechtliche Verpflichtung will der Gesetzgeber die Maßstäbe der Regelausweisung anwenden.

Daueraufenthaltsberechtigte Drittstaatsangehörige können ihren Lebensmittelpunkt in einen anderen Mitgliedstaat der Europäischen Union verlegen. Dafür benötigen sie **dort** ein ausreichendes Einkommen, das sie vom Bezug von Sozialhilfe unabhängig macht, und eine ausreichende Krankenversicherung. Arbeitnehmer mit der Daueraufenthaltserlaubnis-EU dürfen nur dann in einen anderen Mitgliedstaat umziehen, wenn sich für ihren Arbeitsplatz kein Inländer oder Unionsbürger oder anderer bereits im Land lebender bevorrechtigter Ausländer findet (VGH Baden-Württemberg v. 18. 3. 2008, InfAuslR 2008, 244). Wegen der danach zulässigen Arbeitsmarktprüfung werden ungelernte Arbeitskräfte in der Regel nicht auf diesem Weg in einen anderen Mitgliedstaat umziehen können. Die Teilnahme an Sprachkursen kann verlangt werden (Art. 15 RL 2003/109/EG).

Wichtige Unterschiede zwischen Erlaubnis zum Daueraufenthalt-EG und Niederlassungserlaubnis

Erlaubnis zum Daueraufenthalt-EG	*Niederlasssungserlaubnis*
Berechtigt zur Arbeitssuche in einem anderen Mitgliedstaat	Berechtigt zum Wohnen und der Aufnahme einer Erwerbstätigkeit nur in Deutschland
Erhöhter Ausweisungsschutz nach dem Maßstab des EU-Rechts, weitergehend als nach Art. 8 EMRK	Erhöhter Ausweisungsschutz nur nach § 56 AufenthG und nach Art. 8 EMRK
Erlischt nach 12-monatigem Aufenthalt außerhalb der Europäischen Union	Erlischt nach 6-monatigem Aufenthalt außerhalb Deutschlands (Ausnahme: nach 15-jährigem Inlandsaufenthalt, wenn zugleich der Lebensunterhalt gesichert ist und kein Ausweisungsgrund vorliegt!)

5. Duldung

5.1 Abschiebungshindernisse

Manchmal können Ausreisepflichtige nicht ausreisen und können auch nicht abgeschoben werden, weil ihnen im Herkunftsland unzumutbare Gefahren drohen. § 60 AufenthG listet diese Gefahren auf:

- Abs. 2: Unzulässig ist die Abschiebung in einen Staat, in welchem dem Ausländer **Folter** droht. Folter verstößt sowohl gegen Art. 1 GG als auch gegen Art. 3 EMRK. Das Folterverbot ist ein absolutes Verbot, das in keinem Fall zulässig ist. Die Staaten dürfen auch nicht mittelbar an Folter mitwirken, indem sie Personen in einen Staat abschieben, in dem diese Gefahr konkret droht.
- Abs. 3: Unzulässig ist die Abschiebung in einen Staat, in dem die **Gefahr der Todesstrafe** droht.
- Abs. 5: Die Abschiebung ist unzulässig, wenn sie gegen die **Europäische Menschenrechtskonvention** verstoßen würde. Hier ist der Schutz des Familien- und Privatlebens gem. Art. 8 EMRK besonders wichtig. Beherrscht der Ausländer oder sein Ehegatte die Sprache des Herkunftslandes nicht, würde die Abschiebung eine persönliche Katastrophe oder jedenfalls das Ende der Ehe bedeuten. In der Vergan-

genheit waren die deutschen Gerichte der Auffassung, in solchen Fällen müssten die Familien die Trennung hinnehmen.

Doch zeigt die Rechtsprechung des EGMR immer deutlicher in die umgekehrte Richtung. So verlangte er im Fall eines seit sieben Jahren in Österreich lebenden Türken, dessen türkische Ehefrau in Österreich geboren und aufgewachsen war, eine Prüfung, ob die Ehefrau die türkische Sprache beherrscht und inwieweit sie über die Staatsangehörigkeit hinaus weitere Bindungen zur Türkei habe (EGMR v. 31. 10. 2002, InfAuslR 2003, 126 [Yildiz]). Vorübergehende Urlaube begründen keine sozialen und kulturellen Bindungen an das Herkunftsland. Doch besteht kein Anspruch, eine im Inland begonnene medizinische Behandlung nach der Abschiebung im Herkunftsland fortsetzen zu können (EGMR v. 22. 5. 2008, InfAuslR 2008 [Emre]).

Die Ausweisung aus Frankreich missbilligte EGMR (v. 26. 9. 1997, InfAuslR 1997, 430 [Mehemi]) im Fall eines wegen Einfuhr von 142 kg Haschisch zu sechs Jahren Haft verurteilten Algeriers, der mit einer Italienerin verheiratet war, mit der er drei Kinder französischer Staatsangehörigkeit hatte. Außerhalb Frankreichs könne die Familie nicht zusammenleben. Aus demselben Grund durfte ein mit einer Dänin verheirateter asylberechtigter Iraner – die Eheleute haben ein gemeinsames Kind und ein voreheliches Kind der Ehefrau – trotz Verurteilung wegen Einfuhr von 450 g Heroin gem. Art. 8 EMRK nicht abgeschoben werden (EGMR v. 11. 7. 2002, InfAuslR 2004, 180 [Amrollahi]). Bei der Entscheidung über die Ausweisung Minderjähriger muss das Kindeswohl beachtet werden. Nur in seltenen Ausnahmen ist die Ausweisung nach Straftaten zulässig, die von einem Minderjährigen begangen wurden (EGMR v. 23. 6. 2008, InfAuslR 2008, 333 [Maslov II]).

Eine Abschiebung wird allerdings nicht dadurch unzulässig, dass dem Ausländer im Herkunftsland allgemein Strafverfolgung und Bestrafung drohen, solange weder die Todesstrafe noch Folter noch ein anderer Menschenrechtsverstoß drohen.

Bestehen in einem anderen Land erhebliche konkrete Gefahren für Leib, Leben oder Freiheit, soll von einer Abschiebung abgesehen werden. Allerdings wird für Situationen wie die eines Bürgerkriegs die Entscheidung über die Abschiebung angeblich den Innenministerien der Bundesländer überlassen (§§ 60 Abs. 7 Satz 2, 60a AufenthG). Bei richtigem Verständnis der sog. Qualifikationsrichtlinie ist in diesen Fällen (z. B. die trotz Anwesenheit von US-Streitkräften keine Existenzsicherheit bietende Situation im Irak) asylrechtlicher Abschiebeschutz zu gewähren und darauf gestützt eine Aufenthaltserlaubnis zu erteilen.

5.2 Wahlmöglichkeiten der Ausländerbehörde

Daneben bietet das Aufenthaltsgesetz **zwei Lösungen** an. § 25 Abs. 3 AufenthG sieht die Erteilung der Aufenthaltserlaubnis als Regelfall vor. Die Aufenthaltserlaubnis darf aber nicht erteilt werden, wenn der Ausländer zwar nicht abgeschoben werden kann, aber in einen anderen Staat freiwillig ausreisen könnte. Auch der wiederholte und grobe Verstoß gegen Mitwirkungspflichten, wie fehlende Bemühungen um einen Nationalpass, rechtfertigt die Ablehnung der Erteilung einer Aufenthaltserlaubnis. Dasselbe gilt nach einer Straftat von erheblicher Bedeutung und schließlich nach Verbrechen gegen den Frieden oder die Menschlichkeit oder Kriegsverbrechen.

In den Ausnahmefällen des § 60a Abs. 2 AufenthG, der Bekämpfung des internationalen Terrorismus, ist die Abschiebung auszusetzen und dem Ausländer eine Duldung zu erteilen, wenn die Ausreisepflicht wegen tatsächlicher oder rechtlicher Abschiebungshindernisse ausgesetzt werden muss.

§ 25 Abs. 5 AufenthG ermöglicht es, vollziehbar ausreisepflichtigen Ausländern eine Aufenthaltserlaubnis zu erteilen, wenn sie unverschuldet nicht ausreisen können und auch nicht zwangsweise abgeschoben werden dürfen. Besitzt der Ausländer eine Duldung seit 18 Monaten, soll eine Aufenthaltserlaubnis erteilt werden. Das Gesetz schließt diese Möglichkeit indes aus, wenn der Ausländer eine Abschiebung durch falsche Angaben oder eine Täuschung über seine Identität oder Staatsangehörigkeit verhindert. Dies gilt auch, wenn er zumutbare Anforderungen zur Beseitigung des Abschiebungshindernisses nicht erfüllt, z. B. einen erforderlichen Antrag bei der Botschaft seines Herkunftslandes nicht stellen will.

Nach 7-jährigem Besitz einer wegen Ausreise- und Abschiebungshindernisses erteilten Aufenthaltserlaubnis kann eine Niederlassungserlaubnis erteilt werden (§ 26 Abs. 4 AufenthG). Dabei müssen die Voraussetzungen gem. § 9 AufenthG vorliegen (siehe S. 70 f.).

5.3 Zulassung zur Beschäftigung

Geduldeten Ausländern darf die Aufnahme einer Beschäftigung erst erlaubt werden, wenn sie sich mindestens ein Jahr erlaubt oder geduldet im Bundesgebiet aufgehalten haben. Zuvor prüft die Bundesagentur für Arbeit, ob bevorrechtigte Arbeitnehmer am Arbeitsmarkt vorhanden sind und ob die Arbeitsbedingungen denjenigen für vergleichbare deutsche Arbeitnehmer entsprechen (§ 10 BeschVerfV). Ausgenommen von diesem Zustimmungserfordernis sind die zustimmungsfreien Beschäftigungen gem. §§ 2 – 4 BeschVerfV. **Nach 4-jährigem Inlandsaufenthalt** entfällt die Prüfung der Situation am Arbeitsmarkt und der Arbeitsbedingungen (§ 9 BeschVerfV). Eine **Ausbildungserlaubnis** kann schon nach einem Aufenthalt mit Duldung von zwölf Monaten ohne Prüfung des Arbeitsmarkts erteilt werden.

Die Beschäftigung darf nicht genehmigt werden, wenn der Ausländer das Abschiebungshindernis durch Täuschung über seine Identität oder seine Staatsangehörigkeit oder durch falsche Angaben herbeiführt. Dasselbe gilt, wenn er sich nur zur Erlangung von Leistungen nach dem AsylbLG nach Deutschland begeben hat (§ 11 BeschVerfV).

5.4 Das ausländerrechtliche Verfahren

5.4.1 Grundzüge

Entscheidungen über den Aufenthalt können auf Antrag oder von Amts wegen erfolgen. **Von Amts** wegen handelt die Ausländerbehörde, wenn sie über eine Ausweisung entscheidet oder einem neu geborenen Kind, dessen beide Eltern im Besitz einer Aufenthalts-, Niederlassungserlaubnis oder einer Erlaubnis zum Daueraufenthalt-EG sind, eine Aufenthaltserlaubnis erteilt.

Auf Antrag wird die Ausländerbehörde bei Erteilung oder Verlängerung eines Aufenthaltstitels tätig. Wird dieser Antrag von einem Ausländer gestellt, der sich rechtmäßig im Bundesgebiet aufhält und einen Aufenthaltstitel besitzt, gilt der bisherige Aufenthaltstitel gem. § 81 Abs. 4 AufenthG als fortbestehend.

Wird der Verlängerungsantrag nicht bis zum Ablauf der Aufenthaltserlaubnis gestellt, wird der Ausländer ausreisepflichtig und darf angeblich ohne weiteres abgeschoben werden. Im Falle der Ausreise vor Entscheidung über die Verlängerung des Aufenthaltstitels dürfte er nicht wieder einreisen. Daran ändert nach Auffassung des Bundesinnenministeriums selbst ein verspätet gestellter Antrag auf Verlängerung der Aufenthaltserlaubnis nichts. Diese Auffassung ist abwegig. Sie läuft auf die Behauptung hinaus, das Verfahren über den verspätet gestellten Verlängerungsantrag müsse vom Ausland her verfolgt werden. Eine solche Praxis würde häufig zu Verstößen gegen Art. 6 GG, 8 EMRK führen. Verhältnismäßig ist es und dem Willen des Gesetzgebers entspricht es, für diese Sachverhalte ebenfalls ab Stellung des Verlängerungsantrags die Fiktion zu bejahen, dass der bisherige Aufenthaltstitel fortbestehen würde (*Dienelt,* InfAuslR 2005, 136). Zur Vermeidung solcher Folgen hat das Bundesministerium des Innern durch Verwaltungsvorschrift die Möglichkeit erfunden, auf Antrag oder von Amts wegen bei verspätetem Verlängerungsantrag Wiedereinsetzung in den vorigen Stand zu gewähren, um das vorläufige Aufenthaltsrecht in der Zeit der Bearbeitung des Verlängerungsantrags wiederherzustellen.

Es ist unbedingt zu empfehlen, zur Vermeidung von Ärger **den Antrag auf Verlängerung** des Aufenthaltstitels **vor Ablauf** des bisherigen Titels zu stellen.

Beantragt ein Ausländer, der sich ohne Aufenthaltserlaubnis, aber rechtmäßig im Bundesgebiet aufhält (der z. B. zulässig als Tourist eingereist ist), die Erteilung einer Aufenthaltserlaubnis, gilt der Aufenthalt als vorläufig erlaubt (§ 81 Abs. 3 AufenthG). Auch in diesem Stadium ist deshalb eine Aus- und Wiedereinreise denkbar.

Beantragt ein rechtmäßig eingereister Ausländer **verspätet** eine Aufenthaltserlaubnis, gilt die Abschiebung bis zur Entscheidung der Behörde als ausgesetzt. Der Ausländer darf dann den Bereich nicht mehr verlassen, für den die Ausländerbehörde zuständig ist. Reist er in diesem Stadium aus, darf er nicht wieder einreisen, sondern muss die Entscheidung über den Antrag auf Aufenthaltserlaubnis vom Ausland her abwarten.

Ein illegal eingereister Ausländer kann auch durch einen Antrag auf eine Aufenthaltserlaubnis eine Zurückschiebung nicht verhindern. Diese ist innerhalb von sechs Monaten nach der Einreise ohne besonderen Verwaltungsakt zulässig (§ 57 Abs. 1 AufenthG).

Wird der Antrag auf Erteilung oder Verlängerung eines Aufenthaltstitels abgelehnt und erlässt die Ausländerbehörde stattdessen eine Ausreiseaufforderung, wird die damit verbundene Abschiebungsandrohung nach einer von der Behörde festgelegten Ausreisefrist sofort vollziehbar und er muss sofort ausreisen. Auch Rechtsmittel entfalten keine aufschiebende Wirkung (§ 84 AufenthG). Der Ausländer hat in diesem Fall nur noch die Möglichkeit, Rechtsmittel einzulegen und zugleich beim zuständigen Verwaltungsgericht Antrag auf vorläufigen Rechtsschutz gegen die drohende Abschiebung zu stellen. In diesem Verfahren hat er ein verfassungsrechtlich geschütztes vorläufiges Aufenthaltsrecht (VerfGH Berlin v. 31. 1. 2003, InfAuslR 2003, 225).

Wird der Ausländer ausgewiesen, obwohl er im Besitz einer Aufenthalts- oder Niederlassungserlaubnis ist, hat sein Rechtsmittel aufschiebende Wirkung und er darf sich während des Verfahrens über das Rechtsmittel im Bundesgebiet weiter aufhalten. Die Behörde kann die sofortige Vollziehbarkeit anordnen. Auch in diesem Fall ist zur Verhinderung einer sofortigen Abschiebung ein Antrag auf vorläufigen Rechtsschutz beim Verwaltungsgericht zu stellen.

5.4.2 Handlungsfähigkeit

Abweichend von den Regeln des bürgerlichen Rechts werden Kinder im ausländerrechtlichen Verfahren nur bis zur Vollendung des 16. Lebensjahrs von ihren Eltern vertreten. Danach müssen sie sich selbst vertreten (§ 80 AufenthG, § 12 AsylVfG). Sie sind also **schon vor ihrer Volljährigkeit** im Ausländerrecht handlungsfähig.

Damit könnte die Ausländerbehörde in das elterliche Aufenthaltsbestimmungsrecht und die elterliche Verantwortlichkeit eingreifen, ohne die Eltern auch nur zu informieren. Der darin liegende Eingriff in Art. 6 GG ist verfassungsrechtlich bedenklich. Wenn schon Eltern nicht von der Beteiligung an einem Strafverfahren gegen ihr minderjähriges Kind ausgeschlossen werden dürfen (BVerfG v. 16. 1. 2003, EuGRZ 2003, 58), ist erst recht ihr Ausschluss aus dem für das elterliche Aufenthaltsbestimmungs- und Erziehungsrecht in noch wichtigeren ausländerrechtlichen Verfahren unzulässig.

Für minderjährige Flüchtlinge verlangt Art. 19 RL 2003/9/EG die Bestellung eines Vormunds und schließt damit die Handlungsfähigkeit mit Vollendung des 16. Lebensjahres aus. Diese Richtlinie ist heute unmittelbar anzuwenden. Deshalb werden Flüchtlinge entgegen dem Gesetzeswortlaut auch zwischen dem 16. Lebensjahr und der Volljährigkeit durch ihre Eltern vertreten.

6. Aufenthaltsbeendigung

6.1 Ausweisung

6.1.1 Was versteht man unter einer »Ausweisung«?

Die Ausweisung ist eine aufenthaltsbeendende Maßnahme. Sie enthält das Gebot, das Bundesgebiet zu verlassen und das Verbot, es danach wieder zu betreten. Eine Einreise oder die Erteilung eines Visums wird erst wieder zulässig, wenn die Wirkung der Ausweisung befristet wurde. Das deutsche Ausweisungsrecht enthält im internationalen Vergleich besonders starre und harte Regelungen. Sie dürfen in einer Vielzahl von Fällen entgegen dem Wortlaut des Gesetzes nicht angewandt werden.

Ausweisungen sind zulässig nach Straftaten, falschen Angaben in Visaverfahren (auch gegenüber anderen Schengen-Staaten), Verstößen gegen Regelungen über die Prostitution, Gefährdung der öffentlichen Gesundheit, längerfristige Obdachlosigkeit, Bezug von Sozialhilfe oder – bei Kindern ohne Familie – von Jugendhilfe. Nach dem bloßen Verbrauch von Heroin oder Kokain oder ähnlichen Drogen hängt die Entscheidung über eine Ausweisung davon ab, ob der Betroffene eine Reha-Maßnahme benötigt und zu ihr bereit ist (§ 55 AufenthG).

Die Verwaltungsgerichte verstehen die Ausweisung als eine ordnungsrechtliche Maßnahme der Gefahrenabwehr. Sie sei weder Mittel einer zusätzlichen Bestrafung, noch eine Gängelung und Disziplinierung (*Renner*, Ausländerrecht in Deutschland, S. 599).

Die nachfolgend dargestellten Regeln gelten für einen großen Teil der Ausländer nicht, nämlich Unionsbürger, EWR-Angehörige und schweizerische Staatsangehörige und für den größten Teil der in Deutschland lebenden türkischen Staatsangehörigen.

6.1.2 Abschreckung der Allgemeinheit

Häufig werden Ausweisungen **generalpräventiv** begründet. Damit wird behauptet, dass die Ausweisung der Abschreckung unbeteiligter Dritter dienen soll. Diese Form der Ausweisung ist rechtsstaatlich besonders bedenklich. Bei ihr wird der Mensch entgegen Art. 1 GG zum Objekt staatlichen Handelns gemacht. Er ist nützliches Mittel, um andere, nicht ihn selbst, von strafbaren Handlungen abzuhalten (*Heldmann* § 46 Rn 5).

Das BVerfG (v. 18.7.1979, NJW 1980, 514) will eine generalpräventive Begründung von Ausweisungen zulassen, weil der Ausländer durch seine Straftat selbst die Ursache für die Straftat setze. Eingeschränkt wird die Zulässigkeit der Ausweisung bei Ausländern, die mit Deutschen verheiratet sind, auf besonders schwere Straftaten wie Drogendelikte. Sie sei dann aber nur befristet zulässig.

Im allgemeinen Polizeirecht wird eine solche Begründung in Ausnahmefällen hingenommen. Ein generalpräventiver Eingriff gegen einen Nichtstörer ist zulässig, wenn der Nichtstörer keiner eigenen erheblichen Gefährdung ausgesetzt wird (*Beichel*, Ausweisungsschutz und Verfassung, S. 51).

Im Ausländerrecht soll diese Begründung entgegengesetzt die Zerstörung der Existenzgrundlage rechtfertigen. Paradox daran ist, dass die Einschätzung der generalpräventiven Wirkung von Strafen damit gerechtfertigt wird, dass sie sich nicht widerlegen lässt, obwohl die behauptete Wirkung damit nicht bestätigt wird (*Beichel*, a.a.O., S. 85). Der Umstand, dass auch Polizisten, Richter und Staatsanwälte gelegentlich Trunkenheitsfahrten begehen, obwohl sie tagtäglich mit der Sanktionierung dieser Form der Kriminalität konfrontiert sind, spricht gegen die behauptete generalpräventive Wirkung von gegen Dritte gerichteten Sanktionen.

6.1.3 Spezialprävention

Spezialpräventiv wird eine Begründung genannt, die der Bekämpfung von Gefahren dient, die vom Ausländer selbst ausgehen. Angeführt werden vor allem wiederholte Straftaten. Es kann sich aber auch um eine einzelne Straftat von besonderem Gewicht handeln. Diese Begründung ist unproblematisch, wenn der Ausländer keine festen Bindungen ins Bundesgebiet hat und sich nur kurzzeitig im Bundesgebiet aufhält.

Je länger der Inlandsaufenthalt ist, umso mehr verfestigt er sich und umso schutzwürdiger ist das Vertrauen des Ausländers auf den Erhalt des Aufenthaltsrechts. Hat sich der Ausländer seit Jahrzehnten im Inland verwurzelt oder lebt er seit früher Kindheit im Bundesgebiet, nehmen Ausweisung und Abschiebung eher den Charakter von Deportationen an wie einst in die Strafkolonien der Kolonialmächte. Allerdings führten jene Deportationen, ob nach Australien oder Sibirien, die Opfer in Territorien, in denen sie ihre gewohnte Sprache weiter sprechen konnten. Für heute ausgewiesene, in Deutschland aufgewachsene Ausländer gilt das nicht (von Ausnahmen wie Österreich, Liechtenstein oder der Schweiz abgesehen).

Dies ist erst recht bei solchen Angehörigen der 2., 3. oder 4. Ausländergeneration zu beachten, die aufgrund ihrer gesamten Entwicklung faktisch Inländer geworden sind und für die ein Leben im Staat ihrer Staatsangehörigkeit, zu dem sie keinen Bezug haben, unzumutbar ist. Sie sollen absoluten Ausweisungsschutz genießen (BVerwG v. 29. 9. 1998, InfAuslR 1999, 54). Allerdings verkennt die Praxis der Verwaltungsgerichte diese Voraussetzungen häufig.

Die Ausweisung kann zu einer Trennung der Familie führen. Hierbei ist zu unterscheiden, ob die Familie dem Ausgewiesenen ins Ausland nachfolgen könnte, aber davon wegen günstigerer sozialer Voraussetzungen in Deutschland absieht, oder ob ihr eine Nachfolge generell unmöglich bzw. unzumutbar ist. Das ist besonders der Fall, wenn der Ehegatte bzw. die Kinder die Sprache des Herkunftslandes des Ausländers nicht beherrschen und dieses Land ihnen fremd ist. In solchen Fällen bleibt auf der Grundlage der Rechtsprechung des Menschenrechtsgerichtshofs eine Abschiebung unzulässig und der Betroffene ist zu dulden (siehe S. 80 ff.). Die Praxis hat mit dieser Rechtsprechung des Menschenrechtsgerichtshofs indes Schwierigkeiten.

6.1.4 Besonderer Ausweisungsschutz

§ 56 AufenthG ordnet einen besonderen Ausweisungsschutz an. Dieser bewirkt, dass sich eine zwingende Ausweisung in eine Regel-Ausweisung und die Regel-Ausweisung in eine Ermessensausweisung verwandelt. § 56 AufenthG erkennt diesen Schutz Ausländern zu,

- die eine Niederlassungserlaubnis besitzen und sich seit mindestens fünf Jahren rechtmäßig im Bundesgebiet aufhalten,
- eine Aufenthaltserlaubnis besitzen und im Bundesgebiet geboren oder als Minderjährige eingereist sind und sich mindestens fünf Jahre rechtmäßig im Bundesgebiet aufhalten,
- eine Aufenthaltserlaubnis besitzen, sich seit mindestens fünf Jahren im Bundesgebiet aufhalten und mit einem Ausländer, der einer der beiden vorstehenden Gruppen angehört, in ehelicher oder lebenspartnerschaftlicher Lebensgemeinschaft zusammen leben,
- mit einem deutschen Familienangehörigen oder Lebenspartner zusammenleben

- oder als Asylberechtigte anerkannt sind oder Flüchtlinge im Sinne der Genfer Flüchtlingskonvention sind.

Für Jugendliche und Heranwachsende, also Volljährige, die das 21. Lebensjahr noch nicht vollendet haben, enthält § 56 Abs. 2 AufenthG einen zusätzlichen Ausweisungsschutz: Soweit sich die Eltern oder der allein sorgeberechtigte Elternteil im Bundesgebiet aufhalten, dürfen Jugendliche nicht nach der zwingenden oder Regel-Ausweisung ausgewiesen werden, wenn sie eine Aufenthaltserlaubnis besitzen. Dasselbe gilt für Heranwachsende, wenn sie eine Niederlassungserlaubnis besitzen. In beiden Fallgruppen ist dann nur eine Ermessensausweisung zulässig, die eine umfassende Abwägung verlangt. Dabei ist auch die Entwicklung des Betroffenen nach der Tat zu berücksichtigen.

6.1.5 Zwingende Ausweisung

In § 53 AufenthG wird für festgelegte Fälle eine zwingende Ausweisung angeordnet. Der Gesetzgeber sieht diese Rechtsfolge nach Verurteilung zu Freiheits- oder Jugendstrafe von mindestens drei Jahren vor, bzw. nach Verurteilung zu mehreren Einzelstrafen von insgesamt drei Jahren innerhalb von fünf Jahren. Diese Rechtsfolge ist weiter vorgeschrieben nach Verurteilung zu einer Jugendstrafe von mindestens zwei Jahren oder zu einer Freiheitsstrafe wegen eines vorsätzlichen Drogendelikts oder wegen Landfriedensbruchs und schließlich nach Verurteilung wegen Einschleusens von Ausländern, wenn zu einer Freiheitsstrafe ohne Bewährung verurteilt wurde.

Die »zwingende Ausweisung« missachtet die Besonderheiten des Einzelschicksals vollständig. Entwicklungen der Persönlichkeit nach der Tat spielen keine Rolle. Einige Straftatbestände sehen Strafrahmen vor, die bei einer Verurteilung in jedem Fall die Ausweisung erzwingen. Die Vorschrift beinhaltet die Behauptung, dass derjenige, der schon einmal straffällig wurde, dies immer wieder werden würde. Sie widerspricht den Erkenntnissen der modernen Kriminologie und lässt sich allenfalls mit der von den Nationalsozialisten gepflegten mittelalterlichen Lehre vom kriminologischen Tätertyp rechtfertigen (*Beichel*, Ausweisungsschutz und Verfassung, S. 64).

Nicht der Tatbestand der zwingenden, sondern der der Regel-Ausweisung ist zu prüfen, wenn der Ausländer besonderen Ausweisungsschutz genießt.

6.1.6 Regel-Ausweisung

Eine Ausweisung als Regelfall ist unter detailliert festgelegten Voraussetzungen vorgesehen (§ 54 AufenthG). Es muss eine Verurteilung vorliegen wegen

- vorsätzlicher Straftaten zu einer Jugendstrafe von mindestens zwei Jahren oder einer Freiheitsstrafe, wenn die Vollstreckung nicht zur Bewährung ausgesetzt wurde,
- des Einschleusens von Ausländern,
- des Verstoßes gegen das Betäubungsmittelgesetz
- und wenn Täter oder Teilnehmer Gewalttätigkeiten, die im Rahmen einer verbotenen oder aufgelösten Versammlung oder Demonstration »aus einer Menschenmenge in einer die öffentliche Sicherheit gefährdenden Weise mit vereinten Kräften begangen werden«.

Es kommt als Ausweisungsgrund auch in Betracht:

- Mitgliedschaft in einer terroristischen Vereinigung oder deren Unterstützung,
- Gefährdung der freiheitlich demokratischen Grundordnung oder Beteiligung an Gewalttätigkeiten zur Verfolgung politischer Ziele oder öffentlicher Aufruf zur Gewaltanwendung oder Drohung mit Gewaltanwendung,
- Leiter eines Vereins, der unanfechtbar verbotenen wurde, weil seine Zwecke oder seine Tätigkeit den Strafgesetzen zuwiderlaufen oder er sich gegen die verfassungsmäßige Ordnung oder den Gedanken der Völkerverständigung richtet.

Ob es dieser Vorschriften bedarf, die aufgrund der Diskussion um die Bekämpfung des internationalen Terrorismus ins Gesetz aufgenommen wurden, ist zweifelhaft. Praktisch bedeutsamer ist der Ausweisungsgrund wegen falscher Angaben über frühere Aufenthalte in Deutschland oder anderen Staaten und falscher oder unvollständiger Angaben über Verbindungen zu Personen, die des internationalen Terrorismus verdächtig sind. Die Befragung muss der Klärung von Bedenken gegen die Einreise oder den weiteren Aufenthalt dienen. Der Ausländer muss auf diese Rechtsfolge hingewiesen worden sein.

Nach BVerwG (v. 13. 11. 1995, InfAuslR 1996, 103) beziehen sich die Worte »in der Regel« in § 54 AufenthG auf Regelfälle, die sich nicht durch besondere Umstände von der Menge gleichliegender Fälle unterscheiden. Den Gegensatz würden Ausnahmefälle bilden, die durch einen atypischen Geschehensablauf gekennzeichnet sind, der so bedeutsam ist, dass er jedenfalls das sonst ausschlaggebende Gewicht der gesetzlichen Regel beseitige.

Das BVerfG (v. 10.5.2007, InfAuslR 2007, 275) ersetzt diese Begriffsbestimmung durch die Überlegung, dass die bloße Zurückstufung der Ist- zu einer Regel-Ausweisung nicht ohne weiteres die Verhältnismäßigkeit der Ausweisung gewährleistet. Vielmehr erfordert Art. 8 EMRK eine umfassende Prüfung der Entwicklung des Ausländers und deshalb darf sich die Ausländerbehörde nicht mit der Feststellung eines Regelfalles begnügen. Das BVerwG (v. 23.10.2007, InfAuslR 2008, 116) verlangt deshalb in Abkehr von seiner früheren Rechtsprechung bei der Ausweisung vor allem eines Angehörigen der 2. Ausländergeneration ebenfalls eine umfassende Prüfung des Einzelfalls und damit ein Abweichen von der zwingenden und der Regel-Ausweisung.

6.1.7 Ermessens-Ausweisung

§ 55 AufenthG zählt beispielhaft auf, unter welchen Voraussetzungen eine Ausweisung nach Ermessen zulässig ist:

- wenn nach Belehrung über die Rechtsfolgen falsche oder unvollständige Angaben zur Erlangung eines Aufenthaltstitels oder eines Schengen-Visums gemacht werden
- oder nach Belehrung die ausländerrechtliche Mitwirkungspflicht verletzt wird, indem z. B. ein erforderlicher Pass nicht beantragt wird
- ein nicht nur vereinzelter oder geringfügiger Verstoß gegen Rechtsvorschriften
- Verstoß gegen eine Rechtsvorschrift oder Verfügung bei Ausübung der Prostitution
- Drogenkonsum ohne Bereitschaft zu einer erforderlichen Therapie
- Gefährdung der öffentlichen Gesundheitheit oder längerfristige Obdachlosigkeit
- Inanspruchnahme von Sozialhilfe
- Inanspruchnahme von Jugendhilfe, wenn sich die Sorgeberechtigten nicht im Bundesgebiet aufhalten oder keine Aufenthaltserlaubnis besitzen
- Öffentliche Billigung von Verbrechen gegen den Frieden, gegen die Menschlichkeit, von terroristischen Taten oder Kriegsverbrechen
- Aufstachelung zum Hass gegen Teile der Bevölkerung, Aufforderung zu Gewalt- oder Willkürmaßnahmen, Angriffe auf die Menschenwür-

de, indem Teile der Bevölkerung beschimpft, böswillig verächtlich gemacht oder verleumdet werden.

Wenn nur eines dieser Merkmale vorliegt und die Verurteilung die Voraussetzungen einer Regel-Ausweisung nicht erfüllt, darf eine Ausweisung nicht automatisch erfolgen. So ist eine Ausweisung wegen Obdachlosigkeit unzulässig, wenn es sich um einen älteren ausländischen Arbeitnehmer handelt, der seit langer Zeit in Deutschland lebt und beschäftigt ist und folglich seine Existenzgrundlage und die seiner Ehefrau und die minderjährigen Kinder verlieren würde (BVerwG v. 15. 12. 1995, InfAuslR 1996, 168).

Nach Art. 6 EFA ist eine Ausweisung wegen des Bezugs von Sozialhilfe nicht zulässig, ausgenommen der Betroffene hat das 55. Lebensjahr vollendet und lebt weniger als 5 Jahre im Bundesgebiet. Das EFA gilt für türkische Staatsangehörige und mittelbar für die Staaten, die in ihren Abkommen eine Meistbegünstigungsklausel vereinbart haben. Art. 6 EFA lässt angeblich zu, wegen des Bezugs von Sozialhilfe eine abgelaufene Aufenthaltserlaubnis nicht mehr zu verlängern und dadurch die Ausreise zu erzwingen (BVerwG v. 24. 6. 1982, InfAuslR 1982, 219).

6.1.8 Ausweisungsschutz Daueraufenthaltsberechtigter

Wer eine Daueraufenthaltsberechtigung-EU besitzt, darf nach dem Willen des deutschen Gesetzgebers nach dem oben dargestellten komplizierten Schema sowohl im Wege der Regel-Ausweisung wie der Ermessensausweisung ausgewiesen werden. Dagegen bestehen erhebliche Bedenken. Rechtliche Grundlage für die Zulässigkeit der Ausweisung ist in diesen Fällen Art. 17 RL 2003/109/EG. Danach ist die Ausweisung nur nach dem gemeinschaftsrechtlichen Maßstab zulässig. Deshalb darf eine Ausweisung z. B. nicht mit generalpräventiven Erwägungen begründet werden. Zwingende und Regel-Ausweisung sind grundsätzlich unanwendbar (EuGH v. 29.4.2004, InfAuslR 2004, 268 [Orfanopoulos]).

6.2 Andere Gründe der Aufenthaltsbeendigung

6.2.1 Nichtverlängerung der Aufenthaltserlaubnis

Die Aufenthaltserlaubnis ist zu verlängern, solange ihre Voraussetzungen vorliegen (§ 8 Abs. 1 AufenthG). Deshalb können Straftaten, Obdachlosigkeit oder Sozialhilfebezug auch dann einer Verlängerung der Aufenthaltserlaubnis entgegenstehen, wenn sie keine Ausweisung rechtfertigen. Die Vorschrift zeigt die Bedeutung einer Niederlassungserlaubnis für langfristig in Deutschland lebende Ausländer.

Die Nichtteilnahme an einem Integrationskurs soll ausreichen, um eine Verlängerung der Aufenthaltserlaubnis abzulehnen. Diese Vorschrift darf allerdings nicht angewandt werden, soweit das AufenthG oder Europäisches Recht einen Aufenthaltsanspruch verschafft. Sie darf auf türkische Staatsangehörige wegen Art. 6, 7, 13 ARB 1/80 in der Regel nicht angewandt werden (siehe S. 137 ff.).

Eine Abweichung von dem Regelversagungsgrund langfristiger Obdachlosigkeit kann u. a. dann gerechtfertigt sein, wenn es sich um einen älteren ausländischen Arbeitnehmer handelt, der seit langer Zeit in Deutschland lebt und beschäftigt ist und folglich seine Existenzgrundlage und die seiner Ehefrau und minderjährigen Kinder verlieren würde (BVerwG v. 15. 12. 1995, InfAuslR 1996, 168).

Die Ausländerbehörde kann bei der vorhergehenden Erteilung oder Verlängerung der Aufenthaltserlaubnis ihre weitere Verlängerung ausschließen. Es würde allerdings rechtsstaatlichen Grundsätzen widersprechen, könnte die Behörde durch einen rechtswidrigen Vermerk eine Bindung für die Zukunft schaffen, die zu einer rechtswidrigen Ablehnung der Verlängerung der Aufenthaltserlaubnis führen dürfte.

6.2.2 Erlöschen

Der Aufenthaltstitel erlischt nicht nur mit Ablauf seiner Geltungsdauer. Praktisch bedeutsam ist vor allem die Regelung in § 51 AufenthG, wonach ein Auslandsaufenthalt das Erlöschen von Aufenthalts- und Niederlassungserlaubnis bewirkt, wenn der Ausländer aus einem nicht nur vorübergehenden Grund ausreist. Das wird schon dann angenommen, wenn der Ausländer zwar bei der Ausreise seinen Wohnsitz im Bundesgebiet aufgeben will, aber unmittelbar nach Überschreiten der Grenzkontrolle im Heimatland umdenkt.

Auch ein Auslandsaufenthalt von mehr als sechs Monaten bewirkt, dass der Aufenthaltstitel erlischt. Der Ausländer kann diese Frist vor ihrem Ablauf verlängern lassen, z. B. wenn er ein Auslandsstudium betreibt.

Eine Niederlassungserlaubnis erlischt nicht, **wenn der Ausländer sich mindestens 15 Jahre rechtmäßig, also mit Aufenthaltstitel, im Bundesgebiet aufhielt** und er oder sein Ehegatte ausreist. Weiter muss der Lebensunterhalt gesichert sein. Auch ein Auslandsaufenthalt wegen des Wehrdienstes ist unschädlich, wenn die Wiedereinreise drei Monate nach der Entlassung aus dem Wehrdienst erfolgt. Sinnvoll ist es, sich vor der Ausreise eine Bescheinigung der Ausländerbehörde über das Recht zur Wiedereinreise ausstellen zu lassen.

6.2.3 Widerruf

Ein Aufenthaltstitel kann vor allem entzogen werden, wenn der Ausländer keinen Pass mehr besitzt. Dasselbe gilt, wenn die Rechtsstellung als Asylberechtigter oder Flüchtling erlischt (§ 52 AufenthG). Bei dieser Entscheidung sind die öffentlichen Interessen an der Aufenthaltsbeendigung gegen die umfassend einzustellenden Belange des Ausländers einschließlich etwaiger familiärer Bindungen abzuwägen (BVerwG v. 20. 2. 2003, InfAuslR 2003, 324).

6.2.4 Kosten der Abschiebung und Arbeitgeberhaftung

Muss der Ausländer abgeschoben werden, haftet er für die dadurch entstehenden Kosten (§ 66 AufenthG). Dazu gehören gem. § 67 AufenthG Flugkosten (auch für begleitende Polizeibeamte), Kosten der Abschiebungshaft und selbst Dolmetscherkosten und die Personalkosten einer Fahrt zur Botschaft des Heimatstaates, um ein für die Rückreise notwendiges Reisedokument zu beschaffen (BVerwG v. 29. 6. 2000, InfAuslR 2000, 433).

B. Europäisches Aufenthaltsrecht

1. Zum Verhältnis von Europa- und nationalem Verfassungsrecht

Das Recht der Europäischen Union ist supranationales Recht. Seine innerstaatliche Verbindlichkeit beruht auf der Übertragung von Hoheitsrechten gem. Art. 24 Abs. 1, 32 GG. Die allgemeine Regel, wonach späteres Recht die Geltungskraft älteren Rechts verdrängt, gilt nicht für das Verhältnis zwischen Unions- und nationalem Recht. Das Recht der Europäischen Union genießt vielmehr immer Vorrang. Sie ist die Dachorganisation von drei Gemeinschaften:

- Europäische Gemeinschaft
- Europäische Gemeinschaft für Kohle und Stahl
- Europäische Atomgemeinschaft.

Die Freiheit des Personenverkehrs fällt in die Zuständigkeit der Europäischen Gemeinschaft.

Primäres Gemeinschaftsrecht stellen die völkerrechtlichen Verträge als die Grundlage der Europäischen Union dar. Sekundäres Recht sind die Verordnungen und Richtlinien der Europäischen Gemeinschaft und die von ihr abgeschlossenen völkerrechtlichen Abkommen. Die Europäische Gemeinschaft hat eine eigene Gerichtsbarkeit. Das Gericht I. Instanz ist für Klagen gegen die Organe der Europäischen Gemeinschaft zuständig. Der umgangssprachlich auch als Europäische Gerichtshof bezeichnete Gerichtshof der Europäischen Gemeinschaften entscheidet über

- Rechtsmittel gegen Entscheidungen des Gerichts I. Instanz,
- Streitigkeiten zwischen den Organen der Europäischen Gemeinschaft und den Mitgliedstaaten,
- Ersuchen der Gerichte der Mitgliedstaaten um Vorabentscheidung zur Klärung des Rechtsinhalts des Gemeinschaftsrechts.

Den möglichen Konflikt zwischen nationalem Verfassungsrecht und Gemeinschaftsrecht hat das Bundesverfassungsgericht entschärft und den Vorrang der Rechtsprechung des Europäischen Gerichtshofs anerkannt, weil der darin vorgenommene Grundrechtsschutz dem vom Grundgesetz als unabdingbar gebotenen Grundrechtsschutz im wesentlichen gleich zu achten ist, zumal der Wesensgehalt der Grundrechte generell verbürgt sei (BVerfG v. 22. 10. 1986, NJW 1987, 577). Im sog. Maastrichturteil äußerte das Bundesverfassungsgericht dazu einen Vorbehalt und behauptete: »Würden etwa europäische Einrichtungen oder Organe den Unions-Vertrag in einer Weise handhaben oder fortbilden, die von dem Vertrag, wie er dem deutschen Zustimmungsgesetz zugrundeliegt, nicht mehr gedeckt wäre, so wären die daraus hervorgehenden Rechtsakte im deutschen Hoheitsbereich nicht mehr verbindlich. Die deutschen Staatsorgane wären aus verfassungsrechtlichen Gründen gehindert, diese Rechtsakte in Deutschland anzuwenden.« (BVerfG v. 12. 10. 1993, NJW 1993, 3047) Allerdings verlangt das Gemeinschaftsverfassungssystem eine einheitliche Auslegung und Rechtskontrolle und steht einer unterschiedlichen Rechtsauslegung in Abhängigkeit von den einzelnen nationalen Verfassungen entgegen.

Abgesehen von diesen formelhaften Wendungen greift das Bundesverfassungsgericht in die Rechtsauslegung durch den Europäischen Gerichtshof nicht ein und sichert umgekehrt durch seine Rechtsprechung die Durchsetzung der europäischen Rechtsauslegung. Nach Art. 234 EG darf eine letztinstanzliche Entscheidung, bei der eine europarechtliche Frage entscheidungserheblich ist, nur ergehen, wenn sie zuvor dem Europäischen Gerichtshof zur Vorabentscheidung vorgelegt wurde. Wird gegen diese Rechtspflicht verstoßen, verletzt das nationale Gericht den verfassungsrechtlichen Anspruch auf rechtliches Gehör (BVerfG v. 11. 2. 2008, InfAuslR 2008, 240). Unterliegt die Richtigkeit der Auslegung der europarechtlichen Vorschrift keinem Zweifel, ist eine Vorlage zum Europäischen Gerichtshof nicht geboten.

Vom Gerichtshof der Europäischen Gemeinschaften, der in Luxemburg seinen Sitz hat, ist der Europäische Gerichtshof für Menschenrechte zu unterscheiden. Der Menschenrechtsgerichtshof befindet sich in Straßburg und ist als letzte Instanz für die Auslegung der Europäischen Menschenrechtskonvention zuständig. Seine Entscheidungen werden auch vom Gerichtshof der Europäischen Gemeinschaften befolgt.

2. Freizügigkeit als Grundrecht

2.1 Europäischer Binnenmarkt

Die Freizügigkeit ist ein Grundrecht in der Europäischen Union. Die Freiheit des Personenverkehrs steht gem. Art. 3 Abs. 1 c) EG in ihrem Rang der Freiheit des Waren-, Kapital- und Dienstleistungsverkehrs gleich. Diese Freiheiten bilden zusammen den gemeinsamen Binnenmarkt.

Die Staatsangehörigen der Mitgliedstaaten der EU sind gem. Art. 17 EG Unionsbürger. Die **Unionsbürgerschaft** ergänzt die nationale Staatsbürgerschaft, ersetzt sie aber nicht. Sie verschafft wichtige Rechte wie den Anspruch auf konsularische Vertretung im Ausland, wenn der eigene Mitgliedsstaat dort nicht diplomatisch vertreten ist und vor allem gem. Art. 18 EG das Recht, sich im Hoheitsgebiet der Mitgliedstaaten vorbehaltlich der in diesem Vertrag und in den Durchführungsvorschriften vorgesehenen Beschränkungen und Bedingungen frei zu bewegen und aufzuhalten.

Weiter konkretisiert wird das mit der Unionsbürgerschaft verbundene Recht, sich zu bewegen und aufzuhalten in den Art. 39 EG (Freizügigkeit der Arbeitnehmer), Art. 43 EG (Recht der freien Niederlassung) und Art. 49 (Dienstleistungsfreiheit). Die Ausübung der Freizügigkeitsrechte steht unter dem Vorbehalt der öffentlichen Ordnung, Sicherheit und Gesundheit (Art. 39 Abs. 3, 46 Abs. 1, 55 EG). Die Freizügigkeitsrechte sind Teil des Konzepts eines zusammengehörenden Raums der Freiheit, der Sicherheit und des Rechts (Art. 61 EG).

Gesichert wird die Freiheit des Personenverkehrs zusätzlich durch ein umfassendes Verbot der Diskriminierung aus Gründen der Staatsangehörigkeit nach Art. 12 EG. Mit der am 30. 4. 2004 in Kraft getretenen RL 2004/38/EG wurde die Freizügigkeit der Unionsbürger umfassend erweitert. Damit dieses Aufenthaltsrecht in Freiheit und Würde ausgeübt werden kann, wird das Aufenthaltsrecht der Familienangehörigen, unabhängig von ihrer Staatsangehörigkeit durch die Richtlinie erweitert. Es wird ein weiter Begriff der Familie festgelegt. Die Richtlinie bemüht sich um ein möglichst unbürokratisches Verfahren zur Feststellung des Aufenthaltsrechts. Sie will andererseits vermeiden, dass Sozialleistungen anderer Mitgliedsstaaten unangemessen in Anspruch genommen werden. Ein Sozialhilfe-Tourismus ist nach EU-Recht unzulässig. Wichtig ist das neu in die Richtlinie aufgenommene Recht zum Daueraufenthalt.

Die RL 2004/38/EG ersetzt ältere aufenthaltsrechtliche Verordnungen und Richtlinien wie die VO 1612/68/EWG, RL 68/360/EWG, RL 64/221/EWG, RL 75/34/EWG, VO 1251/70/EWG. Sie erhält und erweitert die aus diesen Vorschriften sich ergebenden Rechte (EuGH v. 25. 7. 2008, InfAuslR 2008, 377 [Metock]). Zur Bestimmung des Inhalts der Freizügigkeitsrechte kann deshalb weitgehend auf die frühere Rechtsprechung des Europäischen Gerichtshofs zurückgegriffen werden. In nationales Recht umgesetzt wird die RL 2004/38/EG durch das FreizügG/EU. Soweit die Richtlinie weitergehende Rechte verleiht, kann sie unmittelbar herangezogen werden. Soweit das AufenthG weitergehende Rechte verleiht, kommen diese auch Unionsbürgern zugute (§ 11 Abs. 1 Satz 3 FreizügG/EU).

2.2 Begünstigter Personenkreis

2.2.1 Unionsbürger

Unionsbürger sind die Staatsangehörigen der Mitgliedsstaaten der EU. Deren nationales Recht entscheidet über den Erwerb und Verlust der Unionsbürgerschaft. Dieser Grundsatz bedarf bezüglich Großbritanniens einer genaueren Festlegung. Als Hinterlassenschaft des Kolonialismus unterscheidet Großbritannien zwischen Staatsangehörigen (»british citizen«), den nur zum Aufenthalt berechtigten Untertanen ohne Bürgerrecht (»british subjects«) und den Bewohnern Gribraltars (»british dependent territories«). Unionsbürger sind nur die »citizen« (EuGH v. 20. 2. 2001, Slg. 2001, I-1237 [Kaur]). Auch die Bewohner der Isle of Man und der Kanalinseln sind nicht freizügigkeitsberechtigt (EuGH v. 16. 7. 1998, Slg. 1998, I-4607 [Pereira Roque]).

Freizügigkeitsberechtigt sind auch die Familienangehörigen der Unionsbürger. Nach Art. 2 RL 2004/38/EG und § 3 Abs. 2 FreizügG/EU fallen darunter: der Ehegatte, der Lebenspartner nach § 1 LPartG, die Verwandten in gerader absteigender Linie des Unionsbürgers und des Ehegatten oder Lebenspartners, die das 21. Lebensjahr noch nicht vollendet haben oder denen von diesen Unterhalt gewährt wird, sowie die Verwandten in gerader aufsteigender Linie des Unionsbürgers und des Ehegatten oder Lebenspartners, denen von diesen Unterhalt gewährt wird.

§ 3 Abs. 6 FreizügG/EU will auf die nicht freizügigkeitsberechtigten Lebenspartner eines freizügigkeitsberechtigten Unionsbürgers die für den Lebenspartner eines Deutschen geltenden Vorschriften anwenden. Diese Einschränkung widerspricht der europarechtlichen Verpflichtung. Zwar entscheiden die Mitgliedstaaten gem. Art. 2 Abs. 2 b) RL 2004/38/EG, ob sie die Lebenspartnerschaft aufenthaltsrechtlich mit der Ehe gleichstellen. Ist eine solche Gleichstellung erfolgt wie im FreizügG/EU, ist der Mitgliedstaat in der Ausgestaltung des Status nicht mehr frei, sondern an die Vorgaben der RL 2004/38/EG gebunden. Es sind deshalb auch auf die Lebenspartner von Unionsbürgern die Regelungen des FreizügG/EU anzuwenden (VG Darmstadt v. 5. 6. 2008, InfAuslR 2008, 340).

Sittlich anstößige oder sozialwidrige Tätigkeiten sind von der Freizügigkeit nicht ausgenommen. Dies gilt auch für Prostituierte. Ihre Tätigkeit besteht darin, dass der Leistungserbringer gegen Entgelt eine Nachfrage des Leistungsempfängers befriedigt, ohne materielle Güter herzustellen oder zu veräußern. Sie dient deshalb dem Erwerb und ist Bestandteil des Wirtschaftslebens (EuGH v. 20.11.2001, InfAuslR 2002, 57 [Jany]). Beschränkungen sind vielmehr nur zulässig, wenn der Mitgliedsstaat gegen eigene Staatsangehörige entsprechende Maßnahmen ergreift (EuGH v. 4.12.1974, NJW 1975, 2165 [van Duyn]).

2.2.2 Die Schlechterstellung von Familienangehörigen Deutscher

Freizügigkeitsrechte genießen die Familienangehörigen Deutscher nicht. Denn rein interne Sachverhalte innerhalb der Mitgliedsstaaten werden als Folge der zwischen der Europäischen Gemeinschaft und den Mitgliedstaaten bestehenden Abgrenzung der Zuständigkeiten vom Europarecht nicht erfasst. Dadurch sind Fallgestaltungen möglich, in denen die Familienangehörigen Deutscher, z. B. beim Familiennachzug, **weniger Rechte** als die Familienangehörigen von Unionsbürgern haben.

Ich sehe in dieser Inländerdiskriminierung einen Verstoß gegen das verfassungsrechtliche Gebot des Art. 3 GG, gleiche Sachverhalte gleich zu behandeln. Die Gerichte verneinen einen solchen Verstoß, weil es sich um ungleichartige Sachverhalte handele. Ein sachlicher Grund für diese Ungleichbehandlung liegt angeblich darin, dass das Gemeinschaftsrecht die Familienangehörigen von freizügigkeitsberechtigten Unionsbürgern privilegiert (BVerwG v. 4. 9. 2007, InfAuslR 2008, 71). Diese Begründung ist allerdings eine bloße Phrase.

Die Bedenken gegen die Zulässigkeit der Inländerdiskriminierung werden dadurch erhöht, dass sich die Familienangehörigen von Inländern (also in Deutschland die Familienangehörigen von Deutschen) auf Gemeinschaftsrecht berufen können, wenn der Inländer selbst beruflich in einem anderen Mitgliedsstaat tätig war (EuGH v. 23.9.2003, InfAuslR 2003, 409 [Akrich]). Dasselbe gilt bei grenzüberschreitender Erwerbstätigkeit. Deshalb konnte ein britischer Unternehmer, der regelmäßig Kunden in anderen Mitgliedstaaten geschäftlich besuchte, seiner Ehefrau entgegen britischem Recht einen Anspruch auf eine Aufenthaltserlaubnis vermitteln (EuGH v. 11.7.2002, InfAuslR 2002, 373 [Carpenter]). Es erscheint **willkürlich** und als Verstoß gegen den verfassungsrechtlichen Grundsatz, Gleiches gleich zu behandeln (Art. 3 GG), dass die von Deutschen abgeleitete Rechtsstellung von einer vorherigen Wanderung am Binnenmarkt und also von der Beweglichkeit im Raum abhängen soll.

Auch mit Art. 8 EMRK dürfte die dargestellte Inländerdiskriminierung unvereinbar sein, weil sie zu einem nicht erforderlichen Eingriff in das Familienleben führt.

2.2.3 EU-Recht und Doppelstaater

Ein Unionsbürger darf nicht deshalb benachteiligt und von der Freizügigkeit ausgeschlossen werden, weil er zusätzlich die Staatsangehörigkeit eines dritten Staates besitzt (EuGH v. 2.10.2003, Slg. 2003, I-11613 [Garcia Avello]). Selbst wenn er nur noch die Staatsangehörigkeit des Aufnahmemitgliedsstaats besitzt und die frühere Staatsangehörigkeit damit verloren hat, bleibt der Status als Unionsbürger erhalten (EuGH v. 23.2.1994, InfAuslR 1994, 213 [Scholz]). Damit verlieren Unionsbürger mit **Einbürgerung** in Deutschland die durch das Europäische Gemeinschaftsrecht verliehenen Rechte nicht. Eingebürgerte Deutsche, welche die Staatsangehörigkeit eines anderen Mitgliedsstaats besitzen oder besaßen, unterliegen deshalb nicht der Inländerdiskriminierung und sie bzw. ihre Familienangehörigen sind gegenüber anderen Deutschen bevorteilt. Die Unionsbürgerschaft geht unter, wenn der Betroffene nur noch die Staatsangehörigkeit eines Drittstaats besitzt.

Eine Benachteiligung ließ der EuGH (v. 11.11.1999, InfAuslR 2000, 56 [Mesbah]) zu, als sich ein Inländer nach Einbürgerung auf mit der Staatsangehörigkeit des Herkunftsstaats verbundene soziale Rechte aus dem Kooperationsabkommen mit Marokko berief. Der Unterschied zur Rechtssache Scholz besteht darin, dass Marokko der Europäischen Union nicht angehört. Dies rechtfertigt eine unterschiedliche Behandlung früherer marokkanischer Staatsangehöriger im Vergleich zu früheren Angehörigen eines anderen Mitgliedsstaats der Europäischen Union.

2.3 Reisefreiheit

2.3.1 Recht auf Ausreise

Alle Unionsbürger haben das Recht auf Ausreise in einen anderen Mitgliedstaat, wenn sie einen gültigen Personalausweis oder Pass mit sich führen. Die Mitgliedsstaaten sind verpflichtet, für diesen Zweck einen Personalausweis oder Pass auszustellen. Ausweispapiere müssen für alle Mitgliedsstaaten und die unmittelbar zwischen ihnen liegenden Durchreisestaaten gelten (Art. 4 RL 2004/38/EG). Stellt ein Mitgliedsstaat entgegen seiner Verpflichtung nur für sein eigenes Hoheitsgebiet gültige Personalausweise aus, gilt die darin liegende räumliche Beschränkung als ungeschrieben (EuGH v. 10. 7. 2008, InfAuslR 2008, 337 [Jipa]).

2.3.2 Recht auf Einreise

Jeder Unionsbürger darf ohne weitere Voraussetzung in das Hoheitsgebiet eines anderen Mitgliedsstaats einreisen und sich dort aufhalten. Dieses allgemeine Aufenthaltsrecht der Unionsbürger folgt unmittelbar aus Art. 18 EG (EuGH v. 17. 9. 2002, InfAuslR 2002, 463 [Baumbast]). Seine Beschränkungen und Bedingungen werden durch die RL 2004/38/EG konkretisiert. Einzige Voraussetzung ist gem. Art. 6 RL 2004/38/EG der Besitz eines gültigen Reisepasses oder Personalausweises. Darüber hinaus gehende Bedingungen dürfen nicht aufgestellt werden.

Dieses Reiserecht wird in § 2 Abs. 2 Nr. 4 FreizügG/EU dadurch anerkannt, dass den Empfängern von Dienstleistungen das Recht auf freie Einreise eingeräumt wird. Der in Art. 59 EG festgelegte Grundsatz des freien Dienstleistungsverkehrs, der eines der Grundprinzipien des Vertrags ist, umfasst die Freiheit der Dienstleistungsempfänger, sich zur Inanspruchnahme einer Dienstleistung in einen anderen Mitgliedsstaat zu begeben, ohne durch Beschränkungen daran gehindert zu werden. Deshalb genießen **Touristen** als Empfänger von Dienstleistungen Freizügigkeit (EuGH v. 2.2.1989, NJW 1989, 2183 [Cowan]; v. 19.1.1999, InfAuslR 1999, 165 [Calfa]).

Dasselbe gilt für Familienangehörige, die den Unionsbürger begleiten oder zu ihm nachziehen wollen. Soweit letztere Staatsangehörige eines Drittlandes und (nach dem Schengener Abkommen) nicht im Besitz eines zum vorübergehenden Aufenthalt berechtigenden nationalen Visums oder einer nationalen Aufenthaltserlaubnis sind, darf gem. Art. 5 Abs. 2 RL 2004/38/EG und § 2 Abs. 4 Satz 2 FreizügG/EU ein Einreisevisum verlangt werden.

Können die erforderlichen Reisedokumente oder Visa nicht vorgelegt werden, muss jede angemessene Möglichkeit gewährt werden, sich die erforderlichen Dokumente in angemessener Zeit zu beschaffen oder übermitteln zu lassen oder mit anderen Mitteln bestätigen zu lassen oder den Nachweis des Besitzes des Freizügigkeitsrechts zu führen. Da sich die Aufenthaltsrechte der Freizügigkeitsberechtigten unmittelbar aus Gemeinschaftsrecht ergeben, wird von den Mitgliedsstaaten ein großzügiges Verfahren erwartet, bevor sie eine Zurückweisung verfügen. Besteht das Aufenthaltsrecht des aus einem Drittstaat stammenden Familienangehörigen offensichtlich, darf ihm nicht aus dem einzigen Grund der Verletzung der Visumspflicht die Aufenthaltserlaubnis verweigert werden (EuGH v. 25.7.2008, InfAuslR 2008, 377 [Metock]). Die in § 2 Abs. 4 Satz 2 FreizügG/EU verlangte Visumspflicht widerspricht deshalb dem Europäischen Gemeinschaftsrecht.

2.3.3 Meldepflichten

Meldepflichten dürfen Unionsbürgern unter denselben Voraussetzungen wie Inländern auferlegt werden (Art. 5 RL 2004/38/EG). Unzulässig sind unverhältnismäßige Sanktionen, die eine Beeinträchtigung dieses Aufenthaltsrechts schaffen würden. Dies wäre besonders bei Freiheitsstrafen und erst recht bei der Ausweisung der Fall, die die Verneinung des durch Gemeinschaftsrecht verliehenen und garantierten Aufenthaltsrechts selbst darstellt (EuGH v. 16.3.2000, InfAuslR 2000, 217 [Ergat]).

Das danach zulässige Bußgeld darf nicht höher sein als das einem Inländer für den Fall der Verletzung der Meldepflicht angedrohte. Andernfalls läge eine unzulässige Diskriminierung wegen der Staatsangehörigkeit vor (EuGH v. 30.4.1998, InfAuslR 1998, 322 [Kommission/BRD]). Die Bußgeldvorschriften des § 10 FreizügG/EU entsprechen denen des § 25 PassG bzw. des § 5 PAuswG i.V.m. § 17 OWiG. Sie sind deshalb europarechtlich zulässig.

Ein Aufenthalt, der drei Monate übersteigt, ist nur unter eingeschränkten Voraussetzungen zulässig. Unterschiedliche Voraussetzungen werden für Erwerbstätige – Arbeitnehmer und Selbstständige – und für Nichterwerbstätige aufgestellt. Die nachfolgend dargestellte Unterscheidung zwischen Arbeitnehmern und Selbstständigen hat für das Aufenthaltsrecht nach der RL 2004/38/EG keine Bedeutung. Wichtig ist sie während der Übergangszeit nach dem Beitritt der neuen Mitgliedstaaten aus Ost- und Mitteleuropa bis zur Herstellung der vollen Freizügigkeit, sowie für die Rechte türkischer Arbeitnehmer und Selbstständiger nach den Vereinbarungen in der Assoziation EWG-Türkei.

2.4 Aufenthaltserlaubnisfreier Aufenthalt

Unionsbürger benötigen für ihren Aufenthalt keine Aufenthaltserlaubnis. Dies galt materiell-rechtlich schon früher. Denn die früher erforderliche Aufenthaltserlaubnis/EU hatte lediglich deklaratorischen Charakter. Sie stellte fest, welche persönliche Stellung einem Angehörigen eines Mitgliedsstaates nach den Bestimmungen des Gemeinschaftsrechts zukam. Das Aufenthaltsrecht selbst fließt allerdings unmittelbar aus dem EG-Vertrag oder, je nach Sachlage, aus den zu seiner Durchführung ergangenen Bestimmungen (EuGH v. 8. 4. 1976, NJW 1976, 2065 [Royer]). Es ergibt sich nicht aus nationalem Recht. Das gemeinschaftsrechtliche Recht zum Inlandsaufenthalt setzt nur die Ausübung einer wirtschaftlichen Tätigkeit im Sinne der Art. 39, 43, 49 EG voraus (EuGH v. 5. 2. 1991, InfAuslR 1991, 150 [Roux]).

Der EuGH erkannte der Aufenthaltserlaubnis-EU der Unionsbürger nicht nur dann deklaratorische Wirkung zu, wenn sie unmittelbar aus dem EG-Vertrag abgeleitet werden konnte. Er bejahte diese Wirkung vielmehr auch bei den Ehegatten der Freizügigkeitsberechtigten (EuGH v. 8. 4. 1976, NJW 1976, 2065 [Royer]), die ihrerseits ein Aufenthaltsrecht nicht aus Art. 39 EG herleiten können, sondern erst aus Art. 7 Abs. 2 RL 2004/38/EG. Der Anspruch auf Familiennachzug ergibt sich also nicht aus dem EG-Vertrag. Die Bejahung der deklaratorischen Wirkung des Rechtsakts, der das Aufenthaltsrecht bescheinigt, enthält auch das Element der Durchsetzung der unmittelbaren Anwendbarkeit des Gemeinschaftsrechts. Sie ist für diesen auch nützliche Bedingung (sog. »effet utile«).

§ 2 Abs. 4 FreizügG/EU verzichtet in Weiterentwicklung des früheren Rechts auf die Erteilung von Aufenthaltserlaubnissen für Unionsbürger. Unionsbürger müssen sich nur polizeilich anmelden und dabei die Voraussetzungen ihres Aufenthaltsrechts nachweisen. Sie haben dann Anspruch auf die Erteilung einer Bescheinigung über ihr Aufenthaltsrecht, das nicht befristet ist (§§ 2 Abs. 6, 5 Abs. 1 FreizügG/EU). Diese Bescheinigung ist **kein Aufenthaltstitel**.

Damit ist eine Entbürokratisierung erfolgt. Die Erteilung von Aufenthaltserlaubnissen ist nicht erforderlich, damit die Mitgliedsstaaten genaue Kenntnis der Bevölkerungsbewegungen in ihrem Hoheitsgebiet haben. Denn dies war die eigentliche Legitimation für die Mitgliedsstaaten nach früherem Recht, noch Aufenthaltserlaubnisse/EG verlangen zu dürfen (EuGH v. 16. 3. 2000, InfAuslR 2000, 217 [Ergat]).

Gemäß § 5 Abs. 1 FreizügG/EU ist eine Bescheinigung über das Aufenthaltsrecht **von Amts wegen** zu erteilen. Sie ist zum Nachweis des Aufenthaltsrechts vorzulegen, auszuhändigen und vorübergehend zu überlassen (§ 8 FreizügG/EU). Diese Regelung stimmt nicht vollständig mit Art. 8 RL 2004/38/EU überein. Denn danach ist zwar unverzüglich eine Bescheinigung über das Aufenthaltsrecht auszustellen. Der Unionsbürger muss sie aber nicht aufbewahren oder gar mit sich führen. Er kann sein Aufenthaltsrecht auch durch andere Beweismittel nachweisen (Art. 25 Abs. 1 RL 2004/38/EU). Deshalb darf keine Geldbuße verhängt werden, wenn die Anmeldebescheinigung auf Verlangen der Behörde nicht vorgelegt wird.

3. Allgemeines Freizügigkeitsrecht

Unionsbürger, die sich länger als drei Monate in einem anderen Mitgliedstaat aufhalten wollen, ohne Arbeitnehmer oder Selbstständiger zu sein, müssen gem. Art. 7 Abs. 1 b) RL 2004/38/EG für sich und ihre Familienangehörigen über ausreichende Existenzmittel verfügen, sodass sie während ihres Aufenthalts keine Leistungen der Sozialhilfe in Anspruch nehmen müssen.

Das allgemeine Aufenthaltsrecht berechtigt nicht zur Inanspruchnahme von Sozialleistungen, wenn die eigenen Mittel erschöpft sind (Art. 24

RL 2004/38/EG). Doch dürfen Sozialleistungen nicht automatisch versagt werden (EuGH v. 7.9.2004, InfAuslR 2004, 417 [Trojani]). Die automatische Verneinung in §7 Abs. 1 Satz 2 Nr. 1 SGB II ist m. E. gemeinschaftsrechtlich unzulässig. Fallen in den ersten fünf Aufenthaltsjahren die Voraussetzungen für das Freizügigkeitsrecht weg, kann der Mitgliedsstaat die Ausreise des Unionsbürgers verlangen.

Hat sich ein Ausländer zum Zwecke einer Behandlung oder Linderung einer Krankheit in die Bundesrepublik Deutschland begeben, soll Hilfe bei Krankheit insoweit nur zur Behebung eines akut lebensbedrohlichen Zustandes oder für eine unaufschiebbare und unabweisbar gebotene Behandlung einer schweren oder ansteckenden Erkrankung geleistet werden. Eine automatische Ausweisung wäre in diesem Fall unzulässig. Es sind stets die Umstände des Einzelfalls abzuwägen.

Weitergehend schließt §7 Abs. 1 Satz 2 Nr. 1 SGB II zur Arbeitssuche einreisende Unionsbürger automatisch von Leistungen für Arbeitsuchende aus. Die Vereinbarkeit dieser Regelung mit dem Europäischen Recht ist äußerst zweifelhaft (vgl. *Frings*, Sozialrecht für Zuwanderer, S. 71 ff.) Sie wird derzeit vom Europäischen Gerichtshof geprüft.

4. Arbeitnehmer

4.1 Umfang der Tätigkeit

Freizügigkeitsberechtigt sind Unionsbürger, die sich als Arbeitnehmer, zur Arbeitssuche oder zur Berufsausbildung im Bundesgebiet aufhalten (§2 Abs. 2 Nr. 1 FreizügG/EU). Jede Person ist als Arbeitnehmer im Sinne des Gemeinschaftsrechts anzusehen, die eine tatsächliche und echte wirtschaftliche Tätigkeit für einen Arbeitgeber nach dessen Weisung gegen eine **Vergütung** ausübt, in der die Gegenleistung für diese Tätigkeit gesehen werden kann. Dabei bleiben Tätigkeiten außer Betracht, die einen so geringen Umfang haben, dass sie sich als völlig untergeordnet und unwesentlich darstellen. Die Tätigkeit kann auch **von kurzer Dauer** sein (EuGH v. 6.11.2003, InfAuslR 2004, 89 [Ninni-Orasche]).

Es ist ohne Belang, ob der Arbeitnehmer nur sehr wenige Tage pro Woche oder Stunden pro Tag arbeitet (EuGH v. 3.7.1985, NJW 1987, 1138 [Lawrie-Blum]; EuGH v. 26.2.1992, InfAuslR 1992, 273 [Bernini]; EuGH

v. 26. 2. 1992, InfAuslR 1992, 273 [Raulin]). Daher kann auch eine **Teilzeitbeschäftigung** den Arbeitnehmerstatus begründen, selbst wenn die Einkünfte unter dem liegen, was im jeweiligen Mitgliedsstaat als **Existenzminimum** angesehen wird. Es ist unerheblich, ob die Einkünfte aus der Tätigkeit im Lohn- oder Gehaltsverhältnis durch andere Einkünfte ergänzt werden oder ob sich der Arbeitnehmer mit diesen Einkünften begnügt (EuGH v. 23. 3. 1982, NJW 1983, 1249 [Levin]; EuGH v. 3. 6. 1986, InfAuslR 1986, 201 [Kempf]).

Für das Aufenthaltsrecht der Arbeitnehmer ist es unschädlich, wenn öffentliche Mittel zur Ergänzung des Einkommens in Anspruch genommen werden (EuGH v. 3. 6. 1986, InfAuslR 1986, 201 [Kempf]). Auch eine nur **geringfügig entlohnte Beschäftigung** begründet deshalb die Eigenschaft als ein Arbeitnehmer, der Freizügigkeit genießt. Wesentlich ist eine Tätigkeit von wöchentlich zehn Stunden (EuGH v. 13. 7. 1989, NZA 1990, 437 [Rinner-Kühn]). Auch eine Arbeitnehmerin, die nur neun Stunden in der Woche als Reinigungskraft arbeitet und **aufstockende Sozialhilfe** als Hilfe zum Lebensunterhalt benötigt, genießt Freizügigkeit. Unerheblich ist, ob diese Arbeitnehmerin mit Aussicht auf Erfolg eine andere Beschäftigung suchen könnte (VG Freiburg v. 24. 6. 2003, InfAuslR 2003, 365).

Die Sicherung des Lebensunterhalts darf bei Arbeitnehmern aus der Europäischen Union nicht zur Voraussetzung für die Erteilung einer Aufenthaltsbescheinigung gemacht werden. Sozialhilfebezug rechtfertigt nicht ihre Ausweisung (Art. 14 Abs. 4 RL 2004/ 38 /EG).

Umgekehrt begründen unwesentliche gelegentliche Beschäftigungen kein Freizügigkeitsrecht. Darunter dürften Tätigkeiten fallen, die in der Woche nur wenige Stunden betragen. *Westphal/Stoppa,* InfAuslR 2004, 133 nennen als Beispiel, dass einmal wöchentlich für zwei Stunden Werbezeitungen ausgetragen werden. Auch gemeinnützige, kulturelle oder rein karitative Tätigkeiten ohne Erwerbsabsicht gehören nicht zum Wirtschaftsleben und begründen deshalb nicht per se das Recht zur Freizügigkeit (*Harms* in: *Bergmann/Kenntner,* Deutsches Verwaltungsrecht unter europäischem Einfluss, S. 180).

4.2 Art der Tätigkeit

4.2.1 Auszubildende

Arbeitnehmer können auch Personen sein, die sich in Ausbildung befinden, gleichgültig, ob berufliche **Lehre** oder staatliches Referendariat. Für die Einordnung als Arbeitsverhältnis ist die Art des Arbeitsverhältnisses zwischen Arbeitgeber und Arbeitnehmer unerheblich (EuGH v. 26. 11. 1998, InfAuslR 1999, 6 [Birden]). Die Rechtsprechung ist der entgegengesetzten Auffassung von *Benassi* (InfAuslR 1995, 89) nicht gefolgt, wonach ein Ausbildungsverhältnis rechtssystematisch kein Arbeitsverhältnis sei. *Benassi* verkennt, dass Kategorien des nationalen Rechts nicht unbesehen auf das Gemeinschaftsrecht übertragen werden dürfen.

4.2.2 Mitarbeitende Familienangehörige

Im Betrieb mitarbeitende Familienangehörige können Arbeitnehmer sein. Dazu muss das für ein Arbeitsverhältnis typische Unterordnungsverhältnis bestehen, z. B. als Sekretärin des Geschäftsführers (EuGH v. 27. 6. 1996, AP EG-Vertrag Art. 48 Nr. 9 [Meeusen]). Andererseits können Großeltern nicht deshalb als Arbeitnehmer eingeordnet werden, weil sie die Kinderbetreuung übernehmen (so aber: OVG Schleswig v. 9. 3. 1993, NVwZ 1993, 261).

Die höchstrichterliche Rechtsprechung bejaht bei Familienhelferinnen nach § 31 SGB VIII (BAG v. 6. 5. 1998, NJW 1998, 3140) oder bei Tagesmüttern (BSG v. 17. 2. 1998, NJW 1998, 3141) die Eigenschaft als Arbeitnehmerin, wobei der Verpflichtung zur höchstpersönlichen Dienstleistung zu von der Kindsmutter festgelegten Zeiten und dem Merkmal der stundenweisen Vergütung besondere Bedeutung zugemessen wurde.

Diese Kriterien sind auch europarechtlich ausschlaggebend. Im Umgang mit Enkelkindern fragen die Großmütter sozialtypisch weder nach Beginn und Ende der Arbeitszeit, noch wehren sie sich gegen Nachtarbeit oder wollen für diese – bei Erkrankung der Enkelkinder – einen Nachtzuschlag. Andererseits können Großmütter durchaus auf Unterhalt angewiesen sein und diesen ohne Mithilfe in der Familie beanspruchen. Deshalb hat ihre Mithilfe bei der Kindererziehung oder andere Mitwirkung im Haushalt (nur) familienrechtlichen Charakter.

4.2.3 Sportler

Sportliche Betätigung sieht der EuGH dann als Arbeitnehmertätigkeit an, wenn sie ein Teil des Wirtschaftslebens im Sinne von Art. 2 EG ist. Dies gilt für die Tätigkeit von Fußballprofis und -halbprofis, da diese Tätigkeit eine entgeltliche Arbeits- oder Dienstleistung darstellt (EuGH v. 15. 12. 1995, NJW 1996, 505 [Bosman]). Der Umstand genügt, dass diese Sportler gegen Entgelt tätig werden, damit ihre Berufstätigkeit dem Wirtschaftsleben zuzurechnen und deshalb Gemeinschaftsrecht anwendbar ist (*Steindorff*, NJW 1982, 1902). Eine Arbeitsleistung liegt vor, soweit die Leistung während einer bestimmten Zeit für einen anderen nach dessen Weisung erbracht wird. Unterscheidungen nach der Nationalität sind bei nach Nationalitäten und von Nationalmannschaften ausgeführten Wettbewerben zulässig.

4.2.4 Religiöse Betätigung

Die Teilnahme an einer auf Religion oder einer anderen Form der Weltanschauung beruhenden Vereinigung ist zunächst keine wirtschaftliche Tätigkeit. Nur soweit sie Teil des Wirtschaftslebens ist, wird sie gemeinschaftsrechtlich als Arbeitnehmer-Tätigkeit behandelt (EuGH v. 5. 10. 1988, NVwZ 1990, 53 [Steymann]). Die Verkündigung einer religiösen Botschaft ist kein kommerzieller Akt und deshalb kein Bestandteil des Wirtschaftslebens.

Demgegenüber scheint das OVG NRW (v. 17. 9. 1998, InfAuslR 1999, 102) einen vom türkischen Staat als Religionsbeauftragten im Bundesgebiet eingesetzten Beamten als Arbeitnehmer einzuordnen. Es verneint jedoch wegen der engen Bindung des Beschäftigungsverhältnisses an den türkischen Staat die Zugehörigkeit zum regulären Arbeitsmarkt (ebenso: Hess. VGH v. 25. 5. 2000, InfAuslR 2000, 370).

Es gibt vielfältige Aktivitäten religiöser Vereinigungen, bei denen eine Beteiligung ihrer Mitglieder und Mitarbeiter zur Erfüllung der Merkmale der Arbeitnehmereigenschaft führt. In der vom EuGH entschiedenen Sache Steymann führte ein Mitglied der Baghwan-Sekte für diese an deren Gebäude Klempner- und Hausarbeiten durch und beteiligte sich im übrigen an Aktivitäten der Sekte im gewerblichen Bereich. Hierzu gehörte der Betrieb einer Diskothek, eines Getränkehandels und eines Waschsalons. Das war keine religiöse Betätigung, anders als z. B. Predigt, keine Vermittlung einer weltanschaulichen Botschaft, sondern schlichtes Bemühen um die Finanzierung der Sekte, also eine Tätigkeit mit der Absicht der Erzielung eines Überschusses, Kommerz (EuGH v. 5.10.1988, Slg. 1988, 6159 [Steymann]).

Entsprechend genoss die Sekretärin der sozial gefährlichen religiösen Sekte Scientology grundsätzlich Anspruch auf Freizügigkeit. Die Tätigkeit kann aber im Einzelfall eine Ausweisung rechtfertigen, wenn der Mitgliedsstaat gegen Inländer vergleichbare Maßnahmen ergreift (EuGH v. 4.12.1974, NJW 1975, 2165 [van Duyn]).

4.2.5 Rehabilitation

Wie der EuGH (v. 31.5.1989, Slg. 1989, 1621 [Bettray]) am Beispiel der Beschäftigung in einer der Rehabilitation und Wiedereingliederung ins Arbeitsleben dienenden Einrichtung festgestellt hat, kommt es für das Vorliegen der Arbeitnehmereigenschaft nicht auf die Produktivität oder die Höhe der Entlohnung an. Allerdings verneint er, dass eine solche Betätigung als »tatsächliche und echte wirtschaftliche Tätigkeit« angesehen werden kann, und damit die Anwendung des Art. 39 EG auf sie. Dieser Ausschluss trifft wohl auch auf die Arbeit in Behindertenwerkstätten zu. Diese dienen der Stützung der betreuten Behinderten.

Die Tätigkeit in kommunalen Beschäftigungsgesellschaften stellt sich demgegenüber als eine tatsächliche und echte wirtschaftliche Tätigkeit auf dem regulären Arbeitsmarkt dar. Zwar sollen nach § 16 Abs. 3 Satz 2 SGB II zu schaffende Arbeitsgelegenheiten »in der Regel von vorübergehender Dauer und für eine bessere Eingliederung in das Arbeitsleben geeignet sein«. Doch reicht der Umstand, dass der Arbeitsplatz aus öffentlichen Mitteln finanziert wird, nicht aus, um die Arbeitnehmereigenschaft zu verneinen (EuGH v. 26.11.1998, InfAuslR 1999, 6 [Birden]).

4.3 Bewerbungsfreiheit

Das Aufenthaltsrecht der Arbeitnehmer aus der EU entsteht schon mit Einreise zur Arbeitssuche und für die zulässige Dauer der Arbeitssuche. Sie dürfen sich gem. § 2 Abs. 5 FreizügG/EU **bis zu drei Monate** im Bundesgebiet aufhalten. Diese Frist ist kürzer als die schweizerischen Arbeitsuchenden gem. Art. 2 Abs. 1 des Anhangs I zum Freizügigkeitsabkommens mit der Schweiz eingeräumte Frist von sechs Monaten. Die darin liegende Benachteiligung widerspricht Art. 12 EG.

Ferner sah der EuGH (v. 26.2.1991, EuZW 1991, 351 [Antonissen]) eine Frist von drei Monaten für die Arbeitssuche als zu kurz an. Hinnehmbar zur Wahrung der Rechte aus Art. 39 EG sei eine Grenze von sechs Monaten, denn eine solche zeitliche Begrenzung gefährde nicht die praktische Wirksamkeit des Grundsatzes der Freizügigkeit. Die 6-Monats-Frist kann überschritten werden, wenn der Arbeitnehmer nachweist, dass er weiterhin und mit begründeter Aussicht auf Erfolg eine neue Beschäftigung sucht.

Art. 14 Abs. 4 b) RL 2004/38/EG schreibt diese Rechtsprechung fest. Die Freizügigkeit wird auch für die Tätigkeit als Grenzgänger gewährleistet, der die Beschäftigung in einem anderen Mitgliedsstaat als dem des Wohnsitzes ausübt (EuGH v. 18. 7. 2007, InfAuslR 2007, 369 [Hartmann]).

4.4 Beschäftigung im öffentlichen Dienst

Auch eine Beschäftigung im öffentlichen Dienst begründet nach europarechtlichem Verständnis ein Arbeitsverhältnis, unabhängig von der konkreten Ausgestaltung des Rechtsverhältnisses als Arbeitnehmer oder Beamter (EuGH v. 3. 7. 1986, NJW 1987, 1138 [Lawrie-Blum]). Art. 39 Abs. 4 EG nimmt die Tätigkeit im öffentlichen Dienst von der Freizügigkeit aus. Zur hoheitlichen Verwaltung in diesem Sinne gehören z. B. Streitkräfte, Polizei, Rechtspflege, diplomatischer Dienst und Steuerverwaltung. Der hier verwendete Begriff des öffentlichen Dienstes stimmt nicht mit demjenigen des deutschen Rechts überein. Der europarechtliche Begriff ist eng auszulegen und erfasst lediglich Tätigkeiten hoheitlicher Natur. Die Tätigkeit eines Lehrers an öffentlichen Schulen unterscheidet sich nicht von der an Privatschulen. Der EuGH erkennt deshalb Referendare (EuGH v. 3. 7. 1986, NJW 1987, 1138 [Lawrie-Blum]) und Lehrer (EuGH v. 27. 11. 1991, Slg. 1991, I-5627 [Bleis]) an einer öffentlichen Schule die Eigenschaft eines freizügigkeitsberechtigten Arbeitnehmers zu (a. A. *Forch*, NVwZ 1987, 27).

Nicht zum öffentlichen Dienst zählen auch Forscher im nationalen Forschungsrat im Rahmen der zivilen Forschung (EuGH v. 16. 6. 1987, Slg. 1987, 2625 [Kommission/Italien]); Lokomotivführer in der Ausbildung, Lade-, Gleisbau-, Rangier- und Stellwerkarbeiter, Kranken-, Säuglings- und Kinderschwestern, Klempner, Schreiner, Elektriker und Gärtnereigehilfen (EuGH v. 26. 5. 1982, NJW 1983, 1965 [Kommission/Belgien]). Auch sie sind freizügigkeitsberechtigt.

Demgegenüber fallen unter den Vorbehalt der öffentlichen Verwaltung z. B. in einer Stadtverwaltung: Leiter der technischen Kontrolle, Hauptarbeits- und Inventarkontrolleur, Nachtwächter, Architekt (EuGH v. 3. 6. 1986, Slg. 1986, 1725 [Kommission ./. Frankreich]).

4.5 Aufenthalt und Beschäftigung

In den ersten fünf Aufenthaltsjahren wird EU-Arbeitnehmern das Aufenthaltsrecht nur in Abhängigkeit von der Beschäftigung gewährt (§ 5 Abs. 5 FreizügG/EU). Bei freiwilliger Arbeitslosigkeit verlieren sie ihr Aufenthaltsrecht, sofern sie nicht aus anderen Gründen, etwa weil sie selbst als Familienangehörige nachzugsberechtigt sind, ein Aufenthaltsrecht haben.

Das Aufenthaltsrecht bleibt erhalten, wenn die Beschäftigung wegen einer Krankheit oder eines Unfalls vorübergehend nicht ausgeübt werden kann. Bestätigt die zuständige Agentur für Arbeit, dass die Arbeitslosigkeit unfreiwillig eintrat, bleibt im Fall mehr als 1-jähriger Beschäftigung das Aufenthaltsrecht ebenfalls erhalten. Der Arbeitnehmer muss sich in diesem Fall der Arbeitsvermittlung zur Verfügung stellen. Dies ist nicht der Fall, wenn er eine angebotene Beschäftigung nicht annimmt oder nicht antritt, zu einer beruflichen Eingliederungsmaßnahme nicht bereit ist oder eine solche Maßnahme abbricht. Die Voraussetzungen des Art. 6 Abs. 3 b) RL 2004/38/EG und der Verhängung einer Sperrzeit gem. § 144 Abs. 1 SGB III sind deshalb fast deckungsgleich. Nicht anspruchsvernichtend ist von den in § 144 SGB III erfassten Fällen lediglich der **grob fahrlässige Arbeitsplatzverlust**. Die in diesem Fall eingetretene Arbeitslosigkeit ist (noch) nicht freiwillig.

War das Arbeitsverhältnis von vornherein auf weniger als ein Jahr befristet oder wird der EU-Arbeitnehmer im ersten Aufenthaltsjahr unfreiwillig arbeitslos, bleibt das Aufenthaltsrecht zum Zwecke erneuter Arbeitssuche für wenigstens sechs Monate erhalten. Auch in diesem Falle muss sich der Arbeitnehmer der Arbeitsvermittlung zur Verfügung stellen.

Der Nachweis der unfreiwilligen Arbeitslosigkeit kann durch Vorlage eines Bescheids über die Bewilligung von Arbeitslosenunterstützung erfolgen, außer der Arbeitnehmer erfüllt die Anwartschaftszeit für den Anspruch auf Arbeitslosengeld von wenigstens zwölf Monaten versicherungspflichtiger Beschäftigung (§ 123 SGB III) nicht. In diesem Fall ist von der Ausländerbehörde eine entsprechende Bescheinigung bei der Agentur für Arbeit anzufordern.

Das Aufenthaltsrecht bleibt ebenfalls erhalten, wenn der EU-Arbeitnehmer die Beschäftigung aufgibt und eine Berufsausbildung beginnt. Vorausgesetzt ist in diesem Fall weiter, dass entweder zwischen dieser Ausbildung und der früheren beruflichen Tätigkeit ein Zusammenhang besteht oder stattdessen der Betroffene seinen Arbeitsplatz unfreiwillig verloren hat. Auch in den Fällen des Art. 7 Abs. 3 d) RL 2004/38/EG ist Sicherung des Lebensunterhalts keine Voraussetzung für den Erhalt des Aufenthaltsrechts.

4.6 Übergangsregelungen für Arbeitnehmer aus den osteuropäischen Beitrittsstaaten

4.6.1 Die MOE-Staaten

Am 1. 5. 2004 traten Estland, Lettland, Litauen, Malta, Polen, die Slowakei, Slowenien, die Tschechische Republik, Ungarn und Zypern der Europäischen Union bei. Die Staatsangehörigen dieser Länder haben seither den Status als Unionsbürger und genießen Freizügigkeit. Dazu gehört auch das Recht auf Familiennachzug. Lediglich in Bezug auf die Freizügigkeit der Arbeitnehmer ist gem. § 13 FreizügG/EU eine Ausnahme zu machen, wobei wiederum **Malta und Zypern** von der Ausnahme ausgenommen sind. Für diese beiden Länder ist die Arbeitnehmerfreizügigkeit seit 1. 5. 2004 in vollem Umfang hergestellt.

Für die anderen Beitrittsstaaten enthält Art. 24 Beitrittsakte i.V. m. den Anhängen V–XIV **Ausnahmen in Form von »2+3+2-Übergangsstufen«**. Der freie Zugang zum Arbeitsmarkt wird zunächst generell für zwei Jahre ausgesetzt. Für die nachfolgenden drei Jahre kann diese Einschränkung nach freiem Ermessen der bisherigen EU-Mitgliedsstaaten weiter angewandt werden und im Fall schwerwiegender Störungen des Arbeitsmarkts oder Gefahr derartiger Störungen für weitere zwei Jahre. Die Freizügigkeit der Arbeitnehmer kann damit für längstens sieben Jahre ausgesetzt werden. Das ermöglicht den bisherigen EU-Mitgliedstaaten eine flexible Reaktion auf die Auswirkungen der Osterweiterung der EU. Im Unterschied vor allem zu Deutschland und Österreich haben Dänemark, Griechenland, Großbritannien, Irland und Schweden ihre Arbeitsmärkte sofort für die Arbeitnehmer aus den Beitrittsstaaten geöffnet. Spätestens am 30. 4. 2011 enden diese Beschränkungen der Freizügigkeit.

Während der Übergangsphase dürfen Unionsbürger aus diesen osteuropäischen Beitrittsstaaten in Deutschland gem. § 284 Abs. 1 Nr. 1 i.V. m. Abs. 5 SGB III nur mit einer **Arbeitserlaubnis-EU** beschäftigt werden. Gemäß § 12a ArGV wird ihnen, sofern sie für einen ununterbrochenen Zeitraum von mindestens zwölf Monaten im Bundesgebiet zum Arbeitsmarkt zugelassen waren, eine (unbefristete) **Arbeitsberechtigung-EU** erteilt. Sie ermöglicht die Aufnahme jeder beliebigen Tätigkeit. Sofort eine Arbeitsberechtigung-EU erhalten die Staatsangehörigen dieser Länder und ihre Familienangehörigen, wenn sie einen Hochschulabschluss oder eine vergleichbare Qualifikation nachweisen und der Lohn der Qualifikation entspricht. Keine Arbeitserlaubnis-EU benötigen sie, wenn sie im Ausland einen anerkannten deutschen Schulabschluss erworben haben und im Bundesgebiet eine qualifizierte betriebliche Ausbildung in einem staatlich anerkannten oder vergleichbar geregelten Ausbildungsberuf beginnen.

Für unwesentliche Beschäftigungen, die nicht dem Arbeitsmarkt zuzurechnen sind (z. B. ein Mal die Woche für zwei Stunden Zeitungen austragen), gelten keine Übergangsregelungen. Sie dürfen arbeitsgenehmigungsfrei ausgeübt werden (*Westphal/Stoppa*, InfAuslR 2004, 133). Deshalb dürfen solche Tätigkeiten nicht durch ausländerrechtliche Auflage ausgeschlossen werden und dürfen sie auch Touristen oder z. B. Grenzgänger aus Polen oder Tschechien genehmigungsfrei ausüben.

4.6.2 Bulgarien und Rumänien

Seit 1. 1. 2007 sind auch Bulgarien und Rumänien Mitglieder der Europäischen Union. Auch für bulgarische und rumänische Staatsangehörige gelten, beginnend ab 1. 1. 2007, die **»2+3+2-Übergangsstufen«**: bis 31. 12. 2008 ist die Arbeitnehmerfreizügigkeit generell ausgesetzt; bis 31. 12. 2011 darf Deutschland diese Freizügigkeit nach freiem Ermessen aussetzen und für die Jahre 2012 und 2013 nur bei schwerwiegenden Störungen am Arbeitsmarkt.

4.6.3 Ordnungswidrigkeit

Rechtsverstöße gegen die Pflicht, nur mit Arbeitserlaubnis-EU zu arbeiten, können als Ordnungswidrigkeit verfolgt und mit einer Geldbuße geahndet werden. Sie rechtfertigen nicht den Ausschluss vom allgemeinen Freizügigkeitsrecht und deshalb nicht die Ausweisung aus dem Bundesgebiet. Bei der Höhe der Geldbuße ist zu berücksichtigen, ob ein Anspruch auf die Erteilung einer Arbeitserlaubnis-EU bestand.

5. Selbstständige

5.1 Nicht weisungsgebundene wirtschaftliche Erwerbstätigkeit

Freizügigkeitsrechte genießen selbstständig Erwerbstätige, die sich im Inland niedergelassen haben oder niederlassen wollen (Art. 43 EG) und Dienstleistungserbringer, die ihren Sitz in einem anderen Mitgliedstaat haben und von dort aus grenzüberschreitend ihre Leistung an Empfänger im Inland erbringen (Art. 49 EG). Auf diese Freiheit kann sich auch berufen, wer bei Erbringung der Dienstleistung den eigenen Mitgliedsstaat nicht verlässt. In beiden Fällen ist die Erbringung gewerblicher, kaufmännischer, handwerklicher oder freiberuflicher Leistungen vorausgesetzt (EuGH v. 20. 11. 2001, InfAuslR 2002, 57 [Jany]).

Die selbstständige Erwerbstätigkeit unterscheidet sich von der Tätigkeit als Arbeitnehmer dadurch, dass sie nicht weisungsgebunden erfolgt in Bezug auf die Wahl der Tätigkeit, die Arbeitsbedingungen und das Entgelt, in eigener Verantwortung und gegen ein Entgelt, das vollständig und unmittelbar an den Selbstständigen gezahlt wird (EuGH v. 20. 11. 2001, InfuslR 2002, 57 [Jany]). So übt ein Geschäftsführer einer Gesellschaft, deren einziger Gesellschafter er ist, seine Tätigkeit nicht im Rahmen eines Unterordnungsverhältnisses aus. Er ist eine Person, die eine selbstständige Erwerbstätigkeit im Sinne des Art. 52 EGV ausübt (EuGH v. 27. 6. 1996, Slg. 1996, I-3089 [Asscher]).

Die Übergänge können fließend sein, wie nicht nur das Beispiel der **Scheinselbstständigen** zeigt. Bundesarbeitsgericht und Bundessozialgericht heben andere Kriterien als die Abführung von Lohnsteuer oder Sozialversicherungsbeiträgen zur Einordnung einer Tätigkeit als Arbeitnehmertätigkeit hervor. Es wird gefragt, ob der Mitarbeiter seine Dienstleistung im Rahmen einer von Dritten bestimmten Arbeitsorganisation erbringt und welchen Umfang das Weisungsrecht des Arbeitgebers hat. Dabei kommt es auf Inhalt, Durchführung, Dauer und Ort der Tätigkeit an. Es reicht nicht aus zu prüfen, ob ein Mitarbeiter mit Lohnsteuerkarte arbeitet und ob für ihn Sozialversicherungsbeiträge abgeführt werden (BAG v. 13.11.1991, NZA 1992, 1125).

Dies verdeutlicht eine Entscheidung zur Einordnung der elf Jahre lang ausgeübten Tätigkeit eines Studenten als Sprachlehrer auf Honorarbasis bei einem privaten Institut. Die Arbeitsgerichte entscheiden die Einordnung der Tätigkeit von Volkshochschuldozenten danach, ob die Schule außerhalb der Unterrichtszeit über den Inhalt der Arbeitsleistung bestimmt und der Lehrkraft weitere Aufgaben übertragen kann. Wesentlich ist, ob die Festlegung der Unterrichtszeit einseitig möglich ist (BAG v. 13.11.1991, NZA 1992, 1125). Für das Vorliegen eines Arbeitsverhältnisses spricht es, wenn allgemeinbildender Unterricht erteilt wird (BAG v. 26.7.1995, NZA 1996, 477) oder die Lehrkräfte methodische und didaktische Anweisungen zur Gestaltung des Unterrichts erhalten (BAG v. 30.10.1991, NZA 1992, 407). Dem folgt für die ausländerrechtliche Einordnung das OVG NRW (v. 18.11.1996, EZAR 029 Nr. 5; ebenso SG Stuttgart v. 15.6.1998 InfAuslR 1998, 380). Da der Student nur in festgelegten Sprachkursen eingesetzt werden durfte, war er kein Arbeitnehmer.

5.2 Dienstleistungen durch Einsatz von Personal

Die Freiheit, in einem anderen Mitgliedsstaat als in dem des Betriebssitzes selbstständig tätig zu sein, umfasst auch das Recht, zu diesem Zweck vorübergehend Personal in diesen Mitgliedsstaat aus dem Staat mitzunehmen, in dem der Selbstständige seinen beruflichen Sitz hat. Denn die Dienstleistungsfreiheit beschränkt sich nicht auf die Fälle, in denen der Unternehmer die Leistung in eigener Person erbringt. Er darf sie vielmehr auch durch Personal erbringen. Der freie Dienstleistungsverkehr als fundamentaler Grundsatz des EG-Vertrags darf nur durch Regelungen, die durch zwingende Gründe des Allgemeininteresses gerechtfertigt sind und die für alle im Hoheitsgebiet des Bestimmungsstaats tätigen Personen oder Unternehmen gelten, und nur insoweit beschränkt werden, als dem Allgemeininteresse nicht bereits durch die Rechtsvorschriften Rechnung getragen worden ist, denen der Dienstleistende in dem Staat unterliegt, in dem er ansässig ist.

Für die praktische Wirksamkeit der Rechtsposition, die den Dienstleistungen in andere Mitgliedsstaaten erbringenden Unternehmen zukommt, muss den bei einem solchen Unternehmen ordnungsgemäß und dauerhaft beschäftigten Arbeitnehmern eine besondere aufenthalts- und arbeitserlaubnisrechtliche Position eingeräumt werden. Die in einem anderen Mitgliedsstaat ansässigen Erbringer von Dienstleistungen dürfen deshalb mit ihrem gesamten Personal frei zur Ausführung der Tätigkeit in das Gebiet eines anderen Mitgliedsstaates einreisen. Dadurch sind nicht nur Arbeitnehmer geschützt, die Unionsbürger sind, sondern besonders auch **aus Drittstaaten stammende Arbeitnehmer** (EuGH v. 9. 8. 1994, InfAuslR 1994, 388 [Vander Elst]).

Gegenseitige Rechtsübertragungen sind möglich. Arbeitgeber können sich auf ein Freizügigkeitsrecht der Arbeitnehmer und ebenso Arbeitnehmer auf ein Freizügigkeitsrecht der Arbeitgeber berufen. Das Recht der Arbeitnehmer, bei Einstellung und Beschäftigung nicht diskriminiert zu werden, kann nur dann seine volle Wirkung entfalten, wenn die Arbeitgeber ein entsprechendes Recht darauf haben, Arbeitnehmer nach Maßgabe der Bestimmungen über die Freizügigkeit einstellen zu können. Die Diskriminierungsverbote der Art. 12, 39 Abs. 2 EG könnten leicht um ihre Wirkung gebracht werden, dürften die Mitgliedsstaaten die dort enthaltenen Verbote dadurch umgehen, dass sie den Arbeitgebern die Einstellung eines Arbeitnehmers verbieten würden, der gewisse Voraussetzungen nicht erfüllte, wenn diese Verbote gleichzeitig gegenüber dem Arbeitnehmer unzulässige Beschränkungen seines Rechts auf Freizügigkeit nach Art. 39 EG darstellen (EuGH v. 7. 5. 1998, Slg. 1998, I-2521 [Clean Car]).

Aus demselben Grund können sich umgekehrt auch Arbeitnehmer auf Freizügigkeitsrechte des Arbeitgebers berufen, denn andernfalls könnte dieses Recht durch nur an die Arbeitnehmer gerichtete Verbote zunichte gemacht werden (EuGH v. 21. 10. 2003, InfAuslR 2004, 32 [Abatay]).

5.3 Übergangsregelung für Selbstständige aus den osteuropäischen Beitrittsstaaten

5.3.1 Dienstleistungsfreiheit in der Übergangsphase

Die Dienstleistungsfreiheit für Unternehmen aus den osteuropäischen Staaten **Estland, Lettland, Litauen, Malta, Polen, die Slowakei, Slowenien, die Tschechische Republik, Ungarn und Zypern** wurde mit Inkrafttreten der Beitrittsakte am 1.5.2004 hergestellt. Doch sollte sie in einigen wenigen wichtigen Sektoren eingeschränkt bleiben. Es handelt sich um die Erbringung festgelegter Tätigkeiten durch Personal. Dies sind aus dem Baugewerbe: Aushub, Erdarbeiten, Bauarbeiten im engeren Sinne, Errichtung und Abbau von Fertigbauelementen, Einrichtung oder Ausstattung, Umbau, Renovierung, Reparatur, Abbauarbeiten, Abbrucharbeiten, Wartung, Instandhaltung (Maler- und Reinigungsarbeiten), Sanierung. Weiter sollten die Reinigung von Gebäuden, Inventar und Verkehrsmitteln und die Tätigkeit von Innendekorateuren ausgenommen werden.

Die als Option zulässige Übergangsregelung stimmt mit derjenigen der Einschränkung der Freizügigkeit der Arbeitnehmer überein. Vorgesehen war eine **Übergangsregelung von 2+3+2 Jahren**: innerhalb der ersten zwei Jahre durfte die Dienstleistungsfreiheit in diesen Bereichen ausgeschlossen werden. Dieser Ausschluss hätte zunächst um drei und später nochmals um zwei Jahre verlängert werden können.

Der Einsatz von eigenem Personal sollte nach Ausübung der Option für die Erbringung von Dienstleistungen nur dann genehmigungsfrei erlaubt sein, wenn es sich um Schlüsselpersonal handelt. Dies sind Führungskräfte und Personen mit hohen fachspezifischen Kenntnissen für bestimmte Arbeiten oder Aufgaben und Kenntnissen, die für den Betrieb notwendig sind: Geschäftsführer, Prokuristen, Leitende Angestellte. Von Selbstständigen in Person erbrachte Dienstleistungen, z. B. im Baugewerbe Dachdecker, sollten von der Beschränkung ebenfalls nicht betroffen sein (*Westphal/Stoppa,* InfAuslR 2004, 133).

Allerdings füllte der deutsche Gesetzgeber die ihm eingeräumte Option nicht aus. Die Bundesregierung meldete zwar in einem Schreiben an die Europäische Kommission die Absicht an, von der durch das Abkommen eingeräumten Option Gebrauch zu machen. Doch wurde weder dieses Schreiben veröffentlicht noch eine entsprechende gesetzgeberische Maßnahme getroffen. Mangels Veröffentlichung einer entsprechenden gesetzlichen Einschränkung ist deshalb die Dienstleistungsfreiheit gegenüber den neuen Beitrittsstaaten ohne Einschränkung hergestellt.

Dieselben Grundsätze gelten im Verhältnis zu Bulgarien und Rumänien, die am 1.1.2007 Mitglieder der Europäischen Union wurden.

5.3.2 Bereich des Verkehrs

Im Bereich des Verkehrs ist das Erbringen von Lkw-Dienstleistungen der Beitrittsstaaten, also der innerstaatliche Güterverkehr mit Lkw (Kabotage) sowohl in den neuen als auch in den alten Mitgliedstaaten in einer Übergangsphase von zwei Jahren als allgemeine Ausnahme von Art. 1 VO 3118/93/EG vollständig ausgeschlossen. Vor Ablauf der ersten Phase kann eine Verlängerung um weitere zwei Jahre beantragt werden. Nach Ablauf von vier Jahren ist eine Verlängerung nur noch um ein Jahr und nur im Fall ihrer Notwendigkeit zulässig. Entsprechend dürfen die Lkw-Unternehmer aus Bulgarien und Rumänien vor Liberalisierung des Bereichs des Verkehrs kein Personal für Kabotage einsetzen.

Das Recht, sich als Selbstständiger hier niederzulassen oder nach Deutschland grenzüberschreitend Dienstleistungen zu erbringen, steht den Staatsangehörigen der neuen Beitrittsstaaten unbeschränkt zu.

6. Studenten aus der EU

Ein Recht zu einem Aufenthalt von mehr als drei Monaten haben Schüler und Studenten aus der EU, wenn sie die folgenden Voraussetzungen erfüllen: die Ausbildungseinrichtung muss öffentlich-rechtlicher Natur oder staatlich anerkannt sein und der Schüler oder Student muss über einen umfassenden Krankenversicherungsschutz verfügen. Wichtig ist in diesem Zusammenhang die Regelung des § 5 Abs. 1 Nr. 9 SGB V über die Versicherungspflicht von Studenten, die an staatlichen oder staatlich anerkannten Hochschulen eingeschrieben sind.

Weiter muss der Unionsbürger durch eine Erklärung oder durch jedes andere gleichwertige Mittel glaubhaft machen, dass er für sich und seine Familienangehörigen über ausreichende Existenzmittel zur Sicherung des Lebensunterhalts während seines Inlandsaufenthalts verfügt. Das Aufenthaltsrecht besteht nur so lange, wie die Voraussetzungen dafür erfüllt werden. Sind die finanziellen Mittel des Studenten verbraucht, darf ihn die Ausländerbehörde zur Ausreise zwingen (Art. 14 RL 2004/38/EG; EuGH v. 20. 9. 2001, InfAuslR 2001, 481 [Grzelczyk]).

Lebt ein Student aus der EU mindestens fünf Jahre im Bundesgebiet, entfällt diese Voraussetzung. Er hat dann das Recht zum Daueraufenthalt erlangt.

Der Status als Student wird durch die Einschreibung in der Ausbildungseinrichtung verwirklicht, wenn dies der Hauptzweck des Aufenthalts ist. Dieses Merkmal unterscheidet den Status von demjenigen von Studenten, die seit Kindheit im Aufnahmemitgliedstaat leben oder hierher zu ihren Eltern nachgezogen sind. Bei letzteren darf die Sicherung des Lebensunterhalts einschließlich Krankenversicherung nicht zur Voraussetzung des Aufenthaltsrechts gemacht werden.

Der EuGH (v. 21.6.1988, Slg. 1988, 3205 [Brown]) sieht auch Studierwillige, die vor Beginn eines Studiums ein Praktikum ableisten müssen, um zum Studium zugelassen zu werden, als Arbeitnehmer an, wenn während dieses Praktikums für einen anderen nach dessen Weisung Leistungen erbracht werden und dafür eine Vergütung bezahlt wird.

Mit Aufnahme des Studiums verlieren sie die Arbeitnehmereigenschaft, wenn diese Eigenschaft nur infolge der Ableistung des Praktikums erworben wurde. Die Arbeitnehmereigenschaft ist im Verhältnis zum Studium untergeordnet. Würde die Aufnahme einer Nebentätigkeit während eines Studiums ausreichen, um die Arbeitnehmereigenschaft dauerhaft zu begründen, würden damit auf indirektem Wege vom EG-Vertrag nicht vorgesehene Leistungen auf Studienförderung erlangt werden können. Es würde damit in die Bereiche der Bildungspolitik und der Sozialpolitik der Mitgliedsstaaten eingegriffen werden, obwohl beides nicht zur Zuständigkeit der Gemeinschaft gehört. Aus diesem Grund hat der EuGH die Aufnahme einer solchen Nebentätigkeit nicht für die dauerhafte Begründung der Arbeitnehmereigenschaft ausreichen lassen.

Art. 7 Abs. 3 d) RL 2004/38/EG knüpft an diese Rechtsprechung an. Die Eigenschaft als Erwerbstätiger wird bei Aufnahme einer Berufsausbildung beibehalten, sofern zwischen der früheren beruflichen Tätigkeit und der Ausbildung ein Zusammenhang besteht oder wenn der Betroffene zuvor unfreiwillig seinen Arbeitsplatz verloren hat. Dann besteht gem. Art. 24 RL 2004/38/EG auch ein inländergleicher Anspruch auf Studienbeihilfen und Beihilfen zur Berufsausbildung. Sicherung des Lebensunterhalts wird nur in den Fällen des Art. 7 Abs. 3 d) RL 2004/38/EG nicht zur Voraussetzung für den Erhalt des Aufenthaltsrechts gemacht.

Hat ein Unionsbürger das Aufenthaltsrecht als Student erlangt und nimmt er während des Studiums eine Nebenbeschäftigung auf, darf m. E. sein Aufenthalt auch dann nicht beendet werden, wenn sein Lebensunterhalt nicht mehr gesichert ist. Geringfügige Beschäftigung vermittelt gem. Art. 39 EG ein Aufenthaltsrecht. Dieser nach primärem Recht bestehende Anspruch kann nicht durch sekundäres Recht abbedungen werden. Doch hat dieser Student in diesem Fall keinen gemeinschaftsrechtlichen Anspruch auf Studienbeihilfen oder Beihilfen zur Berufsausbildung.

Ein Promotionsstudium ist nicht zwangsläufig ein Vollzeitstudium. Häufig wird ein Promotionsstudium berufsbegleitend gemacht. Wird während eines Promotionsverfahrens eine unselbstständige Erwerbstätigkeit ausgeübt, wird deshalb in der Regel das Promotionsstudium nicht als Hauptzweck des Aufenthalts zu betrachten sein. Der VGH Baden-Württemberg (v. 11. 12. 1996, AuAS 1997, 86) kommt zum selben Ergebnis, indem er auf die Beschäftigung abstellt und den Zusammenhang mit der gleichzeitigen Hochschulausbildung als unerheblich betrachtet.

7. Familienangehörige von Unionsbürgern

7.1 Begünstigter Personenkreis

In Übereinstimmung mit Art. 7 Abs. 1 d) RL 2004/38/EG regelt § 3 FreizügG/EU den Anspruch auf Familiennachzug zu Unionsbürgern. Begünstigt sind Ehegatten und gleichgeschlechtliche Lebenspartner gem. § 1 LPartG. Begünstigt sind weiter die **Verwandten in absteigender Linie** des Unionsbürgers und des Ehegatten oder des Lebenspartners, die das 21. Lebensjahr noch nicht vollendet haben oder denen von diesen Unterhalt gewährt wird, also Kinder, Stiefkinder und Enkelkinder. Die Altersgrenze des 21. Lebensjahres stammt noch aus der Zeit, als Volljährigkeit erst mit dem 21. Lebensjahr eintrat. Die Herabsetzung der Volljährigkeit sollte nicht zu einer Minderung des Rechts auf Familienleben führen.

Weiter benennt § 3 Abs. 2 Nr. 2 FreizügG/EU als zum Nachzug berechtigte Familienangehörige die **Verwandten in gerader aufsteigender Linie** des Unionsbürgers und diejenigen des Ehegatten oder Lebenspartners, denen von diesen Unterhalt gewährt wird.

Die Unionsbürger-RL geht noch weiter: Weitläufiger anverwandten Familienangehörigen ist der Nachzug zu erleichtern, sofern der primär aufenthaltsberechtigte Unionsbürger ihnen schon im Herkunftsland Unterhalt gewährt oder mit ihm im Herkunftsland zusammengelebt hat, oder wenn schwerwiegende Gründe die persönliche Pflege des Familienangehörigen durch den Unionsbürger zwingend erfordern. Die Ausländerbehörde ist zur Ermittlung des gesamten Sachverhalts und Abwägung aller Umstände verpflichtet (Art. 3 Abs. 2b RL 2004/38/EG).

7.2 Voraussetzungen des Familiennachzugs

Die Familienangehörigen (wie oben dargestellt: Ehegatten und Verwandte in auf- und absteigender Linie, auch des Ehegatten) von Unionsbürgern, die selbstständig oder als Arbeitnehmer erwerbstätig sind, haben ein vom Erwerbstätigen abgeleitetes Recht auf Familiennachzug. Weitere Voraussetzungen werden nicht aufgestellt. Sie sind nicht verpflichtet, ausreichenden Wohnraum oder ein ausreichendes Einkommen des Arbeitnehmers zur Sicherung des Lebensunterhalts nachzuweisen. Vor allem darf der Zuzug zu Erwerbstätigen **nicht wegen des Bezugs von Sozialhilfe untersagt werden** (Art. 14 Abs. 4 RL 2004/38/EG; EuGH v. 18. 6. 1987, Slg. 1987, 2811 [Lebon]).

In den anderen Fällen: Familiennachzug zu Angehörigen 2. Grades oder zu Studenten oder Nichterwerbstätigen ist Voraussetzung für den Familiennachzug die Sicherung des Lebensunterhalts. Der Nachweis erfolgt durch Eigenerklärung des Nachzugswilligen. Diese Eigenerklärung darf im Einzelfall überprüft werden, wenn Zweifel an ihrer Richtigkeit bestehen. Eine systematische Prüfung darf nicht durchgeführt werden (Art. 14 Abs. 2 RL 2004/38/EG). Es dürfen deshalb in der Regel keine Nachweise zu den bei der Anmeldung zu Einkommen und Vermögen gemachten Angaben verlangt werden.

7.3 Aufenthaltskarte

Sind die Familienangehörigen ebenfalls Unionsbürger, ist auch ihr Aufenthalt aufenthaltserlaubnisfrei. Stammen die Familienangehörigen aus einem Drittstaat, sind sie für Aufenthalte, die für nicht mehr als drei Monate geplant sind, ebenfalls aufenthaltserlaubnisfrei. Wollen sie sich länger als drei Monate im Mitgliedsstaat aufhalten, ist ihnen zur Bescheinigung ihres Aufenthaltsrechts auf ihren Antrag eine **Aufenthaltskarte für Familienangehörige eines Unionsbürgers** auszustellen. Der

Antrag auf Erteilung einer Aufenthaltskarte ist spätestens drei Monate nach Einreise zu stellen. Die Aufenthaltskarte muss spätestens sechs Monate nach Einreise ausgestellt worden sein (§ 5 Abs. 2 FreizügG/EU).

Beantragen Familienangehörige aus einem Drittstaat eine Aufenthaltskarte nicht oder verspätet, ist ihr Aufenthalt dennoch rechtmäßig. Doch darf die Verletzung der Meldepflicht als Ordnungswidrigkeit bestraft werden. Etwaige Probleme beim Grenzübertritt und bei der Aufnahme einer Beschäftigung lassen sich durch die Aufenthaltskarte vermeiden. Auch die aus Drittstaaten stammenden Familienangehörigen sind – entsprechend dem deklaratorischen Charakter der Aufenthaltskarte – lediglich verpflichtet, sich polizeilich anzumelden.

Für die Ausstellung der Aufenthaltskarte sind folgende Dokumente vorzulegen:

- gültiger Reisepass
- Bescheinigung über das Bestehen einer familiären Beziehung oder einer eingetragenen Partnerschaft
- Anmeldebescheinigung des Unionsbürgers, den sie begleiten oder zu dem sie nachziehen
- Nachweis der Verwandtschaft bei Nachzug der Verwandten in auf- und absteigender Linie
- beim Nachzug weitläufiger Verwandter der Nachweis der hierfür bestehenden besonderen Voraussetzungen
- beim Nachzug eines Lebenspartners der Nachweis des Bestehens einer dauerhaften Beziehung mit dem Unionsbürger.

Die Aufenthaltskarte ist mit 5-jähriger Gültigkeit auszustellen. Ist die geplante Aufenthaltsdauer des Stammberechtigten kürzer, ist die Aufenthaltskarte mit entsprechend kürzerer Gültigkeit auszustellen. Das Aufenthaltsrecht entsteht nur bei Herstellung der familiären Lebensgemeinschaft. Die Erteilung der Aufenthaltskarte darf nicht davon abhängig gemacht werden, dass der Familienangehörige mit einem Visum eingereist ist (EuGH v. 25. 7. 2008, InfAuslR 2008, 377 [Metock])

Wird die Lebensgemeinschaft nur vorgetäuscht, liegt Rechtsmissbrauch vor. Eine zur Umgehung der für Drittstaatsangehörige geltenden Einreise- und Aufenthaltsbestimmungen geschlossene Ehe verschafft kein Aufenthaltsrecht (EuGH v. 23. 9. 2003, InfAuslR 2003, 409 [Akrich]).

Rechtsmittel entfalten aufschiebende Wirkung: die Betroffenen dürfen sich bis zum Abschluss des Verfahrens vorläufig in Deutschland aufhalten. Zwar legt § 7 Abs. 1 FreizügG/EU eine andere Auslegung nahe, doch würden damit unzulässig Unionsbürger, denen das Aufenthaltsrecht entzogen wird, schlechter gestellt als Drittstaatsangehörige, die einen Aufenthaltstitel besitzen. Während des Verfahrens um die Feststellung des Aufenthaltsrechts bleibt der weitere Aufenthalt im Inland zulässig. Die Ausländerbehörde kann die sofortige Vollziehung ihres Bescheids anordnen. Das gilt auch dann, wenn sich die Feststellung des Verlusts des Aufenthaltsrechts auf den Vorwurf stützt, es liege eine Scheinehe des Drittstaatsangehörigen vor. Andernfalls würde nicht allein die bisher nicht geklärte Frage über eine sachgemäße Begrenzung der Freizügigkeit von Ehegatten in das Verfahren des vorläufigen Rechtsschutzes vorverlagert, sondern dieses Verfahren zugleich mit der Klärung der weiteren Frage befrachtet, ob es sich bei der Ehe tatsächlich um eine bloße Scheinehe handelt. Beides widerspricht der Funktion des § 7 Abs. 1 FreizügG/EU und würde dessen Anwendungsbereich über Gebühr einschränken (OVG Hamburg v. 2. 12. 1999, InfAuslR 2000, 168).

Die Aufenthaltskarte bleibt bei vorübergehendem Auslandsaufenthalt gültig. Als vorübergehend gelten gem. § 5 Abs. 5 Satz 2 FreizügG/EU Abwesenheiten von bis zu sechs Monaten und noch längere Abwesenheiten wegen Militärdienstes oder eine einmalige Abwesenheit von bis zu zwölf Monaten aus einem wichtigen Grund (vor allem Schwangerschaft und Entbindung, schwere Krankheit, Studium, Berufsausbildung, berufliche Entsendung).

7.4 Scheidung, Tod oder Wegzug des Unionsbürgers

7.4.1 Trennung der Ehegatten

Eine Trennung der Eheleute oder Lebenspartner führt nicht zum automatischen Verlust des Aufenthaltsrechts. Wenn die Eheleute oder Lebenspartner nach dauerhafter Trennung in verschiedenen Wohnungen leben, bleibt das Aufenthaltsrecht bis zur Scheidung bestehen (EuGH v. 13. 2. 1985, NJW 1985, 2087 [Diatta]; VGH Baden-Württemberg v. 2. 1. 1995, InfAuslR 1995, 97).

7.4.2 Aufenthaltsrecht nach Scheidung

Nach Scheidung, Aufhebung der Ehe oder Beendigung der Lebenspartnerschaft bleibt das Aufenthaltsrecht der Unionsbürger erhalten. Aus einem Drittstaat stammende (nunmehr: frühere) Ehegatten oder Lebenspartner können ein eigenständiges Aufenthaltsrecht unter zwei unterschiedlichen Voraussetzungen erlangen: entweder unter den Voraussetzungen des § 31 AufenthG (siehe S. 62 f.), oder – alternativ – gem. § 3 Abs. 5 FreizügG/EU. Der Anspruchsgrund nach dem FreizügG/EU kann zu einem festeren Aufenthaltsrecht führen, wenn die Ehe oder Lebenspartnerschaft in Deutschland bis zur Einleitung des Scheidungs- oder Aufhebungsverfahrens oder bis zur Beendigung der Lebenspartnerschaft mindestens drei Jahre bestanden hat, davon mindestens ein Jahr in Deutschland.

Ein eigenständiges Aufenthaltsrecht für die Drittstaatsangehörigen entsteht auch, wenn die elterliche Sorge über Kinder des Unionsbürgers auf den früheren Ehegatten oder Lebenspartner übertragen wird oder wenn dem früheren Ehegatten oder Lebenspartner das Recht zum persönlichen Umgang mit dem minderjährigen Kind zugesprochen wird und dieses Recht ausschließlich im Aufnahmemitgliedstaat ausgeübt werden darf. Schließlich kann der Erhalt des Aufenthaltsrechts zur Vermeidung einer Härte, aufgrund besonders schwieriger Umstände, erforderlich sein. Dies ist besonders bei Opfern von Gewalt im häuslichen Bereich der Fall.

Das Aufenthaltsrecht bleibt bis zur Erlangung des Rechts auf Daueraufenthalt an die Voraussetzung gebunden, dass der frühere Ehegatte oder Lebenspartner Arbeitnehmer oder Selbstständiger ist oder für sich und seine Familienangehörigen über ausreichende Existenzmittel (z. B. Vermögen, Unterhaltsansprüche) verfügt, sodass ihr Lebensunterhalt und der ihrer Familienangehörigen gesichert ist und sie umfassend krankenversichert sind. § 31 AufenthG ist insoweit günstiger, als für das erste Aufenthaltsjahr nach der Trennung der Lebensunterhalt nicht gesichert sein muss.

7.4.3 Aufenthaltsrecht nach Tod des Stammberechtigten

Verstirbt der stammberechtigte Unionsbürger, bleibt das Aufenthaltsrecht derjenigen Familienangehörigen erhalten, die ebenfalls Unionsbürger sind. Besitzen die Familienangehörigen nicht die Staatsangehörigkeit eines Mitgliedsstaats der EU, erlangen sie ein eigenständiges Aufenthaltsrecht, wenn sie sich vor dem Tod des Unionsbürgers mindestens ein Jahr in Deutschland aufgehalten haben. Weitere Voraussetzung ist, dass sie selbst Arbeitnehmer oder Selbstständige sind oder über ausreichende Existenzmittel verfügen und umfassend krankenversichert sind (§ 3 Abs. 3 FreizügG/EU). Unter weiteren Voraussetzungen können sie auch ein Recht zum Daueraufenthalt erlangen (dazu unten).

7.5 Übergangsregelung für die osteuropäischen Beitrittsstaaten

Die Freizügigkeit der Familienangehörigen von Arbeitnehmern aus den osteuropäischen Beitrittsstaaten ist in der Übergangsphase beschränkt. Ihr Nachzug ist sofort zulässig. Eine Arbeitsgenehmigung-EU ist ihnen zu erteilen, wenn sie mit dem Arbeitnehmer einen gemeinsamen Wohnsitz im Bundesgebiet haben. Ferner müssen sie sich seit mindestens 18 Monaten rechtmäßig im Bundesgebiet aufgehalten haben.

Den Familienangehörigen von Selbstständigen aus diesen Ländern ist ohne eine Wartezeit eine Arbeitsgenehmigung-EU zu erteilen.

8. Recht zum Daueraufenthalt

8.1 Materiell-rechtliche Voraussetzungen

Jeder Unionsbürger, der sich rechtmäßig fünf Jahre lang ununterbrochen in Deutschland aufgehalten hat, darf sich gem. § 4a FreizügG/EU hier auf Dauer aufhalten. Ein weiterer Nachweis für sein Aufenthaltsrecht als Arbeitnehmer oder Selbstständiger oder Sicherung des Lebensunterhalts darf nicht mehr verlangt werden. Der Bezug von Sozialhilfe oder Arbeitslosengeld II rechtfertigt ab diesem Zeitpunkt in keinem Fall mehr eine Entziehung des Aufenthaltsrechts.

Dasselbe gilt für die Familienangehörigen, selbst wenn sie nicht Unionsbürger sind. Von der Erfüllung dieser ersten fünf Aufenthaltsjahre ist auch auszugehen, wenn sich der Unionsbürger vorübergehend bis zu insgesamt sechs Monaten im Jahr im Ausland aufhält oder noch länger wegen Wehrdienstes. Eine einzige Abwesenheit von höchstens einem Jahr wegen eines wichtigen Grundes ist unschädlich. Als wichtige Gründe gelten vor allem Schwangerschaft und Entbindung, schwere Krankheit, Studium oder Berufsausbildung oder berufliche Entsendung in ein anderes Land, innerhalb oder außerhalb der EU.

Die für das Recht zum Daueraufenthalt erforderliche Aufenthaltszeit verkürzt sich für Arbeitnehmer oder Selbstständige, die das für die Berentung erforderliche Alter erreicht haben. Diese erlangen es nach mindestens 3-jährigem Inlandsaufenthalt und mindestens 1-jähriger Beschäftigung (§ 4a Abs. 2 FreizügG/EU).

Dasselbe gilt, wenn ein EG-Arbeitnehmer in den Vorruhestand tritt (§ 4a Abs. 2 Satz 1 Nr. 2 RL 2004/38/EG). Weiter ist begünstigt, wer seine Beschäftigung infolge dauernder Arbeitsunfähigkeit aufgeben muss (Art. 17 Abs. 1b RL 2004/38/EG). § 4a Abs. 2 Satz 2 Nr. 2 a) FreizügG/EU bleibt hier hinter dem EU-Recht zurück. Denn der in der Richtlinie verwendete Begriff der Arbeitsunfähigkeit ist arbeitsplatzbezogen und stimmt nicht mit demjenigen der Erwerbsunfähigkeit im Sinne des § 43 SGB VI überein, auf den das FreizügG/EU sich bezieht. Indem dauerhafte Arbeitsunfähigkeit Voraussetzung ist, kommt es auch nicht darauf an, ob der Arbeitnehmer oder Selbstständige zugleich die Voraussetzungen für eine Rente erfüllt oder diese z. B. mangels (freiwilliger) Versicherung oder wegen zu geringer Anwartschaften nicht erfüllt. – Die Voraussetzung einer bestimmten Dauer des Aufenthalts entfällt, wenn die Arbeitsunfähigkeit infolge eines Arbeitsunfalls oder einer Berufskrankheit eingetreten ist, sofern der Betroffene zugleich Anspruch auf eine Unfallrente gem. § 56 ff. SGB VII hat.

Grenzgänger, die im Bundesgebiet wohnen und in einem anderen Mitgliedsstaat selbstständig oder unselbstständig erwerbstätig sind und in der Regel täglich oder mindestens ein Mal wöchentlich in ihre Wohnung im Bundesgebiet zurückkehren, erlangen schon nach drei Jahren ununterbrochener Erwerbstätigkeit im Inland und ebenfalls drei Jahren ununterbrochenen Inlandsaufenthalts das Recht zum Daueraufenthalt (§ 4a Abs. 2 Satz 1 Nr. 3 FreizügG/EU).

In diesen Sonderfällen erwerben die Familienangehörigen dieser Arbeitnehmer und Selbstständigen zeitgleich mit den Stammberechtigten das Recht auf Daueraufenthalt.

Stirbt der Arbeitnehmer oder Selbstständige vor Erwerb des Rechts zum Daueraufenthalt, erlangen die Familienangehörigen, die sich im Zeitpunkt des Todes bei ihm aufhalten, das dauerhafte Bleiberecht, sofern der Verstorbene sich vor seinem Tod zwei Jahre ununterbrochen im Bundesgebiet aufgehalten hat oder der Tod infolge eines Arbeitsunfalls oder einer Berufskrankheit eingetreten ist.

Frühere Ehegatten von Unionsbürgern und ihre Verwandten in gerader Linie, die nach dem Tod oder der Scheidung oder Trennung das Recht zum Aufenthalt, jedoch noch nicht das Recht zum Daueraufenthalt erhalten haben, erlangen dieses Recht nach einem rechtmäßigen Inlandsaufenthalt von insgesamt fünf Jahren.

8.2 Aufenthaltsbescheinigung und Aufenthaltskarte

Das Recht auf Daueraufenthalt ist Unionsbürgern auf ihren Antrag unverzüglich zu bescheinigen (§ 5 Abs. 1 u. 6 FreizügG/EU). Dieses Recht hängt nicht von der Ausstellung der Bescheinigung ab. Es entsteht automatisch, sobald seine Voraussetzungen erfüllt sind. Es erlischt nach einem über 2-jährigen Auslandsaufenthalt (§ 4a Abs. 7 FreizügG/EU).

Familienangehörigen, welche die Staatsangehörigkeit eines Drittlandes besitzen und zum Daueraufenthalt berechtigt sind, ist auf Antrag eine unbefristete Daueraufenthaltskarte auszustellen (§ 5 Abs. 6 FreizügG/EU). Verspätete Beantragung kann als Ordnungswidrigkeit bestraft werden. Die Verspätung ist aber für den Erwerb des Rechts unschädlich. Auch die Daueraufenthaltskarte der Familienangehörigen aus Drittstaaten wird nach einem über 2-jährigen Auslandsaufenthalt ungültig. Das Recht ist dann erloschen und eine Wiedereinreise und erneute Wohnsitznahme nur noch unter den Voraussetzungen zulässig, die für die nicht privilegierten Drittstaatsangehörigen gelten.

9. Aufenthaltsbeendigung

9.1 Bezug von Sozialhilfe

Grundsätzlich verbietet Art. 6 a) EFA die Rückschaffung nur wegen des Bezugs von Sozialhilfe. Das EFA wurde von einer Reihe von Mitgliedstaaten und von der Türkei unterzeichnet. Diese Regelung wirkt zu Gunsten aller Unionsbürger, weil das Diskriminierungsverbot des Art. 12 EG gebietet, dass die den Bürgern eines Drittstaats eingeräumten Begünstigungen auch den Staatsangehörigen der anderen Mitgliedsstaaten einzuräumen sind (EuGH v. 15. 1. 2002, InfAuslR 2004, 92 [Gottardo]).

Allerdings enthält Art. 7 EFA für die ersten fünf Aufenthaltsjahre eine Ausnahmeregelung (bzw. bei nach Vollendung des 55. Lebensjahres zehn Aufenthaltsjahre). Vorausgesetzt wird von dieser Regelung weiter

Transportfähigkeit und die Abwesenheit enger Bindungen zum Inland. Deshalb ist es auch nach diesem Abkommen zulässig, Unionsbürger, die weder Arbeitnehmer noch Selbstständige sind, in den ersten fünf Aufenthaltsjahren aufgrund des Bezugs von Sozialhilfe zur Ausreise zu zwingen.

9.2 Ausweisung wegen Straftaten

Die Ausweisung von Unionsbürgern ist nur unter engen Voraussetzungen zulässig. Der Grundsatz der Freizügigkeit ist weit auszulegen (EuGH v. 26. 2. 1991, EuZW 1991, 351 [Antonissen]) und Ausnahmen eng (EuGH v. 3. 6. 1986, InfAuslR 1986, 201 [Kempf]). Der EuGH (v. 28. 10. 1975, Slg. 1976, 1219 [Rutili]) formulierte als Voraussetzung der Ausweisung eines Unionsbürgers:

»32. Insgesamt stellen sich die Beschränkungen der ausländerpolizeilichen Befugnisse der Mitgliedsstaaten als eine besondere Ausprägung eines allgemeineren Grundsatzes dar, der in den Artikeln 8, 9, 10 und 11 der am 4. November 1950 in Rom unterzeichneten und von allen Mitgliedsstaaten ratifizierten Konvention zum Schutz der Menschenrechte und Grundfreiheiten und in Artikel 2 des am 16. September 1963 in Straßburg unterzeichneten Protokolls Nr. 4 zu dieser Konvention verankert ist, die gleichlautend bestimmen, dass die zum Schutz der öffentlichen Sicherheit und Ordnung vorgenommenen Einschränkungen der in den genannten Artikeln zugesicherten Rechte nicht den Rahmen dessen überschreiten dürfen, was für diesen Schutz ›in einer demokratischen Gesellschaft‹ notwendig ist.«

Maßnahmen der öffentlichen Ordnung sind nur dann gerechtfertigt, wenn eine tatsächliche und hinreichend schwere Gefährdung vorliegt, die ein Grundinteresse der Gesellschaft berührt (EuGH v. 29. 4. 2004, InfAuslR 2004, 268 [Orfanopoulos]).

Unzulässig ist die Ausweisung aus generalpräventiven Gründen, d. h. zum **Zweck der Abschreckung** anderer Ausländer oder wenn die Ausweisung aufgrund einer strafrechtlichen Verurteilung **automatisch** verfügt wird, ohne dass das persönliche Verhalten des Täters oder die von ihm ausgehende Gefährdung der öffentlichen Ordnung berücksichtigt wird (EuGH v. 19. 1. 1999, InfAuslR 1999, 165 [Calfa]; EuGH v. 20. 2. 2000, InfAuslR 2000, 161 [Nazli]).

Eine besondere Gefahr für die öffentliche Ordnung stellen Drogendelikte dar. Doch ist auch in diesen Fällen die Ausnahme der öffentlichen Ordnung eng auszulegen, sodass eine strafrechtliche Verurteilung eine Ausweisung nur insoweit rechtfertigen kann, als die ihr zugrunde liegenden Umstände ein persönliches Verhalten erkennen lassen, das eine gegenwärtige Gefährdung der öffentlichen Ordnung darstellt (EuGH v. 19. 1. 1999, InfAuslR 1999, 165 [Calfa]).

Weder Drogendelikte noch andere Straftaten rechtfertigen die Anwendung einer Bestimmung wie der über die zwingende Ausweisung im AufenthG, die nach Verurteilung zu einer festgelegten Strafhöhe und/oder wegen festgelegter Deliktsarten zu verhängen wäre. Es ist vielmehr stets für den Einzelfall festzustellen, ob die Maßnahme oder die Umstände, die dieser Verurteilung zu Grunde liegen, ein persönliches Verhalten erkennen lassen, das eine gegenwärtige Gefährdung der öffentlichen Ordnung darstellt.

Die Bestimmung über die Regelausweisung enthält trotz der möglichen Berücksichtigung familiärer Umstände einen gewissen Automatismus und legt die Vermutung fest, dass der betreffende Staatsangehörige bei Erfüllung der Voraussetzungen auszuweisen ist. Auch dies verhindert eine gebührende Berücksichtigung der Umstände des Einzelfalls und verstößt ebenfalls gegen den gemeinschaftsrechtlichen Gefahrenbegriff.

Der EuGH (v. 29. 4. 2004, InfAuslR 2004, 268 [Orfanopoulos]) verlangt weiter, dass der Grundsatz der Verhältnismäßigkeit gewahrt wird. Bei der Beurteilung, ob der beabsichtigte Eingriff in einem angemessenen Verhältnis zu dem angestrebten Ziel (hier dem Schutz der öffentlichen Ordnung) steht, sind vor allem Art und Schwere der vom Betroffenen begangenen Straftat, die Dauer seines Aufenthalts im Aufnahmemitgliedstaat, die Zeit, die seit der Begehung der Straftat verstrichen ist, die familiäre Situation des Betroffenen und das Ausmaß der Schwierigkeiten zu berücksichtigen, denen sein Ehegatte und ihre möglicherweise vorhandenen Kinder im Herkunftsland des Betroffenen begegnen können. Das BVerwG (v. 3. 8. 2004, InfAuslR 2005, 18) hat sich dieser Auffassung angeschlossen.

Gemäß Art. 31 Abs. 3 RL 2004/38/EG sind im Rechtsbehelfsverfahren die Rechtmäßigkeit der Entscheidung sowie die Tatsachen und die Umstände, auf denen die Entscheidung beruht, zu überprüfen. Es ist dadurch zu gewährleisten, dass die Entscheidung nicht unverhältnismäßig ist. Dies erfordert eine vollständige Überprüfung der Entscheidung durch das Verwaltungsgericht. Dies dürfte – entgegen § 114 Satz 1 VwGO – eine Überprüfung mit umfassen, ob die Ausweisung die bestmögliche Entscheidung darstellt. Entgegen dem Verständnis deutscher Gerichte besteht ein behördliches Ermessen insoweit nicht. Die europarechtlichen Grundfreiheiten können ebenso wenig nach behördlichem Ermessen beschränkt werden wie die Grundrechte des Grundgesetzes.

Die Gefahr, aufgrund derer die Ausweisung zulässig sein soll, muss noch im Zeitpunkt der Abschiebung des Freizügigkeitsberechtigen vorliegen. Liegt sie nicht mehr vor, etwa wegen einer positiven Entwicklung des Betroffenen in der Strafhaft, ist eine Ausweisung unzulässig. Der EuGH (v. 29.4.2004, InfAuslR 2004, 268 [Orfanopoulos]) verlangt deshalb, dass auch für diesen Zeitpunkt überprüft wird, ob die Voraussetzungen für eine Ausweisung noch vorliegen. Anderes würde darauf hinauslaufen, dass zur Bekämpfung einer Gefahr eine Grundfreiheit des Markts entzogen werden darf, auch wenn die Gefahr im Zeitpunkt der Entziehung nicht mehr vorhanden ist. Die Grundfreiheit würde also ohne Rechtfertigung entzogen werden können.

Das nationale Recht darf die Ausübung des gemeinschaftsrechtlichen Grundrechts der Freizügigkeit nicht übermäßig erschweren. Folgerichtig bestimmt nunmehr § 7 FreizügG/EU, dass im Fall eines Gerichtsverfahrens das Verwaltungsgericht festzustellen hat, ob nach den Verhältnissen im Zeitpunkt der mündlichen Verhandlung vor dem Gericht die Entziehung des Rechts der Freizügigkeit zulässig ist.

Nach über 5-jährigem Inlandsaufenthalt ist die Ausweisung eines Freizügigkeitsberechtigten nur noch zulässig, wenn die Ausweisungsgründe schwer wiegen, nach über 10-jährigem Inlandsaufenthalt nur noch aus Gründen der Sicherheit des Staats (VGH Baden-Württemberg v. 29.9.2008, InfAuslR 2008, 439). Die deutsche Praxis erkennt diese Voraussetzungen noch nicht an und akzeptiert nur die Grenze einer wenigstens 5-jährigen Freiheits- oder Jugendstrafe (§ 6 Abs. 5 FreizügG/EU).

10. Aufenthaltsrechte durch Abkommen der EU

10.1 Europäischer Wirtschaftsraum

Seit 1. 1. 1994 ist das Abkommen über den Europäischen Wirtschaftsraum (EWR) in Kraft. Heute gehören zum EWR noch Island, Liechtenstein und Norwegen. Der EWR erweitert den Binnenmarkt der Europäischen Gemeinschaft. Im EWR wurden die Zölle zwischen den Mitgliedsstaaten abgeschafft. Es gilt der größte Teil der Binnenmarktvorschriften der EU.

Art. 28 des EWR-Abkommens bestimmt, dass zwischen den Mitgliedsstaaten der EU und den EWR-Staaten die Freizügigkeit der Arbeitnehmer hergestellt wird. Zu ihr gehört die Wanderungsfreiheit am Binnenmarkt in dem Umfang, der die gemeinschaftsrechtliche Freizügigkeit kennzeichnet.

Sobald die EU eine EWR-relevante Rechtsvorschrift abändert oder eine neue Vorschrift annimmt, sollte eine entsprechende Änderung in den relevanten Anhang des EWR-Abkommens aufgenommen werden. Die EWR-Staaten können auf die Ausgestaltung der EWR-relevanten Rechtsvorschriften Einfluss und zu Entwürfen Stellung nehmen, die innerhalb der EU in Vorbereitung sind oder sich noch in der »pre-pipeline«-Phase befinden. Ihre Vertreter sind berechtigt, an Expertengruppen der Europäischen Kommission mitzuwirken und im Vorfeld Kommentare der EWR-Staaten zur Annahme künftiger Rechtsvorschriften zu übermitteln. Deshalb sind einerseits die EWR-Staaten an die Neufassung des europäischen Rechts der Freizügigkeit gebunden, andererseits sind die Rechte nach der RL 2004/38/EG auf die Staatsangehörigen der EWR-Staaten zu erstrecken.

Aufgrund der gemeinschaftsrechtlichen Freizügigkeit dürfen auch Arbeitgeber, die ihren Sitz in einem Land des EWR haben, ihre Arbeitnehmer aufenthaltserlaubnisfrei für die grenzüberschreitende Erbringung von Dienstleistungen einsetzen. Wer als Arbeitnehmer in einer Firma mit Sitz in einem EWR-Staat auch über die dort erforderliche Arbeitsgenehmigung verfügt, soll im Rahmen des grenzüberschreitenden Personen- und Güterverkehrs nicht noch zusätzlich um die entsprechende Erlaubnis in einem anderen Mitgliedsstaat nachsuchen müssen. Es reicht vielmehr aus, dass die entsprechende Tätigkeit im Sitzstaat des Unternehmens rechtmäßig ist (BayObLG v. 20. 6. 2002, AuAS 2002, 222).

Für die EWR-Länder, die nicht Mitglied der EU sind, erfolgt die Überwachung des EWR-Abkommens und der abgeleiteten Vorschriften durch die EFTA-Überwachungsbehörde und den Gerichtshof der EFTA. Für die EU-Mitgliedsstaaten sind die Europäische Kommission sowie der Europäische Gerichtshof zuständig.

10.2 Schweiz

Seit 1. 6. 2002 ist das Freizügigkeitsabkommen zwischen der EU und ihren Mitgliedstaaten einerseits und der Schweiz andererseits über die Freizügigkeit von Personen als eines von sieben Sektorenabkommen in Kraft getreten. Es berührt als sog. gemischtes Abkommen nationale und vergemeinschaftete Kompetenzen. Es mussten deshalb die Parlamente aller Mitgliedstaaten seiner Verabschiedung zustimmen.

Das Freizügigkeitsabkommen räumt schweizerischen Staatsangehörigen zum Zweck der Arbeitssuche Freizügigkeitsrecht ein. Sie haben dieselben Rechte zur Wanderung am Binnenmarkt wie Unionsbürger. Auch sie dürfen visumsfrei einreisen und haben dieselben Rechte auf Aufenthalt und Aufnahme einer selbstständigen oder unselbstständigen Erwerbstätigkeit und im selben Umfang ein Verbleiberecht nach Beendigung der Erwerbstätigkeit. Grenzgänger, die in der Schweiz wohnen und in Deutschland arbeiten, bedürfen hierfür keiner Genehmigung oder Anmeldung. Als Grenzgänger gelten sie auch dann noch, wenn sie nur mindestens ein Mal in der Woche an ihren Wohnort in der Schweiz zurückkehren.

Auch die EU-Regelungen über das Aufenthaltsrecht von Studenten und Nichterwerbstätigen erstrecken sich auf die schweizerischen Staatsangehörigen. Voraussetzung des Aufenthaltsrechts ist die Sicherung des Lebensunterhalts und eine Krankenversicherung. Ausreichend sind Mittel, wenn sie den sozialhilferechtlichen Bedarf überschreiten (*Fehrenbacher,* ZAR 2002, 278).

Freizügigkeitsberechtigt sind auch die Familienangehörigen dieser schweizerischen Staatsangehörigen. Für den Nachzug müssen dieselben Voraussetzungen wie bei den Familienangehörigen von Unionsbürgern erfüllt werden.

Schließlich genießen sie denselben Schutz vor Ausweisung wie Unionsbürger. Das Recht zu grenzüberschreitender Erbringung von Dienstleistungen ist auf 90 Tage im Kalenderjahr beschränkt (Art. 5 Freizügigkeitsabkommen). Für die Auslegung der Regelungen über die Freizügigkeit ist die Rechtsprechung des EuGH maßgeblich (Art. 16 Freizügigkeitsabkommen). Schweizerische Arbeitgeber dürfen deshalb für die Erbringung von Dienstleistungen in Deutschland Drittstaatsangehörige beschäftigen, wenn sie diese in der Schweiz beschäftigen dürfen (Art. 1 Abs. 1, 17 b Anhang I Freizügigkeitsabkommen).

Verändern sich die gemeinschaftsrechtlichen Regelungen über die Freizügigkeit, sind sie auf die Regelungen mit der Schweiz zu erstrecken (Art. 16 Abs. 1 Freizügigkeitsabkommen). Deshalb begünstigt die Neufassung des Freizügigkeitsrechts in der RL 2004/38/EG auch schweizerische Staatsangehörige und Firmen. Bei der Änderung der gemeinschaftsrechtlichen Regelungen über die Freizügigkeit ist die Schweiz zu unterrichten (Art. 17 Freizügigkeitsabkommen).

10.3 Türkei

10.3.1 Das Vertragswerk mit der Türkei

Seit nahezu einem halben Jahrhundert besteht die Assoziation mit der Türkei. Sie wurde am 12. 9. 1963 gegründet, nachdem Griechenland zuvor einen Assoziationsvertrag abgeschlossen hatte. Am 23. 11. 1970 folgte das am 1. 1. 1973 in Kraft getretene Zusatzprotokoll. Beides sollte die Aufnahme der Türkei in die EWG vorbereiten. 1976 wurden mit dem ARB 2/76 und 1980 am Vorabend des damaligen Militärputsches mit dem ARB 1/80 im Assoziationsrat zwei Vereinbarungen getroffen, die den Status türkischer Arbeitnehmer und ihrer Familienangehörigen nachhaltig verbessern sollten. Der Assoziationsrat ist ein Gremium der Assoziation, in dem alle Mitgliedsstaaten und die Türkei vertreten sind. Nach dem Militärputsch 1980 veränderte sich das Verhältnis. Die Mitgliedsstaaten kündigten die Visavereinbarungen mit der Türkei und führten den umfassenden Visazwang ein. Das zum 1. 1. 1981 aufgenommene Griechenland blockierte fortan Fortschritte in der Assoziation. Erst 1995 wurde mit dem ARB 1/95 eine Vereinbarung über die Bildung einer Zollunion getroffen.

Aufenthaltsrechtliche Vereinbarungen kamen nach 1980 nicht mehr zustande. Heute sind die Art. 6 ff. ARB 1/80 von zentraler Bedeutung für die Aufenthaltsrechte türkischer Arbeitnehmer und ihrer Familienangehörigen. Das ist hervorzuheben, weil die türkischen Staatsangehörigen die größte Gruppe der ein Deutschland lebenden Ausländer stellen. Im Jahr 2003 waren unter 6,75 Millionen Ausländern 1,7 Millionen Türken. Auch nach der Aufnahme der neuen Mitgliedsstaaten aus Ost- und Mitteleuropa ist diese Zahl etwa gleich groß wie die Zahl der in Deutschland lebenden Unionsbürger. Aufenthaltsrechtlich bedeutsam sind auch die Standstill-Klauseln in Art. 41 Abs. 1 des Zusatzprotokolls zum Assoziationsabkommen EWG-Türkei und in Art. 7 ARB 2/76 und Art. 13 ARB 1/80. Zu beachten ist weiter das Verbot sozialrechtlicher Benachteiligung in Art. 3 ARB 3/80.

Die rechtliche Einordnung der Assoziationsratsbeschlüsse ist in der Rechtsprechung des Europäischen Gerichtshofs geklärt. Der Assoziationsrat ist Organ der Assoziation. Vereinbarungen kann er nur einstimmig treffen. Auf europäischer Seite treten sie heute nur nach Zustimmung des Europaparlaments in Kraft. Es handelt sich um in einem vereinfachten Verfahren geschlossene völkerrechtliche Verträge, die den Anforderungen des Art. 300 EG entsprechen. Sie sind deshalb zugleich Bestandteil des Gemeinschaftsrechts. Ausgenommen sind Regelungen in Abkommen, die nicht die Zuständigkeit der Europäischen Union berühren. Die Beschlüsse des Assoziationsrats sind sekundäres Assoziationsrecht und entsprechen insoweit dem sekundären Gemeinschaftsrecht. Sie sind deshalb unter denselben Voraussetzungen wie letzteres unmittelbar anwendbar (*Vedder*, EuR 1994, 202).

Der EuGH (v. 16. 12. 1992, InfAuslR 1993, 41 [Kus]) bejaht die unmittelbare Anwendbarkeit der Art. 2 ARB 2/76 und Art. 6 ARB 1/80 ungeachtet fehlender Veröffentlichung. Staatliche Verpflichtungen zu Gunsten von Individuen können dennoch begründet werden. Das entspricht der Verpflichtung der Mitgliedsstaaten gegenüber Einzelpersonen durch Richtlinien, die ebenfalls ohne Veröffentlichung zu Gunsten von Einzelpersonen unmittelbar anwendbar werden konnten. Das BVerwG (v. 27. 10. 1987, InfAuslR 1988, 38) und das BSG (v. 9. 9. 1986, InfAuslR 1987, 47) hatten das ursprünglich umgekehrt gesehen.

Das Vertragswerk verleiht türkischen Staatsangehörigen nicht die Freizügigkeit, die Unionsbürger haben. Aufenthaltsrechte nach dieser Vorschrift können nur innerhalb der Grenzen des Mitgliedsstaats entstehen. Die Befugnis der Mitgliedsstaaten, die Zuwanderung in die Gemeinschaft zu regeln, bleibt uneingeschränkt (EuGH v. 16. 12. 1992, InfAuslR 1993, 41 [Kus]).

Die Zielsetzung dieses Assoziationsrechts besteht für Arbeitnehmer, Selbstständige und Dienstleister in der vollständigen Herstellung eines einheitlichen Markts mit der Türkei. Der EuGH (v. 20. 2. 2000, InfAuslR

2000, 161 [Nazli]) leitet aus dem Wortlaut des Art. 12 des Assoziationsabkommens EWG-Türkei und des Art. 36 des Zusatzprotokolls sowie aus dem Zweck des ARB 1/80 her, dass die im Rahmen der Art. 39, 40 und 49 EG geltenden Grundsätze soweit wie möglich auf die türkischen Arbeitnehmer, die die im ARB 1/80 eingeräumten Rechte besitzen, übertragen werden sollen. Dies folgt aus dem Ziel der Vorbereitung der Aufnahme der Türkei in die EU.

10.3.2 Einreisefreiheit

Die sog. Standstill-Vorschrift in Art. 41 Abs. 1 ZusProt verbietet es, von türkischen Dienstleistern ein Visum zu verlangen, soweit sie 1973 visumsfrei einreisen durften (EuGH v. 19. 2. 2009, InfAuslR 2009, 135 [Soysal]). Damals durften Dienstleistungserbringer für bis zu zwei Monaten visumsfrei ins Bundesgebiet einreisen. Dieses Recht gilt heute fort.

Die europarechtliche Dienstleistungsfreiheit umfasst auch die sog. passive Dienstleistungsfreiheit. »Nach der Rechtsprechung des Gerichtshofs schließt dieses Recht die Freiheit der Leistungsempfänger ein, sich zur Inanspruchnahme einer Dienstleistung in einen anderen Mitgliedsstaat zu begeben <Urteil Cowan, Randnr. 15>. Unter Artikel 59 fallen somit alle Angehörigen der Mitgliedsstaaten, die sich, ohne ein anderes durch den Vertrag gewährleistetes Freiheitsrecht in Anspruch zu nehmen, in einen anderen Mitgliedsstaat begeben und dort Dienstleistungen in Empfang nehmen wollen oder die Möglichkeit haben, sie in Empfang zu nehmen« (EuGH v. 24. 11. 1998, Slg. 1998, I-7637 [Bickel und Franz]). Der Begriff in Art. 41 Abs. 1 ZusProt stimmt mit demjenigen in Art. 59 EGV überein. Deshalb dürfen Touristen genauso wie im Jahr 1973 für die Dauer von bis zu drei Monaten visumsfrei ins Bundesgebiet einreisen.

Die Standstill-Wirkung umfasst indes nicht das Recht auf Einreise zum Familiennachzug (EuGH v. 30. 9. 1987, InfAuslR 1987, 305 [Demirel]).

10.3.3 Deklaratorische Wirkung der Aufenthaltserlaubnis

Nach der Einreise können türkische Staatsangehörige – vom Sonderfall der Wanderung zwischen den Mitgliedsstaaten als langfristig aufenthaltsberechtigte Drittstaatsangehörige (Art. 14 ff. RL 2003/109/EG) abgesehen – zunächst ein Aufenthaltsrecht nur nach nationalem Recht, also dem AufenthG erlangen. In dieser Anwartschaftsphase hat die Aufenthaltserlaubnis konstitutiven Charakter. Sie wird benötigt, um ein

Aufenthaltsrecht zu begründen. Ohne Aufenthaltserlaubnis haben der türkische Staatsangehörige und seine Familienangehörigen in dieser Phase kein Aufenthaltsrecht. Deshalb kann der Aufenthalt in dieser Phase auch nach den Voraussetzungen des AufenthG beendet werden.

Das Aufenthaltsrecht, das die Aufenthaltserlaubnis vermittelt, erstarkt zum assoziationsrechtlichen Aufenthaltsanspruch, wenn die türkischen Arbeitnehmer bzw. ihre Familienangehörigen die Voraussetzungen der Art. 6 oder 7 ARB 1/80 erfüllen. Ab diesem Zeitpunkt besteht das Aufenthaltsrecht auch ohne förmliche Bescheinigung. Die Ausübung des assoziationsrechtlichen Aufenthaltsrechts besteht ab diesem Zeitpunkt unabhängig davon, ob die zuständigen Behörden der Mitgliedsstaaten hierüber ein Dokument ausstellen (EuGH v. 6. 6. 1995, InfAuslR 1995, 261 [Bozkurt]). Sie hat dann nur noch deklaratorischen Charakter. § 4 Abs. 5 AufenthG anerkennt diesen Grundsatz.

Ist ein türkischer Arbeitnehmer nur einige Tage ohne Aufenthalts- und Arbeitserlaubnis und werden diese Erlaubnisse im Nachhinein rückwirkend verlängert, ohne dass durch die zuständigen Behörden die Ordnungsmäßigkeit des Aufenthalts im Inland in Frage gestellt würde, ist von einem ununterbrochenen ordnungsgemäßen Aufenthalt auszugehen. Der EuGH (v. 30. 9. 1997, InfAuslR 1997, 434 [Ertanir]) leitet dieses Ergebnis alternativ aus dem deklaratorischen Charakter des assoziationsrechtlichen Aufenthaltsrechts, der Rückwirkung der Verlängerungen und der Geringfügigkeit des Unterbrechungszeitraums her. Das BVerwG (v. 19. 9. 2000, InfAuslR 2001, 61) hat sich dieser Auffassung angeschlossen.

Das Fehlen einer Aufenthaltserlaubnis kann eine Entfernung aus dem jeweiligen Mitgliedstaat nicht rechtfertigen, wenn die Voraussetzungen der Art. 6 f. ARB 1/80 vorliegen (EuGH v. 16. 3. 2000, InfAuslR 2000, 217 [Ergat]; VGH Baden-Württemberg v. 17. 8. 2000 InfAuslR 2000, 476). Das Aufenthaltsrecht besteht auch dann fort, wenn wegen des Fehlens eines förmlichen Aufenthaltstitels nach verspätet beantragter Verlängerung der Aufenthaltserlaubnis die Erwerbstätigkeit vorübergehend unterbrochen wird (Hess. VGH v. 18. 12. 2001, EZAR 029 Nr. 18).

Wurde die Verlängerung der Aufenthaltserlaubnis rechtswidrig versagt, ist der Betroffene rückwirkend so zu behandeln, als ob er während des fraglichen Zeitraums nicht nur ein vorläufiges, sondern ein gesichertes Aufenthaltsrecht und daher eine gesicherte Stellung auf dem Arbeitsmarkt besessen hätte (EuGH v. 16. 12. 1992, InfAuslR 1993, 41 [Kus]; Hess. VGH v. 22. 9. 2003, EZAR 029 Nr. 25).

Einem türkischen Staatsangehörigen kann nicht aus dem bloßen Betreiben eines Verfahrens um eine Aufenthaltserlaubnis ein Aufenthaltsanspruch zuwachsen. Deshalb dürfen die Gerichte der Mitgliedsstaaten für die Beurteilung der Rechtmäßigkeit von Verwaltungsentscheidungen nicht nur auf den Zeitpunkt schon der ersten zu überprüfenden Verwaltungsentscheidung abstellen. Vielmehr ist bei einer rückwirkenden Verlängerung des Aufenthaltstitels für die Voraussetzungen des Art. 6 Abs. 1 ARB 1/80 auf den Zeitpunkt der Antragstellung bzw. des Endes der letzten Aufenthaltserlaubnis und nicht der letzten behördlichen Entscheidung abzustellen (BVerwG v. 29. 9. 1998, NVwZ 1999, 306).

10.3.4 Aufenthaltsrechte der Arbeitnehmer

10.3.4.1 Wer ist Arbeitnehmer?

Ein türkischer **Arbeitnehmer**, der dem regulären Arbeitsmarkt angehört und länger als ein Jahr ordnungsgemäß beschäftigt ist, hat gem. Art. 6 Abs. 1 ARB 1/80 Anspruch auf Verlängerung seiner Arbeitserlaubnis bei dem gleichen Arbeitgeber, wenn er über einen Arbeitsplatz verfügt. Der Begriff des Arbeitnehmers im ARB 1/80 stimmt mit demjenigen in Art. 39 EG überein (EuGH v. 26. 11. 1998, InfAuslR 1999, 6 [Birden]; BVerwG v. 19. 9. 2000, InfAuslR 2001, 61). Nach EuGH (v. 30. 9. 1997, InfAuslR 1997, 434 [Ertanir]) ist – wie im Gemeinschaftsrecht – ein Arbeitsverhältnis dadurch gekennzeichnet, dass es »die Ausübung einer tatsächlichen und echten wirtschaftlichen Tätigkeit zum Gegenstand hat«. Insoweit kann auf die Ausführungen S. 105 ff. verwiesen werden.

Die Vorschrift verwendet nur den Begriff der Arbeits- und nicht der Aufenthaltserlaubnis. Dazu entschied EuGH (v. 20. 9. 1990, InfAuslR 1991, 2 [Sevince]), dass Art. 6 Abs. 1 ARB 1/80 zwar nur die beschäftigungsrechtliche Stellung der türkischen Arbeitnehmer regele. Doch sei diese eng mit der aufenthaltsrechtlichen Stellung verknüpft. Die Vorschriften implizierten deshalb zwangsläufig, dass den türkischen Arbeitnehmern zumindest zu diesem Zeitpunkt ein Aufenthaltsrecht zustehe.

Der Anspruch auf Verlängerung ist während der ersten vier Beschäftigungsjahre an die Weiterbeschäftigung beim gleichen Arbeitgeber gebunden. Insoweit kann hier eine besondere Abhängigkeit entstehen. Der Arbeitsplatz, den der Arbeitnehmer besetzt, kann sich hierbei durchaus ändern. Nur während des ersten Beschäftigungsjahres kann die Ausländerbehörde den Arbeitnehmer an eine bestimmte Tätigkeit binden. Nach Vollendung des Beschäftigungsjahres endet diese Möglichkeit. Der Arbeitnehmer darf dann betriebsintern auch für beliebige andere Tätigkeiten eingesetzt werden.

So könnte ein türkischer Krankenpflegehelfer mit ärztlicher Ausbildung nach einem Jahr die Approbation als Arzt verlangen. Der Vorbehalt des § 3 Abs. 1 Nr. 1 BÄO, wonach nur Deutsche, Unionsbürger und EWR-Angehörige sowie heimatlose Ausländer einen Anspruch auf die Approbation haben, ist dann unanwendbar (Hess. VGH v. 2. 12. 2002, EZAR 026 Nr. 5).

Entsprechend bejahte VG Frankfurt (v. 6. 6. 2001, NVwZ-RR 2002, 386) das Recht, nach Ablauf des ersten Beschäftigungsjahres von einem Arbeitsplatz als Bäckergehilfe auf den des Kraftfahrers beim selben Arbeitgeber zu wechseln. Ebenso erlaubt EuGH (v. 26. 11. 1998, InfAuslR 1999, 6 [Birden]) innerhalb der ersten vier Beschäftigungsjahre den Wechsel von der Tätigkeit als angelernter Haushandwerker auf eine Hausmeisterstelle.

Es wurde behauptet, aufgrund vorheriger ordnungsgemäßer Beschäftigung erworbene Ansprüche nach Art. 6 Abs. 1 Satz 1 ARB 1/80 gingen durch eine unverschuldete Arbeitslosigkeit nach Wiedereinstellung beim früheren Arbeitgeber nicht unter (LSG Nordrhein-Westfalen v. 27. 1. 2000, InfAuslR 2000, 373). Diese Auffassung übergeht den Vorrang von Gemeinschaftsangehörigen bei der Wiedereinstellung (EuGH v. 5. 10. 1994, InfAuslR 1994, 385 [Eroglu]; EuGH v. 29. 5. 1997, NVwZ 1997, 1108 [Eker]). Eine Kündigung und nachfolgende Rückkehr zum selben Arbeitgeber führt deshalb dazu, dass die Fristen des ersten Spiegelstrichs des Art. 6 Abs. 1 ARB 1/80 neu zu laufen beginnen.

Für die Fristen ist ein **Betriebsübergang** unschädlich. Nach der RL 77/187/EWG gehen die Rechte und Pflichten aus einem Arbeitsvertrag im Fall des Unternehmensübergangs auf den Erwerber über. Ein die Kündigung rechtfertigender Grund liegt dann nicht vor. Auch öffentlich-rechtlich liegt nur ein Arbeitsverhältnis vor (LSG Baden-Württemberg v. 21. 2. 1995, InfAuslR 1995, 193).

10.3.4.2 Was versteht man unter »regulärem Arbeitsmarkt«?

Weitere Voraussetzung des Aufenthaltsrechts Art. 6 Abs. 1 ARB 1/80 ist die Zugehörigkeit zum **regulären Arbeitsmarkt**. Die Zugehörigkeit zum regulären Arbeitsmarkt hängt nicht von dem Grund ab, aus dem der Zuzug erfolgte. Das assoziationsrechtliche Aufenthaltsrecht entsteht z. B., wenn Zuzugsgrund Familiennachzug war (EuGH v. 16. 12. 1992, InfAuslR 1993, 41 [Kus]; BVerwG v. 14. 4. 1993, InfAuslR 1993, 258), oder wenn der türkische Staatsangehörige nur als Spezialiätenkoch ein vorübergehendes Aufenthaltsrecht von wenigen Jahren erhalten sollte (EuGH v. 30. 9. 1997, InfAuslR 1997, 434 [Ertanir]). Der ARB 1/80 sieht nicht ein rotierendes System der Ausländerbeschäftigung vor, bei dem Arbeitnehmer nach einer Beschäftigung von wenigen Jahren gegen andere neu Angeworbene ausgewechselt werden.

Schwierig kann die Einordnung **grenzüberschreitender Tätigkeiten** im Einzelfall sein. Solche Tätigkeiten liegen im grenzüberschreitenden Güter- und Personenfernverkehr zu Land, auf See und in der Luft vor, aber auch beim Einsatz von Arbeitnehmern für die Ausführung von Dienstleistungen z. B. im Baubereich oder von Lehrkräften. Hierbei hängt die Zuordnung zum Arbeitsmarkt der Mitgliedsstaaten davon ab, ob das Arbeitsverhältnis eine hinreichend enge Anknüpfung an das Hoheitsgebiet des Mitgliedsstaats aufweist. Es kommt vor allem auf den Ort der Einstellung, das Gebiet, von dem aus die Tätigkeit ausgeübt wird, und darauf an, welche nationalen Rechtsvorschriften im Bereich des Arbeitsrechts und der sozialen Sicherheit anzuwenden sind (EuGH v. 6. 6. 1995, InfAuslR 1995, 261 [Bozkurt]).

Für aus der Türkei entsandte **Lehrkräfte für den muttersprachlichen Unterricht** verneint VGH Baden-Württemberg (v. 7. 6. 2001, NVwZ-RR 2001, 791) die Zugehörigkeit zum regulären Arbeitsmarkt. Ihre Arbeitsvergütung erhalten diese Lehrkräfte von den türkischen Generalkonsulaten. Ihre Arbeitsverträge wurden in der Türkei mit dem türkischen Staat abgeschlossen. Die Dauer dieser Beschäftigungen in Deutschland kann fünf Jahre übersteigen. Bedenklich daran ist, dass dann für die Entsendung zwischen den Mitgliedsstaaten engere zeitliche Grenzen als gegenüber Drittstaaten gelten würden und insoweit Arbeitgeber aus der Gemeinschaft benachteiligt sein könnten.

Die Zugehörigkeit zum Arbeitsmarkt bejaht der EuGH (v. 26. 11. 1998 InfAuslR 1999, 6 [Birden]) auch für eine soziale Maßnahme der Eingliederung ins Arbeitsleben, bei dem die Arbeitsvergütung des Arbeitnehmers ganz oder teilweise von einer öffentlichen Stelle wie dem Sozialamt getragen wird. Der Umstand, dass für diese Tätigkeit stattdessen Hilfe zum Lebensunterhalt und eine Mehraufwandsentschädigung gewährt werden kann, spricht nicht gegen ihre Einordnung als »tatsächliche und echte wirtschaftliche Tätigkeit« und damit als Arbeitnehmertätigkeit im Sinne des Gemeinschaftsrechts.

10.3.4.3 Die Sondersituation der Strafhaft

Bei Beschäftigungen während der **Strafhaft** ist zu unterscheiden: Beschäftigungen Strafgefangener innerhalb einer Haftanstalt sind nicht dem regulären Arbeitsmarkt zuzurechnen. Soweit ein türkischer Strafgefangener während der Strafhaft als Freigänger ein freies Beschäftigungsverhältnis außerhalb der Strafvollzugsanstalt aufnehmen kann, kann er die Voraussetzungen für das Aufenthaltsrecht gem. Art. 6 Abs. 1 ARB 1/80 erfüllen (BVerwG v. 8. 5. 1996, InfAuslR 1996, 299).

Nach dem deutschen Wortlaut des Art. 6 Abs. 2 ARB 1/80 führt verschuldete Arbeitslosigkeit zum Verlust des Aufenthaltsrechts. Danach könnte vermutet werden, das Aufenthaltsrecht ginge mit vom Arbeitnehmer verschuldeter Kündigung des Arbeitgebers unter. Aus der deutschen Fassung der Vorschrift leitete die Rechtsprechung früher her, dass Strafhaft zum automatischen Rechtsverlust führen würde.

Die deutsche Fassung des Art. 6 Abs. 2 ARB 1/80 weicht von den Fassungen in den anderen Vertragssprachen ab. Ein Vergleich mit diesen ergibt, dass in der Vorschrift stattdessen »freiwillige« Arbeitslosigkeit gemeint ist. Deshalb vernichtet eine Kündigung des Arbeitsverhältnisses durch den Arbeitgeber den Aufenthaltsanspruch nicht.

Strafhaft vernichtet nach kürzerer als vierjähriger Beschäftigung einen assoziationsrechtlichen Aufenthaltsanspruch (BVerwG v. 8. 5. 1996, InfAuslR 1996, 299). Denn sie verhindert die Fortsetzung der Beschäftigung und damit das Erreichen der höchsten Stufe des freien Zugangs zum gesamten Arbeitsmarkt. Im Übrigen führt weder Untersuchungshaft (EuGH v. 20. 2. 2000, InfAuslR 2000, 161 [Nazli]) noch Strafhaft (EuGH v. 29. 4. 2004, InfAuslR 2004, 268 [Orfanopoulos]) zum automatischen Verlust des Aufenthaltsrechts.

Die Ausweisung von Personen, die ihr Aufenthaltsrecht auf Art. 6, 7 ARB 1/80 stützen können, ist nur unter den Voraussetzungen des Art. 14 Abs. 1 ARB 1/80 und deshalb nur unter den für EG-Arbeitnehmer geltenden Voraussetzungen zulässig (BVerwG v. 3. 8. 2004, InfAuslR 2005,

26). Es ist zu prüfen, wie die gleiche Ausnahme im Bereich der Freizügigkeit der Arbeitnehmer, die Angehörige der Mitgliedstaaten der Gemeinschaft sind, ausgelegt wird (EuGH v. 10. 2. 2000, InfAuslR 2000, 161 [Nazli]; *Glupe,* ZAR 2000, 167). Danach ist eine Ausweisung unzulässig, wenn sie nur der Abschreckung Dritter dient. Wird eine vom Strafrichter verhängte Freiheitsstrafe zur Bewährung ausgesetzt, soll dies die soziale Wiedereingliederung des Verurteilten, vor allem durch die Ausübung eines Berufs, ermöglichen. Insofern wäre es widersprüchlich, wenn die Aussetzung einer Freiheitsstrafe zur Bewährung den Verurteilten vom Arbeitsmarkt des Aufnahmemitgliedsstaats ausschließen würde (EuGH v. 20. 2. 2000, InfAuslR 2000, 161 [Nazli]).

Ebenso widersprechen die im AufenthG enthaltenen Regelungen über die zwingende Ausweisung und die Ausweisung im Regelfall dem Gebot, den Einzelfall ohne jeden Automatismus zu entscheiden. Die Zulässigkeit einer Ausweisung richtet sich nach den Verhältnissen zurzeit der mündlichen Verhandlung des Gerichts. Günstige Entwicklungen nach der Entscheidung der Ausländerbehörde sind deshalb mit zu berücksichtigen (EuGH v. 11. 11. 2004, InfAuslR 2005, 13 [Cetinkaya]).

Einen etwas geringeren Schutz genießen gem. Art. 13 ARB 1/80 türkische Arbeitnehmer und ihre Familienangehörigen, die die zeitlichen Voraussetzungen des Art. 6 ARB 1/80 nicht erfüllen. Es handelt sich um Arbeitnehmer, die kürzer als ein Jahr beim selben Arbeitgeber beschäftigt sind oder die noch nicht nach 4-jähriger Beschäftigung den freien Zugang zum Arbeitsmarkt erlangt haben. Weiter handelt es sich um Familienangehörige, die nach weniger als drei Jahren nachgezogen sind, und um Selbstständige gem. Art. 41 Abs. 1 des Zusatzprotokolls zum Assoziationsabkommen EWG-Türkei. Ihre Ausweisung ist nur unter den Voraussetzungen des § 10 AuslG 1965 zulässig.

10.3.4.4 Was versteht man unter »ordnungsgemäßer Beschäftigung«?

Weitere Voraussetzung des Aufenthaltsrechts nach Art. 6 Abs. 1 ARB 1/80 ist eine **ordnungsgemäße Beschäftigung**. Der Begriff ist identisch mit dem der Rechtmäßigkeit der Beschäftigung. Es müssen alle für die Berufsausübung erforderlichen Genehmigungen vorhanden sein. Die Ausübung der Tätigkeit muss ausländer- und berufsrechtlich erlaubt sein. Aus einem Vergleich der verschieden sprachigen Fassungen der Vorschrift zieht EuGH (v. 26. 11. 1998, InfAuslR 1999, 6 [Birden]) die Schlussfolgerung, dass die Begriffe der Zugehörigkeit zum »regulären« Arbeitsmarkt und der »Ordnungsgemäßheit« der Beschäftigung übereinstimmen und beides die Rechtmäßigkeit der Beschäftigung meint.

Diese Voraussetzung liegt bei einer nur vorläufigen Zulassung zum Arbeitsmarkt nicht vor. Eine vorläufige Zulassung liegt vor, wenn der Ausländer nur im Besitz einer **Duldung** ist oder sein Aufenthalt und seine Beschäftigung nur verfahrensrechtlich vorläufig erlaubt sind, wie dies im Verfahren über die Verlängerung eines Aufenthaltstitels der Fall ist. Beschäftigungszeiten können nicht als ordnungsgemäß angesehen werden, solange nicht endgültig feststeht, dass dem Arbeitnehmer während dieses Zeitraums das Aufenthaltsrecht von Rechts wegen zusteht (EuGH v. 20.9.1990, InfAuslR 1991, 2 [Sevince]; EuGH v. 16.12.1992, InfAuslR 1993, 41 [Kus]). Andernfalls würde aus dem Betreiben eines Verfahrens ein Aufenthaltsrecht entstehen.

Asylbewerber sind lediglich im Besitz einer Aufenthaltsgestattung. Auch diese vermittelt kein gesichertes Aufenthaltsrecht, sondern gilt nur für die Dauer des Asylverfahrens. Durch Beschäftigung kann deshalb ein türkischer Asylbewerber ebenfalls kein Aufenthaltsrecht erwerben.

Eine »Scheinehe«, bei der der Aufenthaltstitel durch Vortäuschung einer ehelichen Lebensgemeinschaft erschlichen wurde, begründet keinen ordnungsgemäßen Aufenthalt. Die Ausübung einer nur wegen einer **»Scheinehe«** erlaubten Beschäftigung kann kein berechtigtes Vertrauen eines sich auf Art. 6 Abs. 1 ARB 1/80 berufenden türkischen Arbeitnehmers schaffen und lässt das Aufenthaltsrecht nach Art. 6 Abs. 1 ARB 1/80 nicht entstehen (EuGH v. 5.6.1997, InfAuslR 1997, 338 [Kol]).

10.3.4.5 Eingeschränkte Wechselmöglichkeit nach drei Beschäftigungsjahren

Nach drei Jahren ordnungsgemäßer Beschäftigung können sich türkische Arbeitnehmer auf einen Arbeitsplatz im bisherigen Beruf bei einem anderen Arbeitgeber bewerben. Dieses Recht wird dadurch eingeschränkt, dass den Arbeitnehmern aus den Mitgliedsstaaten der Vorrang einzuräumen ist (BVerwG v. 19.9.2000, InfAuslR 2001, 61). Bevorrechtigt sind Unionsbürger, nicht aber Drittstaatsangehörige, mögen sie auch im Besitz einer besonderen Arbeitserlaubnis sein. Die Beschäftigungszeit muss bei einem einzigen Arbeitgeber ohne Unterbrechung zurückgelegt worden sein (EuGH v. 29.5.1997, NVwZ 1997, 1108 [Eker]) Der EuGH (a.a.O.) behauptet zugleich, der neue Arbeitgeber müsse zur selben Berufsgruppe wie der bisherige Arbeitgeber gehören. Diese Behauptung ist angesichts des eindeutig entgegengesetzten Wortlauts der Vorschrift, die von der Berufsgruppe des Arbeitnehmers spricht, nur ein Versehen.

Das Verfahren zur Feststellung, ob bevorrechtigte Unionsbürger auf dem Arbeitsmarkt für die offene Stelle zur Verfügung stehen, hat der Assoziationsrat EWG-Türkei nicht geregelt. Dieses Verfahren ist den einzelnen Mitgliedsstaaten überlassen. In Deutschland ist aus der Natur der Sache die Bundesagentur für Arbeit zuständig. Wenn auch danach eine Frist für die Zeit der Überprüfung der Vermittelbarkeit nicht taggenau festgelegt ist, muss doch die Prüfung in angemessener Zeit durchgeführt werden. Die örtlichen Agenturen für Arbeit dürfen den Zeitraum nicht beliebig festlegen, innerhalb dessen sie vergeblich Vermittlungsbemühungen entfalten haben müssen. Es kann ein Verfahren von kurzer Dauer verlangt werden.

Es muss sich um einen offenen Arbeitsplatz handeln, der der Bundesanstalt für Arbeit gemeldet ist. Nur wenn diese Bemühungen zur Vermittlung von Arbeitskräften für die offene Stelle entfalten konnte, lässt sich beurteilen, ob auf dem Arbeitsmarkt bevorrechtigte Arbeitskräfte zur Verfügung stehen. Es reicht nicht aus, dass die Arbeitsstelle bei einer privaten Arbeitsvermittlung gemeldet ist.

Wegen des Vorrangs der Unionsbürger hat die Regelung über das Zugangsrecht nach drei Beschäftigungsjahren geringe praktische Bedeutung.

10.3.4.6 Freier Zugang zum gesamten Arbeitsmarkt

Nach **vier Jahren ordnungsgemäßer Beschäftigung** entsteht das Recht auf freien Zugang zum gesamten Arbeitsmarkt. Im Unterschied zur Regelung nach dem zweiten Gedankenstrich enthält die Vorschrift keine Regelung dahin, dass diese Beschäftigungszeit beim selben Arbeitgeber oder im selben Beruf zurückzulegen sei. Es sind auch Beschäftigungszeiten bei unterschiedlichen Arbeitgebern zusammenzurechnen, unabhängig vom jeweils ausgeübten Beruf. Dies folgt auch daraus, dass dem Anspruch auf freien Zugang zum Arbeitsmarkt der Anspruch nach dem zweiten Gedankenstrich des Art. 6 Abs. 1 ARB 1/80 vorangegangen sein kann (Hess. VGH v. 10.3.2003, InfAuslR 2003, 219). Das Aufenthaltsrecht umfasst auch einen Anspruch auf eine etwa erforderliche besondere Berufszulassung wie eine Approbation.

Der EuGH (v. 10.1.2006, InfAuslR 2006, 106 [Sedef]) sieht das allerdings anders. Er stellt auf die angeblich dem Stufensystem des Art. 6 ARB 1/80 innewohnende Logik ab, die verlange, dass für die Erreichung der höchsten Stufe die vorangegangenen Stufen durchlaufen worden seien. Im Ergebnis verlangt der EuGH **eine ununterbrochene 4-jährige Erwerbstätigkeit beim selben Arbeitgeber** als Voraussetzung für den freien Zugang zum Arbeitsmarkt.

10.3.4.7 Unterbrechungen der Beschäftigung

Art. 6 Abs. 2 ARB 1/80 regelt, unter welchen Voraussetzungen bei Unterbrechungen der Beschäftigung der Anspruch auf Erneuerung der Arbeitserlaubnis erhalten bleibt. Die Sätze 1 und 2 der Vorschrift betreffen unterschiedliche Sachverhalte, für die unterschiedliche Rechtsfolgen gelten:

Satz 1 benennt die Aufenthaltszeiten, die bei der Berechnung der für den Erwerb der Aufenthaltsrechte maßgeblichen Zeiten mitzuberechnen sind, während Satz 2 regelt, unter welchen Voraussetzungen bei einer Unterbrechung der Beschäftigung die bereits erworbenen Rechte nicht untergehen. Der **Jahresurlaub** und die Abwesenheit wegen **Mutterschaft, Arbeitsunfall oder kurzer Krankheit** werden den Zeiten ordnungsgemäßer Beschäftigung gleichgestellt, also in die für die Rechtsstellung nach Art. 6 Abs. 1 ARB 1/80 maßgeblichen Fristen eingerechnet. Zeiten unfreiwilliger Arbeitslosigkeit und die Abwesenheit wegen langer Krankheit können demgegenüber zwar das Aufenthaltsrecht nicht zum Entstehen bringen, sie berühren aber ein bereits entstandenes Recht nicht.

Nicht anzurechnen auf die Voraussetzung einer 4-jährigen Beschäftigung sind in einem anderen Mitgliedsstaat zurückgelegte Beschäftigungszeiten. Türkische Arbeitnehmer genießen keine volle gemeinschaftsrechtliche Freizügigkeit.

10.3.4.8 Das Verlassen des Arbeitsmarkts

Werden die Arbeitnehmer dauerhaft erwerbsunfähig oder **Rentner**, verlassen sie dadurch den Arbeitsmarkt. Da der ARB 1/80 nicht ausdrücklich ein Bleiberecht für türkische **Rentner** vorsieht, ist ein entsprechender assoziationsrechtlicher Anspruch zu verneinen (EuGH v. 6.6.1995,

InfAuslR 1995, 261 [Bozkurt]; BVerwG v. 28.1.1997, NVwZ-RR 1997, 567). Auch **dauerhafte Arbeitslosigkeit** ist als Verlassen des Arbeitsmarkts zu werten und führt zum **Verlust des Aufenthaltsrechts** nach Art. 6 Abs. 1 dritter Spiegelstrich ARB 1/80. Der EuGH (v. 23.1.1997, NVwZ 1997, 677 [Tetik]) leitet dies aus der Übertragung der für EG-Arbeitnehmer geltenden Grundsätze (EuGH v. 26.2.1991, EuZW 1991, 351 [Antonissen]) her. Für die Arbeitssuche muss allerdings der Jahresurlaub, der der Erholung dient, nicht in Anspruch genommen werden (EuGH v. 23.1.1997, NVwZ 1997, 677 [Tetik]). Gleiches muss für Zeiten der Arbeitsunfähigkeit gelten, die der Wiederherstellung der Arbeitsfähigkeit, nicht aber der Arbeitssuche zu widmen ist. Erkrankt ein arbeitslos gewordener türkischer Arbeitnehmer, verlängert sich deshalb der ihm für die Arbeitssuche zuzugestehende Zeitraum um die Krankheitszeit.

10.3.5 Familienangehörige im Assoziationsrecht

10.3.5.1 Nachgezogene Ehegatten und Kinder

Artikel 7 ARB 1/80 regelt das Recht der Familienangehörigen türkischer Arbeitnehmer auf Zugang zum nationalen Arbeitsmarkt. Die Vorschrift unterscheidet nach der **Dauer des Inlandsaufenthalts** ab Zuzug. Sie gewährt nach fünf Jahren ordnungsgemäßen Wohnsitzes Anspruch auf freien Zugang zu jeder Beschäftigung. Schon nach drei Jahren besteht dieser Anspruch, allerdings mit dem Vorbehalt, dass Gemeinschaftsangehörige zu diesem Zeitpunkt noch bevorrechtigt sind. Artikel 7 Satz 2 ARB 1/80 verkürzt die Frist für die Erlangung des freien Zugangs zum Arbeitsmarkt zugunsten derjenigen Kinder türkischer Arbeitnehmer, die im jeweiligen Mitgliedsstaat eine Berufsausbildung abgeschlossen haben.

Artikel 7 Satz 1 ARB 1/80 fördert die Beschäftigung und den Aufenthalt der Arbeitnehmer, die dem regulären Arbeitsmarkt eines Mitgliedsstaats angehören, indem er in diesem Staat die Aufrechterhaltung der familiären Bande garantiert. Es sollen günstige Voraussetzungen für die Familienzusammenführung im Aufnahmemitgliedstaat geschaffen werden. Die Vorschrift ist unmittelbar anwendbar (EuGH v. 22.6.2000, InfAuslR 2000, 329 [Eyüp]).

Damit belässt der ARB 1/80 den Mitgliedsstaaten die Festlegung, unter welchen Voraussetzungen sie den Familiennachzug erlauben wollen. Das Recht der Assoziation EWG-Türkei **enthält keinen rechtlich**

durchsetzbaren Anspruch auf Familiennachzug. Weder Art. 12 AssAbk noch Art. 36 ZusProt stellen in den innerstaatlichen Rechtsordnungen der Mitgliedsstaaten unmittelbar anwendbare gemeinschaftsrechtliche Vorschriften dar. Artikel 12 AssAbk. enthält lediglich den Leitgedanken der schrittweisen Herstellung der Freizügigkeit der Arbeitnehmer. Artikel 36 ZusProt verleiht dem Assoziationsrat eine Zuständigkeit für den Erlass genauer Regelungen, schafft jedoch keine Ansprüche. Beide Vorschriften haben lediglich Programmcharakter (EuGH v. 30. 9. 1987, InfAuslR 1987, 305 [Demirel]).

Nach drei Jahren darf der Aufenthalt eines Familienangehörigen nicht mehr vom Zusammenleben mit dem türkischen Arbeitnehmer abhängig gemacht werden. Andernfalls wäre eine Arbeitssuche im gesamten Hoheitsgebiet des Mitgliedsstaats nicht möglich (EuGH v. 16. 3. 2000, InfAuslR 2000, 217 [Ergat]).

Familienangehörige sind die Ehegatten türkischer Arbeitnehmer und ihre Kinder. Diese Kinder können auch volljährig sein. Ihnen muss der Familiennachzug genehmigt worden sein; sie dürfen das Aufenthaltsrecht nicht aus einem anderen Grund erworben haben. Das Aufenthaltsrecht der Kinder hängt nicht davon ab, ob sie erfolgversprechend Arbeit suchen. Selbst wenn ihr Lebensunterhalt nicht gesichert ist, genießen sie ein unbefristetes Aufenthaltsrecht (EuGH v. 25. 9. 2008, InfAuslR 2008, 423 [Er]).

10.3.5.2 Abschluss der Berufsausbildung durch Kinder

Daneben können die Kinder türkischer Arbeitnehmer ein eigenständiges Aufenthaltsrecht gem. Art. 7 Satz 2 ARB 1/80 erlangen, wenn sie im Bundesgebiet eine **Berufsausbildung abgeschlossen** haben und der Elternteil wenigstens drei Jahre im Inland ordnungsgemäß beschäftigt war. Es ist in dieser Fallgestaltung unerheblich, dass der Zuzug nicht als Familiennachzug erlaubt wurde, sondern nur zum Zweck der Ausbildung. Auch muss das Elternteil weder während der Ausbildung noch im Zeitpunkt des Abschlusses der Ausbildung weiter in Deutschland beschäftigt sein. Er kann das Bundesgebiet auch schon verlassen haben (EuGH v. 19. 11. 1998, InfAuslR 1999, 2 [Akman]). Auch hier enthält der Begriff der »Kinder« keine Altersgrenze (EuGH v. 5. 10. 1994, InfAuslR 1994, 385 [Eroglu]; BVerwG v. 12. 12. 1995, InfAuslR 1996, 165).

Der den Kindern durch den Ausbildungsabschluss eröffnete freie Zugang zum Arbeitsmarkt beinhaltet das Recht, sich auf jede beliebige, auch unterqualifizierte Tätigkeit zu bewerben. Dieses Recht geht also weiter als das Recht nach § 16 Abs. 4 AufenthG, der ein Aufenthaltsrecht nur für die Suche nach einem Arbeitsplatz gibt, der dem erlangten Studienabschluss angemessen ist.

10.3.6 Stillhalte-Klausel

10.3.6.1 Stillhalte-Klausel für Arbeitnehmer

Teilweise kann auf früher geltendes Recht zurückgegriffen werden. Art. 13 ARB 1/80 verbietet die Einführung neuer Beschränkungen für den **Zugang zum Arbeitsmarkt** für türkische Arbeitnehmer und deren Familienangehörigen. Die daraus folgende Einschränkung gilt ab 1. 12. 1980 und zwar unabhängig vom Zeitpunkt der Einreise. Doch setzt die Vorschrift einen nicht nur vorübergehenden, sondern dauerhaften Inlandsaufenthalt voraus (EuGH v. 21. 10. 2003, InfAuslR 2004, 32 [Abatay]). Art. 7 ARB 2/76 erweitert die sog. Standstill-Klausel auf ab dem 1. 12. 1976 erfolgte Rechtsänderungen.

Verfehlt ist die Annahme, die Standstill-Klausel begünstige nur die bereits in den Arbeitsmarkt eingegliederten Arbeitnehmer (so *Breidenbach*, Die Auswirkungen des Assoziationsrechts EG/Türkei auf das deutsche Arbeitsgenehmigungsrecht, S. 106). Hätte die Vorschrift diesen Regelungsgehalt, wäre der Satzteil »und ihre Familienangehörigen« vollständig überflüssig. Begünstigt sind die Familienangehörigen unabhängig davon, ob sie den Arbeitsmarkt bereits betreten haben.

Die Standstill-Klausel schützt vor Erschwernissen bei der Verfestigung des Inlandsaufenthalts. Deshalb ist es unzulässig, wenn im Zuwanderungsgesetz für die Erteilung einer Niederlassungserlaubnis höhere Anforderungen aufgestellt werden, als für die unbefristete Aufenthaltserlaubnis nach §§ 24 ff. AuslG 1990 erfüllt werden mussten.

§ 104 Abs. 2 AufenthG trägt der Standstill-Klausel nur unzureichend Rechnung, indem diejenigen türkischen Staatsangehörigen von den Voraussetzungen des § 9 Abs. 2 Nr. 3 und 8 AufenthG befreit werden, die am 1. 1. 2005 im Besitz einer Aufenthaltserlaubnis sind. Danach darf von diesem Personenkreis weder der Nachweis von 60 Kalendermonaten versicherungspflichtiger Beschäftigung noch das Bestehen eines Integrationskurses verlangt werden. Doch begünstigen die Standstill-Klauseln alle türkischen Staatsangehörigen unabhängig vom Zeitpunkt ihrer Einreise (EuGH v. 21. 10. 2003, InfAuslR 2004, 32 [Abatay]).

§ 44a AufenthG stellt ein neues Erschwernis für den Erhalt des Zugangs zum Arbeitsmarkt dar und ist deshalb gegenüber türkischen Staatsangehörigen unanwendbar. Aus demselben Grund darf die Verlängerung der Aufenthaltserlaubnis entgegen § 8 Abs. 3 AufenthG nicht von der Teilnahme an einem Integrationskurs abhängig gemacht werden. Auch die in § 47 Abs. 1 Nr. 8 AufenthV vorgesehene Erhebung von Gebühren für die Ausstellung einer Fiktionsbescheinigung gem. § 81 Abs. 5 AufenthG verstößt gegen die Standstill-Anordnung.

Demgegenüber sind Verschärfungen im Einbürgerungsverfahren zulässig. Dort darf die Teilnahme an einem Integrationskurs durch eine Einbürgerungserleichterung begünstigt und dürfen türkische Staatsangehörige auf diese Rechtsfolge hingewiesen werden. Genauso wie bezüglich Unionsbürgern sind die Mitgliedsstaaten in bezug auf die Einbürgerung türkischer Staatsangehöriger in der Aufstellung der Voraussetzungen souverän geblieben.

10.3.6.2 Grenzüberschreitender Verkehr

Bedeutung hat weiter die Standstill-Klausel des Art. 41 Abs. 1 des Zusatzprotokolls zum Assoziationsabkommen EWG-Türkei. Danach dürfen die Mitgliedsstaaten keine neuen Beschränkungen der Niederlassungsfreiheit und des Dienstleistungsverkehrs, also des Freizügigkeitsrechts Selbstständiger, einführen, beginnend ab dem 1. 1. 1973. Auch diese Klausel ist unmittelbar anwendbar (EuGH v. 21. 10. 2003, InfAuslR 2004, 32 [Abatay]). Die Einzelheiten sind oben auf S. 135 dargestellt.

11. Europa-Mittelmeer-Abkommen

Eine aufenthaltsrechtliche Bedeutung des in Art. 40 Kooperationsabkommen EU-Marokko enthaltenen Anspruchs auf gleiche Arbeitsbedingungen wird seit dem EuGH (v. 2. 3. 1999, InfAuslR 1999, 218 [El-Yassini]) diskutiert. Der EuGH entnimmt dieser Vorschrift die staatliche Pflicht, eine Aufenthaltserlaubnis, die kürzer als die Arbeitserlaubnis ist, nicht zu entziehen und demgemäß während des Bestands eines Arbeitsverhältnisses die Aufenthaltserlaubnis entsprechend der Dauer einer – gesondert erteilten – Arbeitserlaubnis zu verlängern (ausgenommen es liegen Ausweisungsgründe vor). Ein arbeitsrechtliches Diskriminierungsverbot ist heute u. a. in den Europa-Mittelmeer-Abkommen mit Algerien, Marokko und Tunesien enthalten.

Das BVerwG (v. 1. 7. 2003, InfAuslR 2003, 50) hat sich dieser Konsequenz für ein Verfahren wegen der erstrebten Verlängerung einer Aufenthaltserlaubnis eines marokkanischen Arbeitnehmers entzogen, indem es behauptete, nach dem damals geltenden Recht habe die Gültigkeit der Arbeitsgenehmigung von der Gültigkeit der Aufenthaltsgenehmigung abgehangen. *Dienelt* (InfAuslR 2004, 45) kritisiert dies wegen einer Verkennung des deutschen Rechts. Darauf kommt es indes nicht an. Der EuGH (v. 8. 5. 2003, EZAR 816 Nr. 13 [Deutscher Handballbund]) verneint für die den EU-Beitritt vorbereitenden Abkommen mit den Staaten Mittel- und Osteuropas eine aufenthaltsrechtliche Bedeutung des Anspruchs auf gleiche Arbeitsbedingungen. Der Gleichheitssatz stehe weder einer Versagung einer Aufenthaltserlaubnis noch der Ablehnung entgegen, sie trotz fortbestehenden Arbeitsverhältnisses zu verlängern.

Legt man dies zu Grunde, darf die Ausländerbehörde jederzeit in ein bestehendes Arbeitsverhältnis durch Nichtverlängerung oder auch Entziehung des Aufenthaltsrechts eingreifen. Europarechtlich ist dieses Recht nach einem allgemeinen Rechtsgrundsatz durch das Verbot einer willkürlichen Entscheidung begrenzt. Daneben muss ein solcher Eingriff natürlich auch nach den Regelungen des nationalen Rechts zulässig sein.

Dennoch hat der EuGH (v. 14. 12. 2006, InfAuslR 2007, 89 [Gattoussi]) an seiner Rechtsprechung festgehalten. Nachdem der Gesetzgeber mit dem Zuwanderungsgesetz Aufenthalts- und Arbeitserlaubnis in einen einzigen Aufenthaltstitel zusammengefasst hat, hat diese Rechtsprechung nur noch geringe Bedeutung.

12. Kroatien

Das Stabilisierungs- und Assoziierungsabkommen EU-Kroatien räumt in Art. 54 kroatischen Firmen lediglich das Recht ein, in Kroatien seit mindestens einem Jahr beschäftigtes Führungspersonal ins Inland zu versetzen. Nach Art. 45 haben die Ehegatten und Kinder im Inland beschäftigter kroatischer Arbeitnehmer Anspruch auf Zugang zum Arbeitsmarkt. Eine Arbeitsmarktprüfung oder Wartezeit wäre unzulässig.

C. Flüchtlingsrecht

1. Das materielle Recht

Das Zuwanderungsgesetz kennt drei unterschiedliche Formen von Flüchtlingen: 1) **Asylberechtigte** (§ 25 Abs. 1 AufenthG), 2) **Flüchtlinge** im Sinn der Genfer Flüchtlingskonvention (§§ 25 Abs. 2, 60 Abs. 1 AufenthG) und 3) die Aufenthaltsgewährung zum **vorübergehenden Schutz** (§ 24 AufenthG). Während Asylberechtigung und Flüchtlingseigenschaft im Verfahren vor dem Bundesamt für Migration und Flüchtlinge festgestellt werden, beruht die Aufenthaltsgewährung zum vorübergehenden Schutz auf einer Entscheidung des Rats der EU, die dem Europäischen Parlament mitzuteilen ist (Art. 5 RL 2001/55/EG). Es handelt sich um eine nur durch Öffentlichkeit kontrollierte Entscheidung der Regierungen. Das Europäische Parlament kann eine Entscheidung, Flüchtlinge aufzunehmen, nicht erzwingen.

Die Änderung des Art. 16 GG zu Art. 16a GG hatte das Grundrecht auf Asyl faktisch aufgehoben. Asyl war dadurch zu einer nur noch selten erlangbaren Rechtsstellung degeneriert: der Ausschluss des Asylgrundrechts bei Durchqueren eines Drittstaats, in dem der Flüchtling vor Verfolgung sicher ist, verhindert, dass auf dem Landweg ins Bundesgebiet Geflohene als Asylberechtigte anerkannt werden. Deutschland ist von sicheren Drittstaaten umgeben. Dies gilt aber auch für diejenigen, die mit dem Flugzeug einreisen, wenn sie dabei unterwegs umsteigen müssen und sich dabei vorübergehend im Transitbereich des Flughafens eines sicheren Drittstaats aufhalten (Hess. VGH v. 6. 11. 2000, AuAS 2001, 104). Das Asylrecht ist zum lästigen Übel geworden, ja es ist verschwunden (*Marx*, InfAuslR 2004, 21).

Unveränderbar bleibt die völkerrechtliche Bindung durch die GFK. Das Zuwanderungsgesetz stellt Asylberechtigte und Flüchtlinge im Sinne der GFK aufenthaltsrechtlich gleich.

Ehegatten eines Asylberechtigten werden auf ihren Antrag als Asylberechtigte im Wege des **Familienasyls** anerkannt, wenn die Anerkennung des Ausländers als Asylberechtigter unanfechtbar ist, die Ehe schon in dem Staat bestanden hat, in dem der Asylberechtigte politisch verfolgt wird und der Ehegatte einen Asylantrag vor *oder* gleichzeitig mit dem Asylberechtigten *oder* unverzüglich nach der Einreise gestellt hat. Entsprechendes gilt bei Anerkennung als Flüchtling im Sinne der GFK sowie für die minderjährigen Kinder (§ 26 AsylVfG).

Das sog. **Kirchenasyl** ist demgegenüber ein rein innerkirchlicher Vorgang ohne rechtliche Anerkennung und ohne Außenwirkung. Es knüpft an eine Tradition der Schutzgewährung aus einer Zeit an, in der ein schutzbereiter Staat nicht existierte und die Kirche diese Aufgabe übernehmen musste. *Stiebig* (ZAR 2004, 101) bezeichnet es als Unrecht, weil kirchliche Gremien mit der Gewährung von Kirchenasyl gegen geltendes staatliches Recht verstoßen.

2. Asylverfahrensrecht

2.1 Wann ist Deutschland für Asylverfahren zuständig?

Das Dubliner Übereinkommen regelt die Zuständigkeit der Mitgliedsstaaten für bei ihnen gestellte Asylanträge. Innerhalb Europas soll der Flüchtling nicht die Möglichkeit haben, nacheinander in verschiedenen Mitgliedsstaaten mehrfach Asylanträge zu stellen. Das Dubliner Übereinkommen legt dazu Regeln fest, welche die Mitgliedsstaaten beachten müssen.

Hat der Asylbewerber einen Familienangehörigen, der in einem Mitgliedsstaat als Flüchtling anerkannt wurde und der seinen legalen Wohnsitz in diesem Mitgliedsstaat hat, ist dieser Staat für die Prüfung des Asylantrags zuständig (Art. 4 DÜ). Besitzt er eine Aufenthaltserlaubnis oder ein Visum, ist der Staat zuständig, der den Aufenthaltstitel erteilt hat (Art. 5 DÜ). Im Übrigen ist der Staat zuständig, über den die Einreise in die EU erfolgte (Art. 6 DÜ). Nur wenn sich eine anderweitige Zuständigkeit nicht ermitteln lässt, ist der Staat zuständig, in dem der Asylantrag gestellt wurde. Doch können auch unzuständige Staaten von sich aus ihre Zuständigkeit bejahen (Art. 3 Abs. 2 Satz 1 VO 343/2003/EG).

2.2 Die Aufenthaltsgestattung

Der Asylantrag ist persönlich bei einer Außenstelle des Bundesamts für Migration und Flüchtlinge zu stellen. Nur in den Fällen, in denen der Asylsuchende im Besitz einer Aufenthaltserlaubnis von mindestens 6-monatiger Gültigkeitsdauer oder z. B. inhaftiert ist, ist der Antrag schriftlich zu stellen (§ 14 AsylVfG).

Der Asylsuchende erhält eine Aufenthaltsgestattung. Diese bescheinigt ein nur durch das Asylverfahren bedingtes **vorläufiges Aufenthaltsrecht**. Sie erlischt mit Abschluss des Asylverfahrens (§ 67 AsylVfG). Dies gilt auch dann, wenn sie scheinbar eine längere Gültigkeitsdauer bescheinigt.

Während des Asylverfahrens wird der Aufenthaltsort vorgeschrieben. Dies kann auch die Umverteilung in ein anderes Bundesland beinhalten. Eltern und minderjährigen Kindern muss das **Zusammenleben** ermöglicht werden (§ 51 Abs. 1 AsylVfG). Die Verpflichtung, in einer Gemeinschaftsunterkunft zu wohnen, endet mit der (vorläufigen) Anerkennung als Asylberechtigter oder Flüchtling (§ 53 AsylVfG).

Ab Beginn des Asylverfahrens darf ein Aufenthaltstitel nur erteilt werden, wenn der Ausländer einen gesetzlichen Anspruch auf sie hat (§ 10 AufenthG). Ein solcher gesetzlicher Anspruch ist der Anspruch auf Familiennachzug. Ist der Asylsuchende im Besitz eines Aufenthaltstitels von wenigstens 6-monatiger Gültigkeitsdauer, kann dieser unter den gesetzlichen Voraussetzungen verlängert werden.

Asylbewerber dürfen nur unter engen Voraussetzungen eine **Beschäftigung** aufnehmen. **Frühestens ein Jahr** nach dem Asylantrag darf die Aufnahme einer Beschäftigung erlaubt werden. Allerdings werden rechtmäßige Voraufenthalte und Zeiten mit Duldung angerechnet. Die Agentur für Arbeit muss zustimmen, ausgenommen die nach der BeschVerfV zustimmungsfreien Beschäftigungen (§ 61 AsylVfG). Sie prüft zunächst, ob andere bevorrechtigte Arbeitnehmer für denselben Arbeitsplatz vermittelt werden können. Das gilt auch dann, wenn der Arbeitgeber nur diesen einen Bewerber einstellen will.

Art. 17 Abs. 2 a) GFK bestimmt, dass jeder Flüchtling nach 3-jährigem Inlandsaufenthalt freien Zugang zum gesamten Arbeitsmarkt hat. Er muss demnach ab diesem Zeitpunkt auch über die innerstaatliche Freizügigkeit verfügen, die ihm ermöglicht, in einem anderen Bundesland Arbeit zu suchen und anzunehmen. Damit verlangt diese Regelung auch, dass Asylverfahren keine längere Zeitdauer als drei Jahre beansprüchen. Demgegenüber sind aus der gerichtlichen Praxis auch Fälle mit 5-jähriger, in extremen Fällen auch 10-jähriger Verfahrensdauer bekannt (vgl. OVG NRW v. 19. 7. 1995, EZAR 461 Nr. 22).

Ist ein Flüchtling rechtskräftig anerkannt, wird ihm zugleich die Erwerbstätigkeit, ob selbstständig oder unselbstständig, erlaubt (§ 25 Abs. 1 Satz 2 AufenthG). Wenn er nicht anerkannt wird und auch nicht abgeschoben werden kann, erhält er eine Duldung. Unter zusätzlichen Voraussetzungen darf die Aufnahme einer Beschäftigung erlaubt werden (§ 10 BeschVerfV; siehe oben S. 83).

2.3 Verfahrensweg

Die Entscheidung über den Asylantrag beinhaltet neben der Feststellung, ob der Flüchtling nach Art. 16a GG anerkannt wird oder die Rechte nach der GFK besitzt die Feststellung, ob Abschiebungshindernisse vorliegen. § 11a AsylVfG erlaubt dem Bundesamt für Migration die Verzögerung einer Entscheidung über den Asylantrag wegen der besonderen Aufklärung bedürftigen Lage im Herkunftsland. Die mit der Regelung verbundene Absicht des Gesetzgebers ist insoweit nicht nachvollziehbar, als ja die 3-Jahres-Frist des § 26 Abs. 3 AufenthG schon gewährleistet, dass ein innerhalb zumutbarer Frist eingetretener Wegfall einer Verfolgungsgefahr durch Verweigerung der Niederlassungserlaubnis und damit Zwang zur Rückkehr berücksichtigt wird.

Wird der Asylantrag abgelehnt, ist die **Klage** innerhalb von **zwei Wochen** zulässig. In diesem Fall bleibt das verfahrensbedingte Aufenthaltsrecht bis zum Ende des Asylverfahrens bestehen. Mit der Asylantragstellung gilt der Asylantrag auch für ein begleitendes Kind mitgestellt, welches das 16. Lebensjahr noch nicht vollendet hat (§ 14a AsylVfG).

Sieht das Bundesamt für Migration und Flüchtlinge den Asylantrag als **offensichtlich unbegründet** an, beträgt die **Klagefrist nur eine Woche**. Dennoch ist eine Abschiebung sofort zulässig. Um dies zu verhindern, muss der Asylbewerber die Klage mit dem Antrag verbinden, dass das Verwaltungsgericht die aufschiebende Wirkung der Klage anordnen soll. Gibt das Gericht dem Antrag statt, wird die sofortige Abschiebung unzulässig.

Unbeachtlich ist der Asylantrag, wenn der Asylbewerber schon in einem anderen Staat vor Verfolgung sicher war und er dorthin innerhalb von drei Monaten abgeschoben werden kann oder ein anderer Mitgliedstaat der EU für die Durchführung des Asylverfahrens zuständig ist.

Gegen Urteile des Verwaltungsgerichts kann nur ein Rechtsanwalt und nur innerhalb von zwei Wochen Rechtsmittel einlegen. Wird ein Antrag auf Wiederherstellung der aufschiebenden Wirkung abgelehnt, gibt es kein Rechtsmittel.

Ein Asylfolgeantrag nach Abschluss des Asylverfahrens ist nur zulässig, wenn neue Tatsachen (innerhalb von drei Monaten nach ihrem Entstehen) geltend gemacht werden, die im früheren Verfahren nicht vorgetragen und berücksichtigt werden konnten. Wird ein Asylfolgeantrag abgelehnt und sind seit der Beendigung des vorhergehenden Asylverfahrens noch keine zwei Jahre vergangen, bedarf es keiner weiteren Abschiebungsandrohung. Ist der Asylfolgeantrag offensichtlich unschlüssig oder kann der Ausländer in einen sicheren Drittstaat abgeschoben werden, muss die Entscheidung des Bundesamts für Migration und Flüchtlinge nicht abgewartet werden. Die Abschiebung ist in diesem Fall nach § 71 Abs. 5 AsylVfG sofort zulässig.

Für Kinder, die nach Anerkennung als Asylberechtigter geboren werden, ist der Asylantrag zur Erlangung von Familienasyl innerhalb eines Jahres nach der Geburt zu stellen.

Das Bundesministerium des Innern kann in Asylverfahren einen Entscheidungsstopp für die Dauer von sechs Monaten verfügen. Der Entscheidungsstopp kann verlängert werden (§ 11a AsylVfG). Diese Kompetenz passt allerdings nicht zur Regelung in § 73 Abs. 2 AsylVfG, wonach innerhalb von drei Jahren nach Asylanerkennung die Voraussetzungen für einen Widerruf zu prüfen sind und die Asylanerkennung anschließend endgültig sein soll. Mit einem Entscheidungsstopp wird die 3-Jahres-Frist zusätzlich verlängert. In der Vergangenheit dienten die vom Bundesamt für Migration und Flüchtlinge verhängten Entscheidungsstopps dazu, das Entstehen von Asylrechten zu verhindern. Beispiele hierfür sind die Behandlung der Flüchtlinge aus dem früheren Jugoslawien oder aus Afghanistan.

D. Ausländer im Arbeitsrecht

1. Internationales Arbeitsrecht

1.1 Wahl des Arbeitsrechts

Auf Arbeitsverträge anzuwenden ist das Arbeitsrecht derjenigen Rechtsordnung, dessen Geltung Arbeitnehmer und Arbeitgeber vereinbaren. Nach Art. 27 EGBGB besteht eine umfassende Freiheit der Rechtswahl. Die Rechtswahl kann ausdrücklich oder formularmäßig in Allgemeinen Geschäftsbedingungen erfolgen, auch durch Bezugnahme.

Stillschweigend erfolgt sie, wenn die Vertragsbestimmungen hierauf deuten oder andere Umstände des Einzelfalls, vor allem das Verhalten der Parteien. Selbst im Gerichtsverfahren kann noch eine stillschweigende Rechtswahl erfolgen, indem beide Parteien unter Bezugnahme auf das deutsche Recht verhandeln (*Heinz u. a.*, Rn. 97).

Fehlt es an einer – ausdrücklichen oder stillschweigenden – Vereinbarung eines bestimmten Rechts, ist nicht nach subjektiven Vorstellungen, sondern nach objektiven sachlichen Anhaltspunkten der mutmaßliche Parteiwille zu ermitteln (BAG v. 26. 2. 1985, AuR 1985, 367).

Wird der Arbeitsvertrag in Deutschland geschlossen, bedarf eine Vereinbarung über die Wahl ausländischen Rechts der Form der schriftlichen Dokumentation. Bei der Rechtswahl handelt es sich um eine wesentliche Vertragsbestimmung im Sinne des § 2 Abs. 1 Satz 1 NachwG. Die in § 2 Abs. 2 Satz 2 NachwG folgende Aufzählung hat keinen abschließenden Charakter. Dies verdeutlicht der Zusatz in § 2 Abs. 1 Satz 2 NachwG. Dasselbe gilt bei der – auch nur teilweisen – Vereinbarung deutschen Rechts.

Der Zwang zur Dokumentation kann nicht durch die Wahl ausländischen Rechts umgangen werden. Dies folgt schon aus der gemeinschaftsrechtlichen Verbindlichkeit der dem NachwG zu Grunde liegenden RL 91/533/EG.

Bei illegaler Beschäftigung wird in der Regel keine Rechtswahl vereinbart. Es ist dann deutsches Recht anzuwenden (*Hofherr*, Die illegale Beschäftigung ausländischer Arbeitnehmer und ihre arbeitsvertraglichen Folgen, S. 43)

Ausländische Rechtsordnungen enthalten oft unbekannte und unerwartete Rechtsnormen. Die Ermittlung der einschlägigen Normen kann sehr zeitaufwendig und teuer sein. Die Wahl ausländischen Rechts birgt deshalb für Arbeitgeber und Arbeitnehmer erhebliche Risiken.

Die Vertragsparteien können den ganzen Arbeitsvertrag ausländischem Recht unterstellen oder auch nur Teile davon. Es kommt auch in Betracht, für einzelne Bereiche, z. B. den Kündigungsschutz, die Anwendung verschiedener Rechte zu vereinbaren. So könnten für die Änderungskündigung oder die Sonderregel für leitende Angestellte Sonderverweisungen erfolgen (*Reiserer*, NZA 1994, 675).

Eine solche Teilrechtswahl ist allerdings willkürlich und deshalb unzulässig, wenn ein einheitlicher Vorgang aufgesplittert wird, etwa einzelne Kündigungsgründe verschiedenen Rechtsordnungen zugewiesen werden. Die Teilrechtswahl darf nicht dazu führen, »dass sich die Parteien Gesetze wie Kinder Rosinen aus dem Teig herauspicken« (*v. Bar*, Internationales Privatrecht, II, Rn. 426).

1.2 Grenzen der Rechtswahl

1.2.1 Das öffentliche Interesse

Durch Rechtswahl kann zwingenden Rechtsvorschriften des deutschen Rechts nicht ausgewichen werden. Gemäß Art. 34 EGBGB bleiben Eingriffsnormen, die ohne Rücksicht auf das vertraglich vereinbarte Recht gelten, weiter anwendbar. Hierbei handelt es sich um Vorschriften, deren Zweck sich nicht im Ausgleich widerstreitender Interessen der Vertragsparteien erschöpft, sondern auch der Durchsetzung öffentlicher Interessen dienen (BAG v. 3. 5. 1995, NZA 1995, 1191).

Eine solche zwingend anzuwendende Vorschrift ist § 14 Abs. 1 MuSchG. Der Zuschuss des Arbeitgebers zum Mutterschaftsgeld verfolgt bedeutende Belange des Gemeinwohls. Mutter und werdendes Kind werden vor Gefahren, Überforderung und Schädigung am Arbeitsplatz, vor finanziellen Einbußen und vor dem Verlust des Arbeitsplatzes in der Schwangerschaft und einige Zeit nach der Entbindung geschützt.

Die Entgeltfortzahlung dient individuellen Belangen und gleichzeitig dem öffentlichen Interesse durch die finanzielle Entlastung der gesetzlichen Krankenkassen. Deshalb ist auch § 3 EFZG eine Eingriffsnorm im Sinne des Art. 34 EGBGB (BAG v. 12. 12. 2001, NZA 2002, 734).

Demgegenüber sind allgemein verbindlich erklärte Tarifnormen keine zwingenden Rechtsvorschriften im Sinne des Art. 34 EGBGB. Die Regelungskompetenz der Tarifvertragsparteien erfasst grundsätzlich nur Arbeitsverhältnisse, die dem deutschen Arbeitsrecht unterliegen (BAG v. 9. 7. 2003, AP TVG § 1 Tarifverträge: Bau Nr. 261).

1.2.2 Der zwingende Arbeitnehmerschutz

Das Recht zur Auswahl des auf Arbeitsvertrag und Arbeitsverhältnis anzuwendenden Rechts wird weiter durch Art. 30 Abs. 1 EGBGB begrenzt. Danach darf die Rechtswahl nicht zum Verlust zwingender, dem Arbeitnehmerschutz dienender Vorschriften führen. Hierzu zählen die Vorschriften über die Arbeitszeit, den Mutterschutz oder das AEntG. In einem solchen Fall bleibt die Rechtswahl zwar unberührt, doch tritt das zwingende deutsche Recht bezüglich des zwingenden Arbeitnehmerschutzes ergänzend hinzu. Es ist ein Vergleich zu führen, welche Rechtsordnung die günstigeren Rechtsvorschriften enthält. Dieser Günstigkeitsvergleich führt zu einem in der Praxis nicht unproblematischen »Mischrecht« (*Schlachter,* NZA 2000, 60).

Unzulässig ist die Vereinbarung sittenwidriger Regelungen durch Rechtswahl (§ 138 BGB). Auch sofern kein Mindestlohn vorgeschrieben ist, lässt der Grundsatz der Vertragsfreiheit keine Verstöße gegen § 138 BGB durch sittenwidrig niedrige Löhne zu (ArbG Wesel v. 3. 5. 1995, AuR 1995, 475). Auch der Strafbarkeit von Wucher (§ 291 StGB) kann nicht durch Rechtswahl ausgewichen werden.

Abdingbar sind die Vorschriften über den **Kündigungsschutz** (BAG v. 24. 8. 1989, AiB 1990, 479). Es verstößt beispielsweise auch nicht gegen die Schutzpflicht, wenn nach englischem Recht die Zahlung einer Provision für einen Verkäufer vom Bestand des Arbeitsverhältnisses abhängig ist (BAG v. 26. 2. 1985, AuR 1985, 367).

Die Rechtsprechung wurde vom Gesetzgeber in § 7 AEntG dahin aufgenommen, dass die in Rechts- oder Verwaltungsvorschriften enthaltenen Regelungen auf Arbeitsverhältnisse zwischen im Ausland ansässigen Arbeitgebern und im Inland beschäftigten Arbeitnehmern zwingend Anwendung finden, wenn sie einen der folgenden Bereiche betreffen:

- die Höchstarbeitszeiten und Mindestruhezeiten
- den bezahlten Mindestjahresurlaub
- die Mindestentgeltsätze einschließlich der Überstundensätze
- die Bedingungen für die Überlassung von Arbeitskräften, vor allem durch Leiharbeitsunternehmen
- die Sicherheit, den Gesundheitsschutz und die Hygiene am Arbeitsplatz
- die Schutzmaßnahmen im Zusammenhang mit den Arbeits- und Beschäftigungsbedingungen von Schwangeren und Wöchnerinnen, Kindern und Jugendlichen
- die Gleichbehandlung von Männern und Frauen und andere Nichtdiskriminierungsbestimmungen.

Solche Bestimmungen haben damit die Qualität von zwingenden Vorschriften entsprechend Art. 34 EGBGB (*Kittner-Bachner,* § 143 Rn. 132). Darin liegt ein erster Schritt zu einem umfassenderen arbeitsrechtlichen Schutz (Lörcher in: Huber u. a., Handbuch des Ausländer- und Asylrechts, Systematische Darstellung, XII).

Die Anwendung ausländischen Rechts ist unzulässig, wenn seine Anwendung zu einem Ergebnis führt, das mit **wesentlichen Grundsätzen des deutschen Rechts** offensichtlich unvereinbar ist, vor allem mit den Grundrechten (Art. 6 EGBGB). Hierunter fallen z. B. die Koalitionsfreiheit und damit das Recht zu gewerkschaftlicher Betätigung.

Die Rechtswahl ist weiterhin unzulässig, wenn sie zu einem Ergebnis führt, das mit EU-Richtlinien mit arbeitsrechtlicher Bedeutung unvereinbar ist. Denn andernfalls könnte die mit diesen Richtlinien verbundene europarechtliche Verpflichtung zur Anpassung der deutschen Rechtsordnung durch Erlass entsprechender Vorschriften nicht erfüllt werden. Hierher gehören die RL 77/187/EWG mit Regelungen für die Betriebsübernahme oder Art. 141 EG und RL 76/207/EWG mit dem Verbot von Regelungen, die wegen des Geschlechts diskriminierend wirken. Deshalb kann der mit einem Betriebsübergang verbundene Bestandsschutz des Arbeitsverhältnisses (§ 613a BGB) nur für Beschäftigungen außerhalb der Gemeinschaft abbedungen werden (vgl. BAG v. 29. 10. 1992, AuR 1993, 119).

1.2.3 Wahl deutschen Rechts bei Auslandseinsatz

Andererseits führt die Vereinbarung deutschen Rechts bei einer Beschäftigung im Ausland nicht immer zur Anwendung aller dem Arbeitnehmerschutz dienenden Regelungen des deutschen Rechts. So scheidet bei der Kündigung eines im Ausland Beschäftigten, der nicht entsandt wurde, die Anhörung des Betriebsrats aus, denn für das Betriebsverfassungsrecht gilt das Territorialitätsprinzip; das BetrVG gilt nur auf deutschem Boden (BAG v. 30.4.1987, AuR 1987, 310).

Bei einem reinen Auslandsarbeitsverhältnis ist aus dem gleichen Grund bei der Kündigung von schwer behinderten Arbeitnehmern die Zustimmung des Integrationsamts nicht einzuholen und § 85 SGB IX nicht anwendbar. Eine Zuständigkeit des Integrationsamts für exterritoriale Sachverhalte wurde vom Gesetzgeber nicht angeordnet (BAG ebd.).

1.3 Recht des Beschäftigungsorts

1.3.1 Regelfall

Wird eine Rechtswahl über das anzuwendende Arbeitsrecht nicht vereinbart, unterliegen Arbeitsverträge und Arbeitsverhältnisse gem. Art. 30 Abs. 2 Nr. 1 EGBGB dem Recht des Staates, in dem der Arbeitnehmer seine Arbeit gewöhnlich verrichtet. Eine weitergehende rechtliche Überprüfung nach der Gesamtheit der Umstände ist in diesem Fall nicht erforderlich (LAG Köln v. 6.11.1998, NZA-RR 1999, 118).

Dies gilt auch bei vorübergehender Entsendung in einen anderen Staat. Werden im Inland beschäftigte Arbeitnehmer vorübergehend im Ausland eingesetzt, gilt deshalb weiter deutsches Recht. Werden im Ausland beschäftigte Arbeitnehmer vorübergehend im Inland beschäftigt, gilt das am Sitz des Unternehmens geltende ausländische Recht. Eine abweichende Vereinbarung ist zulässig.

Für Ausländer, die in Deutschland mit einem im Inland ansässigen Arbeitgeber ein Arbeitsverhältnis eingehen und im Inland beschäftigt werden, gilt deshalb regelmäßig deutsches Arbeitsrecht.

Entsprechend unterliegen die Arbeitsverträge mit Flugpersonal, das regelmäßig nur auf inländischen Strecken eingesetzt wird, ohne Rechtswahl nach der Regelanknüpfung in Art. 30 Abs. 2 Nr. 1 EGBGB dem Ortsrecht (BAG v. 29.10.1992, AuR 1993, 119). Maßgeblich ist bei internationalem Einsatz des Flugpersonals das Recht des Staates, in dem sich die Niederlassung befindet, die das Flugpersonal eingestellt hat (BAG v. 12.12.2001, NZA 2002, 735).

Verrichtet der Arbeitnehmer seine Arbeit gewöhnlich nicht in ein und demselben Staat, ist der Ort der Niederlassung des Arbeitgebers maßgeblich. Es können sich aber aus der Gesamtheit der Umstände engere Verbindungen zu einem anderen Staat ergeben und deshalb das Recht dieses anderen Staats anzuwenden sein (Art. 30 Abs. 2 Nr. 2 EGBGB).

Als Umstände nach dieser Ausnahmeklausel kommen vor allem als primäre Anknüpfungskriterien neben dem Arbeitsort und der einstellenden Niederlassung die Staatsangehörigkeit der Parteien und der Sitz des Arbeitgebers in Betracht. Indizfunktion - jedoch für sich genommen ohne ausschlaggebende Bedeutung - haben die Vertragssprache, die Währung, in der die Vergütung bezahlt wird, der Ort des Vertragsschlusses und der Wohnsitz (LAG Bremen v. 17. 4. 1996, NZA-RR 1997, 107).

Sofern die vom Arbeitsverhältnis betroffenen weiteren Staaten ebenfalls der EU angehören, bestimmt sich das auf das Arbeitsverhältnis anzuwendende Recht nach Art. 5 Nr. 1 EuGVÜ. Danach ist grundsätzlich die gesamte Dauer des Arbeitsverhältnisses für die Bestimmung des Orts zu berücksichtigen, an dem der Betroffene gewöhnlich seine Arbeit verrichtet (EuGH v. 27. 2. 2002, NJW 1002, 1635).

Die zum **diplomatischen Personal** zählenden Mitarbeiter von ausländischen Botschaften und Generalkonsulaten unterliegen ihrem Heimatrecht. Es kommt nur darauf an, ob der Arbeitnehmer für den anderen Staat hoheitlich tätig ist. Andernfalls würde die Überprüfung seiner Entlassung angesichts des Prinzips der Nichteinmischung in die Ausübung hoheitlicher Befugnisse des anderen Staats mit dem Grundsatz in Konflikt kommen, dass die diplomatischen und konsularischen Beziehungen nicht behindert werden dürfen. Die dann erforderliche Beurteilung hoheitlichen Handelns könnte die ungehinderte Erfüllung hoheitlicher Aufgaben beeinträchtigen. Dies gilt auch bei konsularischen Aufgaben ohne jeglichen Handlungsspielraum. Deshalb wurde für den Pressereferenten eines von der US-Regierung betriebenen Amerikahauses die Zuständigkeit der deutschen Gerichte verneint (BAG v. 23. 11. 2000, AP GVG § 20 Nr. 2).

Für **nicht-diplomatisches** Personal kann demgegenüber Ortsrecht vereinbart werden (BAG v. 20. 11. 1997, NZA 1998, 813). Dadurch kann die Kündigung der letztgenannten Mitarbeiter mitbestimmungspflichtig werden.

Wird in einer deutschen Auslandsvertretung ein Staatsangehöriger eines anderen EU-Mitgliedstaats beschäftigt, ist auf ihn ein gegenüber dem Ortsrecht günstigeres deutsches Recht wegen des Diskriminierungsverbots der Art. 39 Abs. 2 EG anzuwenden (EuGH v. 30. 4. 1996, AP Art. 48 EWG-Vertrag Nr. 18).

1.3.2 Seeschifffahrt

Der gewöhnliche Arbeitsort von Seeleuten ist das häufig außerhalb von Hoheitsgebieten befindliche Schiff. Nach Art. 30 EGBGB wäre dies bei unter deutscher Flagge laufenden Schiffen zunächst das deutsche Recht.

Allerdings weicht § 21 Abs. 4 FlaggenRG von Art. 30 EGBGB ab. Danach ist die Anwendung deutschen Rechts auf die Arbeitsverhältnisse mit Seeleuten, die im Inland keinen Wohnsitz und ständigen Aufenthalt haben, nicht schon deshalb naheliegend, weil das Schiff die Bundesflagge führt. Diese Sonderregelung betrifft nur die Tätigkeit auf Kauffahrteischiffen, die im Internationalen Seeschifffahrtsregister eingetragen sind. Sie betrifft nicht die Tätigkeit auf Schiffen, die im Eigentum der öffentlichen Hand stehen und die Tätigkeit im öffentlichen Dienst, letztlich also vor allem der Bundesmarine und des Bundesgrenzschutzes.

Umstände wie der Wohnort des Seemanns oder der Ort, an dem er angeworben wurde, sind erheblich. Deshalb war auf den Arbeitsvertrag eines indischen Seemanns, der in Bombay unter Einschaltung eines Heuerangestellten eingestellt wurde, indisches Recht anzuwenden (BAG v. 3. 5. 1995, NZA 1995, 1191).

Danach können ausländische Seeleute auf deutschen Handelsschiffen zu Heimatheuern beschäftigt werden, während gleichzeitig für im Inland wohnhafte Seeleute inländische Heuern zu zahlen sind. Das BVerfG (v. 10. 1. 1995, NZA 1995, 272) sah hier keinen Verfassungsverstoß. Zwar werde dadurch der Einfluss deutscher Gewerkschaften praktisch ausgeschaltet, doch hätten die Reeder ohnedies die Möglichkeit, sich der Geltung des deutschen Rechts durch Ausflaggen zu entziehen. § 21 Abs. 4 FlaggenRG diene dazu, durch Minderung des Grundrechtsstandards den Anwendungsbereich deutschen Rechts zu erhalten. Art. 3 GG werde nicht verletzt, denn die mögliche unterschiedliche Heuer knüpfe an dem objektiv unterschiedlichen Kriterium des Wohnsitzes an.

Das BVerfG lehnte damit die Auffassung von *Geffken* (NZA 1995, 504) ab, der den Erhalt einer unter deutscher Flagge fahrenden Handelsflotte durch ladungslenkende Maßnahmen gesichert wissen will. *Geffken* räumt ein, dass solche Maßnahmen nur in gleichmäßiger Anwendung EU-weit wirksam werden könnten.

Vergleicht man die Regelung dieses grenzüberschreitenden Sachverhalts mit der Behandlung von Werkvertragsarbeitnehmern, ergibt sich ein eigentümliches Bild: Deutschen Arbeitgebern wird es ermöglicht, bei grenzüberschreitender Tätigkeit durch Rechtswahl ausländische Arbeitnehmer gegenüber inländischen Arbeitnehmern zu benachteiligen und soziale Standards zu senken. Umgekehrt wird in der Bauwirtschaft und einigen weiteren Branchen der Entsendung billigerer Arbeitskräfte ins Bundesgebiet entgegengewirkt, wobei gemeinschaftsrechtlich diese Beschränkung einen erhöhten sozialen Schutz der Arbeitnehmer voraussetzt.

Vorgaben macht auch das Gemeinschaftsrecht. Zwar liegt in der den Reedern eingeräumten Möglichkeit des Sozialdumpings keine unzulässige Subventionierung der Schifffahrt (EuGH v. 17. 3. 1993, NZA 1993, 799 [Sloman Neptun]). Doch verstößt es gegen Art. 1 Abs. 1 VO 4055/86/EG, wenn in einem Mitgliedstaat auf gleiche Lotsendienste unterschiedliche Tarife angewendet werden, je nachdem ob das Unternehmen, das Beförderungen im Seeverkehr zwischen zwei Mitgliedsstaaten vornimmt, ein Schiff betreibt, das zur Seekabotage, die den unter der Flagge dieses Staates fahrenden Schiffen vorbehalten ist, zugelassen ist oder nicht (EuGH v. 17. 5. 1994, EuZW 1994, 475 [Corsica Ferries]).

Arbeitnehmer, die nicht vom Reeder beschäftigt werden, sondern vom Pächter einer Serviceeinrichtung (in dem vom BAG entschiedenen Sachverhalt: auf einer Fähre), sind sonstige Arbeitnehmer gem. § 7 SeemannsG. Damit sind sie nicht Mitglied der Schiffsbesatzung (§ 3 SeemansG). Das SeemannsG findet auf sie nur sinngemäß Anwendung, weshalb sie z. B. keinen Anspruch auf Verpflegung haben (BAG v. 17. 2. 1998, NZA 1998, 1068). Daraus ergibt sich zugleich die Unanwendbarkeit von § 21 Abs. 4 FlaggenRG. Bei ihnen bleibt es deshalb bei der Anwendung von § 30 Abs. 2 EGBGB. Es ist also eine Wertung der Gesamtheit aller Umstände erforderlich, die das Arbeitsverhältnis kennzeichnen (vgl. BAG v. 24. 8. 1989, AiB 1990, 479).

1.4 Gerichtliche Zuständigkeit

1.4.1 Zuständigkeit der deutschen Gerichte

Ein Einsatz von Arbeitnehmern im Hoheitsgebiet verschiedener Staaten wirft die Frage nach den im Streitfall zuständigen Gerichten auf. Die inländischen Arbeitsgerichte sind zuständig, wenn der Arbeitgeber den Sitz im Inland hat (§§ 2 Abs. 1 Nr. 3 a) ArbGG, 13, 17 ZPO [BAG v. 3. 5. 1995, AP IPR Arbeitsrecht Nr. 32]). Es genügt, dass in Deutschland eine Niederlassung vorhanden ist (§ 21 ZPO).

Innerhalb der EU gelten besondere Regelungen. Nach Art. 19 VO 44/2001/EG kann der Arbeitgeber entweder an seinem Wohnsitz verklagt werden oder in einem anderen Mitgliedsstaat an dem Ort, an dem die Arbeit gewöhnlich verrichtet wird oder wurde. Wird die Arbeit gewöhnlich nicht in ein und demselben Staat verrichtet, ist das Gericht örtlich zuständig, in dessen Bereich sich die den Arbeitnehmer einstellende Niederlassung befindet.

Demgegenüber kann der Arbeitgeber gegen den Arbeitnehmer nur vor den Gerichten Klage erheben, die für den Wohnsitz des Arbeitnehmers zuständig sind (Art. 20 VO 44/2001/EG).

Zur Durchsetzung ihrer Rechte gewährt Art. 6 RL 96/71/EG (Entsende-Richtlinie) den Arbeitnehmern im Mitgliedsstaat ein Klagerecht am Einsatzort. Diese Vorschrift begünstigt vorübergehend entsandte Arbeitnehmer auch mit Wohnsitz in einem Drittstaat. Da die Richtlinie nur zum Schutz der Arbeitnehmer zulässig ist, kann diese Vorschrift nur einen zusätzlichen Gerichtsstand vermitteln, nicht aber ohnedies bestehende gerichtliche Zuständigkeiten für Klagen gegen den Arbeitgeber aufheben.

Art. 6 RL 96/71/EG hat auch für die Fälle des gesetzlichen Forderungsübergangs auf die Bundesurlaubskasse der Bauwirtschaft Geltung. Ansprüche gegen die Urlaubskasse können deshalb von Unionsbürgern auch in ihren Heimatländern vor den dortigen Arbeitsgerichten anhängig gemacht werden.

Eine Erschwernis der Durchsetzung der Ansprüche würde den sozialen Schutz der Arbeitnehmer verringern und wäre durch die Ermächtigungsgrundlage nicht gedeckt. Der Arbeitnehmer erhält so die Möglichkeit, sich zur Durchsetzung der örtlich verbindlichen Arbeitsbedingungen zusätzlich an ein regelmäßig sachkundigeres örtliches Gericht zu wenden.

1.4.2 Unzuständigkeit der deutschen Gerichtsbarkeit

Soweit ausländische diplomatische Vertretungen Arbeitnehmer mit der Erfüllung hoheitlicher Aufgaben beschäftigen, unterliegen sie nicht der deutschen Gerichtsbarkeit. Bei der Erfüllung nicht hoheitlicher Tätigkeiten ist demgegenüber die internationale Zuständigkeit der deutschen Gerichtsbarkeit zu bejahen. Es kommt dabei nicht auf das Motiv oder den Zweck der fremden staatlichen Betätigung an, sondern die Rechtsnatur der umstrittenen staatlichen Handlung bzw. des streitigen Rechtsverhältnisses. Die Abgrenzung ist mangels völkerrechtlicher Kriterien nach deutschem Recht vorzunehmen (BAG v. 20.11.1997, NZA 1998, 813).

Nicht ausschlaggebend ist dabei die Immunität des Botschafters (§ 18 GVG). So ist das Botschaftsgelände nicht exterritorial. Im Fall eines Aufzugsmonteurs konnte deshalb das BAG (a. a. O.) die Rechtswidrigkeit einer mit ausländischem Haushaltsrecht begründeten Änderungskündigung bejahen. Auch Streitigkeiten aus der Tätigkeit bei einem italienischen Kulturinstitut, das Weisungen des italienischen Kultusministeriums unterliegt und als Teil des öffentlichen Dienstes der Republik Italien einzuordnen ist, sind vor den deutschen Arbeitsgerichten auszutragen (BAG v. 23.4.1998, NZA 1998, 995).

Demgegenüber unterliegen Bestandsstreitigkeiten mit Konsulatsangestellten, die in der Bearbeitung von Visaangelegenheiten originär konsularische Aufgaben wahrnehmen, wegen der hoheitlichen Natur auch dann nicht der deutschen Gerichtsbarkeit, wenn der ausländische Staat für die Tätigkeit ganz oder teilweise die Dienste Privater in Anspruch nimmt (BAG v. 16.5.2002, NZA 2002, 1416).

Für das zivile Gefolge der NATO-Streitkräfte wurde in Art. 56 des Zusatzabkommens zum NATO-Truppenstatut für Streitigkeiten aus den Arbeitsverhältnissen (und den Sozialversicherungsverhältnissen) die Zuständigkeit der inländischen Gerichte vereinbart. Dazu gehören auch die Streitigkeiten mit Betriebsvertretungen. Vertreten werden die ausländischen Streitkräfte dabei durch die Bundesrepublik Deutschland (BAG v. 7.11.2000, NZA 2001, 1211).

1.5 Entsandte Arbeitnehmer

1.5.1 Die wirtschaftliche Problematik

Zur Internationalisierung der Wirtschaftsbeziehungen gehört der zunehmende grenzüberschreitende Einsatz von Arbeitskräften wie Monteuren oder Reisebegleitern. Dieser Einsatz kann aus einem Land mit niedrigerem Lohnniveau oder schlechteren Arbeitsbedingungen erfolgen. Lohndumping ermöglicht ausländischen Unternehmen günstigere Angebotspreise. Auf diesem Weg erwächst inländischen Unternehmen eine Billig-Konkurrenz, die zugleich die Arbeitsplätze der im Inland Beschäftigten gefährden kann.

Die Möglichkeit der Entsendung von Arbeitnehmern aus anderen

Mitgliedstaaten in das Bundesgebiet hat in der kränkelnden Baubranche zu erheblicher Unruhe und Widerstand sowohl der Bauwirtschaft als auch von gewerkschaftlicher Seite geführt (vgl. *Däubler,* DB 1995, 726). Die Lohnkosten ausländischer Unternehmen liegen in der Baubranche teilweise unter der Hälfte der in Deutschland üblichen und ermöglichen ohne staatliches Eingreifen ein Unterbieten der inländischen Unternehmen um mindestens 25 %. Teilweise gründeten deutsche Bauunternehmen konzerneigene Unternehmungen vor allem in Portugal, um dortige Bauarbeiter als Billigstarbeitskräfte im Inland einsetzen zu können.

Die Entsendung von Arbeitnehmern von Unternehmen von außerhalb der EU unterliegt einer umfassenden staatlichen Zugangskontrolle, weil diese Tätigkeit aufenthaltserlaubnispflichtig ausgestaltet werden kann. Mit einer Reihe von Staaten (Türkei, einige osteuropäische Staaten) hat Deutschland Abkommen über den Einsatz festgelegter Kontingente von Werkvertragsarbeitnehmern. In diesen Fällen ist es möglich, für den inländischen Einsatz der Arbeitskräfte einzuhaltende Mindestarbeitsbedingungen vorzuschreiben und bei deren Verletzung Sanktionen zu verhängen, wie z. B. die Versagung weiterer Visa in Sichtvermerkverfahren.

Gleiche Wettbewerbsbedingungen sollen durch die verbindliche Festlegung von Mindestlöhnen hergestellt werden. Durch § 1 BauArbbV wurde die Bindungswirkung des Tarifvertrags zur Regelung des Mindestlohnes auf nicht tarifgebundene Arbeitgeber auch mit Sitz im Ausland und ihre im Bundesgebiet beschäftigten Arbeitnehmer erstreckt. Darin liegt kein Verstoß gegen die positive oder negative Koalitionsfreiheit (BVerfG v. 18. 7. 2000, NZA 2000, 948).

Innerhalb der EU ist die Entsendung von Arbeitnehmern ohne ausländerrechtliche Zugangskontrolle zulässig. Diese Entsendung übt das Grundrecht des EG-Vertrags der Dienstleistungsfreiheit aus. Zum Wesen der Dienstleistungsfreiheit gehört die Freiheit der Konkurrenz, die wiederum das Zusammenwachsen des Europäischen Marktes fördert. Es ist deshalb unzulässig, zum Zwecke des Konkurrenzschutzes Schranken gegen die gemeinschaftsinterne Entsendung von Arbeitskräften zu errichten (EuGH v. 25. 10. 2001, EZAR 812 Nr. 17 [Finalarte]).

Auch für den Einsatz von Drittstaatsangehörigen darf bei gemeinschaftsinterner Entsendung das Erfordernis von Arbeitserlaubnissen als Zugangsvoraussetzung nicht aufgestellt werden. Dienstleistungen werden in der Regel unter Einsatz von Mitarbeitern erbracht. Die Möglichkeit des Einsatzes der Mitarbeiter ist deshalb unabhängig von ihrer

Staatsangehörigkeit Bestandteil der Dienstleistungsfreiheit. Diese Drittstaatsangehörigen begründen durch ihre Beschäftigung im Inland keine eigenen Aufenthaltsrechte (EuGH v. 27.3.1990, EZAR 822 Nr. 2 [Rush Portuguesa]; v. 9.8.1994, InfAuslR 1994, 388 [Vander Elst]). Sie verbleiben während des Einsatzes in Deutschland in vollständiger sozialer Abhängigkeit vom Arbeitgeber.

Bei der Entsendung durch Unternehmen mit Sitz in Drittstaaten kann auf die Einhaltung von Mindeststandards am inländischen Einsatzort durch Auflagen eingewirkt werden, die im Verfahren auf Erteilung von Visa und Arbeitsgenehmigungen auferlegt werden. Die Erstreckung des AEntG auf sie dient lediglich dem Zweck, ihre Besserstellung im Verhältnis zu Unternehmen aus der EU zwingend auszuschließen. Denn eine solche Besserstellung würde gem. Art. 12 EG das Verbot der entsprechenden Benachteiligung der Unternehmen mit Sitz in der EU bewirken, also insoweit die Bindung durch das AEntG aufheben.

Das AEntG verstaatlicht die Verhandlungsergebnisse der Tarifvertragsparteien (*Böhm,* NZA 1999, 128), die so zugleich bindend zu Lasten konkurrierender ausländischer Unternehmen Recht setzen können. Der strafrechtliche Schutz privatrechtlicher Ansprüche findet allerdings eine Parallele in der Strafbarkeit der Unterhaltspflichtverletzung durch § 170 StGB (ErfK/*Hanau,* § 1 AEntG Rn. 9).

Es wird bezweifelt, dass der durch das AEntG vorgenommene tiefe Einschnitt in das deutsche System des Arbeitsrechts geeignet ist, die Bauwirtschaft aus ihren ökonomischen Schwierigkeiten zu befreien. Wenn das deutsche Niveau des Sozialschutzes durch billigere Anbieter aus dem Ausland unter Druck gerät, entspricht das der Logik des gemeinschaftsweiten Wettbewerbs (*Borgmann,* ZAR 1996, 119).

Teilweise wird die krisenhafte Entwicklung in der Baubranche aus dem früher fehlenden internationalen Wettbewerb erklärt. Dadurch habe sich ein Lohnniveau herausgebildet, das über dem Lohnniveau fast aller anderen Wirtschaftszweige liege. In Wirtschaftszweigen wie in der Metallindustrie und Stahlindustrie und selbst baunahen Branchen wie Heizung/Sanitär oder Maler lägen die untersten Lohngruppen unterhalb der nun für entsandte Arbeitnehmer der Bauwirtschaft verbindlichen Mindestlöhnen (*Koenigs,* DB 2002, 1270). Nach dieser Auffassung findet lediglich eine Anpassung an den internationalen Wettbewerb statt. Allerdings ist verantwortungsbewusste Sozialpolitik auch in einem solchen Fall aufgerufen, die Ausgestaltung sozial verträglich zu gestalten.

1.5.2 Arbeitnehmer-Entsende-Richtlinie

Die RL 96/71/EG wurde am 16. 12. 1996 vor allem auf deutsches Drängen und gegen den Widerstand von EU-Mitgliedstaaten wie Portugal verabschiedet, die Arbeitnehmer ins Bundesgebiet entsenden. Sie berücksichtigt das von zwölf Mitgliedsstaaten unterzeichnete Abkommen von Rom vom 12. 6. 1980 über das auf vertragliche Schuldverhältnisse anzuwendende Recht und ermöglicht den Mitgliedstaaten eine Abweichung von diesem Abkommen bei grenzüberschreitender Leistungserbringung dadurch, dass Mindeststandards für die Arbeits- und Beschäftigungsbedingungen festgelegt werden. Damit enthält die Richtlinie eine Ausnahme von dem im Abkommen von Rom vereinbarten Grundsatz der freien Rechtswahl.

Geregelt wird der grenzüberschreitende Einsatz von Arbeitnehmern durch Unternehmen mit Sitz in einem anderen Mitgliedsstaat. Artikel 1 Abs. 2 RL 96/71/EG nimmt die Schiffsbesatzungen von Unternehmen der Handelsmarine von ihrem Geltungsbereich aus. Insoweit wird Lohndumping ausdrücklich zugelassen. Ein Schutz der Arbeitnehmer ist für diese Beschäftigungsverhältnisse nicht beabsichtigt. Ebenfalls ausgenommen sind Erstmontage- und Einbauarbeiten als unerlässliche Bestandteile von Lieferverträgen, deren Dauer acht Tage nicht übersteigt.

Festgelegte Mindeststandards müssen für die Arbeitgeber rechtlich verbindlich sein. Artikel 1 Abs. 3c RL 96/71/EG erstreckt diese Verpflichtung über den Einsatz in Niederlassungen und Unternehmungen derselben Unternehmungsgruppe hinaus auf den Einsatz von Leiharbeitnehmern.

Durch innerstaatliche Vorschriften müssen die Arbeitgeber verpflichtet werden, den entsandten Arbeitnehmern festgelegte inländische Mindestarbeitsbedingungen zu garantieren. Den Staaten bleibt es überlassen, ob diese Verpflichtung durch Rechts- oder Verwaltungsvorschriften oder für allgemein verbindlich erklärte Tarifverträge oder Schiedssprüche erfolgt. Die Erklärung der Allgemeinverbindlichkeit von Tarifverträgen und Schiedssprüchen ist nach der Richtlinie nur dann zulässiges Regelungsinstrument, wenn es sich um Bauarbeiten handelt, die der Errichtung, Instandhaltung, dem Umbau oder dem Abriss von Bauwerken dienen. Dazu gehören auch baunahe Tätigkeiten wie im Elektrohandwerk.

Erfasst sind folgende Arbeitsbedingungen:

- Höchstarbeits- und Mindestruhezeiten
- Mindestlöhne einschließlich Überstundensätze
- Leiharbeit
- Sicherheit
- Gesundheitsschutz und Hygiene am Arbeitsplatz
- Schutzmaßnahmen bei der Beschäftigung von Schwangeren
- Wöchnerinnen, Kindern und Jugendlichen
- der Anspruch von Männern und Frauen auf Gleichberechtigung.

Nach Art. 4 Abs. 3 RL 96/71/EG müssen die Informationen über die Mindest-, Arbeits- und Beschäftigungsbedingungen allgemein zugänglich sein. Allgemeine Zugänglichkeit dürfte auch Unentgeltlichkeit der Information voraussetzen.

Die Entsendung darf gem. Art. 14 Abs. 1 VO 1408/71/EWG den Zeitraum von einem Jahr nicht überschreiten. Nur in Ausnahmefällen darf diese Frist bis zu einer zeitlichen Obergrenze von insgesamt zwei Jahren verlängert werden. Nach Überschreiten der zeitlichen Frist werden die entsandten Arbeitnehmer vollständig im Inland sozialversicherungspflichtig.

Dem Schutz der Unternehmen dient die Bestimmung, dass Unternehmen mit Sitz in einem Drittstaat nicht günstiger gestellt werden dürfen als Unternehmen aus der EU (Art. 1 Abs. 4 RL 96/17/EG). Damit darf eine noch vom BVerwG (v. 25. 4. 1990, InfAuslR 1990, 224) für zulässig erachtete 10-jährige Entsendung – im entschiedenen Fall aus Jugoslawien – nicht mehr erlaubt werden.

1.5.3 Das deutsche Gesetz zu entsandten Arbeitnehmern

1.5.3.1 Entsendungen

Das Arbeitnehmer-Entsendegesetz setzt die RL 96/17/EG um. Es erstreckt entsprechend der Richtlinie die Geltung eines für allgemeinverbindlich erklärten Tarifvertrags des Bauhauptgewerbes oder des Baunebengewerbes auf entsandte Arbeitnehmer. Nach § 1 AEntG ist Voraussetzung, dass dieser Tarifvertrag wenigstens einen der nachfolgenden Gegenstände regelt:

- die Mindestentgeltsätze einschließlich der Überstundensätze,
- die Dauer der Elternzeit,
- das Urlaubsentgelt,
- ein zusätzliches Urlaubsgeld.

Der Tarifvertrag muss für Betriebe im Sinne des §§ 1 und 2 BaubetriebeVO gelten. Damit sind – abschließend aufgezählt – alle Tätigkeiten erfasst, die der Errichtung, Wiederherstellung, Instandsetzung und Instandhaltung, dem Umbau und Abriss von Bauwerken dienen, einschließlich der Montageleistungen.

Es muss sich um einen Betrieb handeln, der überwiegend **Bauleistungen erbringt**. Die vorgeschriebenen tarifvertraglichen Mindestarbeitsbedingungen müssen auch für die inländischen Arbeitgeber verbindlich sein.

Keine Entsendung liegt vor, wenn das Unternehmen zwar seinen Verwaltungssitz im Ausland hat, aber seine gesamte Geschäftstätigkeit im Inland ausübt. Bei einer solchen Fallgestaltung handelt es sich um einen rein innerstaatlichen Sachverhalt, der vollständig der Anwendung des nationalen Rechts unterliegt (EuGH v. 9. 11. 2000, EZAR 831 Nr. 34 Nr. 9 [Plum]).

Der Tatbestand der Entsendung wird nicht dadurch ausgeschlossen, dass ein einzelner Arbeitnehmer nur zum Zwecke der Entsendung vorübergehend eingestellt wird (EuGH v. 17. 12. 1970, Slg. 1970, 1251 [Manpower]). Es ist deshalb möglich, dass ein Unternehmen mit Sitz im Ausland Arbeitnehmer nur zur Ausführung eines einzelnen Auftrags im Inland anwirbt und nach Ausführung wieder entlässt. Für die Zuordnung zum in- oder ausländischen Arbeitsmarkt ist auf das Gesamtbild der Unternehmenstätigkeit abzustellen (EuGH v. 9. 11. 2000, EZAR 831 Nr. 34 [Plum]).

§ 1 Abs. 1 Satz 3 und 4 AEntG verpflichtet alle Arbeitgeber zur Gewährung der Mindestarbeitsbedingungen, sowohl mit Sitz im Aus- wie im Inland. Die früher umstrittene Frage wurde vom Gesetzgeber durch Änderung der Vorschrift geklärt (BGH v. 21. 3. 2000, NJW 2000, 1880). Wäre inländischen Arbeitgebern diese Verpflichtung nicht auferlegt worden, würde gegenüber Unternehmen aus der EU ein Verstoß gegen das gemeinschaftsrechtliche Diskriminierungsverbot des Art. 12 EG vorliegen. Nunmehr unterliegen auch die inländischen Arbeitnehmer gem. § 2 AEntG der Kontrolle der Bundesanstalt für Arbeit und der Hauptzollämter (*Hanau,* NJW 1996, 1369).

Bei der Berechnung der Überstundenvergütungen der Arbeitnehmer sind allerdings für die Zahl der konkret erbrachten Überstunden das Recht des Herkunftslandes und der konkret vereinbarte Arbeitsvertrag maßgeblich (BAG v. 6. 3. 2003, NZA 2004, 1170).

Diese Verpflichtungen erstrecken sich auch auf die für Hafenschlepper (sog. Seeschifffahrtsassistenz – § 1 Abs. 2 AEntG). Hierbei handelt es sich bundesweit um lediglich ca. 100 Arbeitsverhältnisse (*Kretz*, AEntG Rn 22).

§ 1 Abs. 3 AEntG verpflichtet ausländische Arbeitgeber zusätzlich zur Entrichtung von Beiträgen zu den ebenfalls tarifvertraglich eingerichteten und für allgemein verbindlich erklärten Urlaubskassen-Verfahren der deutschen Bauwirtschaft. Von der Beitragsentrichtung befreit sind ausländische Arbeitnehmer, die gleichzeitig zu Beiträgen zu einer vergleichbaren Einrichtung im Staat ihres Sitzes herangezogen werden. Solche Einrichtungen gibt es in Belgien, Frankreich, den Niederlanden, Österreich und Italien (*von Danwitz*, EuZW 2002, 237). Eine Freistellung von der Beitragsentrichtung zur ULAK ist auch durch Rahmenvereinbarungen der deutschen Tarifvertragsparteien mit den Sozialpartnern eines anderen Landes möglich.

Nach § 1 Abs. 3 Satz 1 Nr. 2 AEntG setzt die Verbindlichkeit des Urlaubskassenverfahrens voraus, dass bei der Berechnung der Beitragsentrichtung bereits gewährter Urlaub angerechnet wird. Erst nach Ausreise gezahlter Urlaub oder eine Urlaubsabgeltung durch Barzahlung bei Ausreise müsse indes nicht anerkannt werden. Diese Einschränkung könne mit der fehlenden Möglichkeit der Kontrolle gerechtfertigt werden (*von Danwitz*, EuZW 2002, 237).

Statt der nur auf Antrag beider Tarifvertragsparteien möglichen Allgemeinverbindlich-Erklärung (§ 5 TVG) kann das Bundesministerium für Arbeit und Sozialordnung durch Rechtsverordnung bestimmen, dass die Regelungen eines für den Bereich der Bauwirtschaft geschlossenen Tarifvertrags für alle nicht tarifgebundenen Arbeitgeber und Arbeitnehmer Anwendung finden sollen. Die danach erlassene MindestlohnVO hat jeweils die Gültigkeitsdauer des zu Grunde liegenden Tarifvertrags, ist also ein Zeitgesetz.

1.5.3.2 Umgehungen

Durch die in der Bauwirtschaft übliche Beauftragung von **Subunternehmern** sollen die Verpflichtungen nach § 1 AEntG nicht umgangen werden können. § 1a AEntG begründet deshalb die Haftung des Hauptauftragnehmers für die Verpflichtungen der Subunternehmer und Verleiher von Arbeitskräften zur Zahlung des Mindestentgelts an die Arbeitnehmer oder zur Zahlung von Beiträgen an die Urlaubskasse. Hauptunternehmer sind nicht nur Generalunternehmer (so aber ErfK/*Hanau*, § 1a AEntG Rn. 2), sondern jeder Unternehmer, der einen Nachunternehmer zur Ausführung einer von ihm übernommenen Bauarbeit heranzieht. Die Hauptunternehmer behalten die Möglichkeit des Regresses gegen die Subunternehmer und haften lediglich bis zur Zahlung des Nettolohns.

1.5.3.3 Staatliche Kontrollen

§ 2 AEntG eröffnet der Bundesanstalt für Arbeit und den Hauptzollämtern **umfangreiche Kontrollrechte**. Er verschafft diesen Stellen ein Recht auf Einsicht in Arbeitsverträge, Niederschriften nach § 2 NachweisG und andere Geschäftsunterlagen, die Auskunft über die Einhaltung von Arbeitsbedingungen geben, die nach § 1 AEntG zwingend sind. Dazu gehören Lohn- und Meldeunterlagen zur Sozialversicherung, Werk- und Dienstverträge. Ein umfassender Datenaustausch mit den entsprechenden Kontrollbehörden in anderen Mitgliedstaaten des EWR ist zulässig.

Die Arbeitgeber sind verpflichtet, im Rahmen der Verpflichtungen nach § 1 AEntG Beschäftigungszeiten mit Beginn, Ende und Dauer der täglichen Arbeitszeit zu verzeichnen und diese Aufzeichnungen zwei Jahre lang aufzubewahren. Ausländische Arbeitgeber haben die Aufzeichnungen während der Ausführung der gesamten Bauleistung im Inland, auf Verlangen auf der Baustelle, bereit zu halten. Die Aufzeichnungen müssen in deutscher Sprache erfolgen. Die Pflicht, sich der deutschen Sprache zu bedienen, wird nicht als unverhältnismäßig angesehen, weil die Aufzeichnung ohne vertiefte Kenntnisse der deutschen Sprache möglich ist (*Ignor/Rixen*, Handbuch Arbeitsstrafrecht, Rn. 592).

1.5.3.4 Meldepflichten der Unternehmen

Als wichtiges Instrument für Kontrollen dient die den Unternehmen durch § 3 AEntG auferlegte **Meldepflicht**. Vor Beginn jeder Bauleistung ist eine schriftliche Anmeldung in deutscher Sprache beim örtlich zuständigen Zollamt vorzulegen. Ein unzuständiges Zollamt ist angeblich nicht verpflichtet, eine fälschlich bei ihm eingegangene Meldung an das zuständige Amt weiterzuleiten. Damit weicht § 3 AEntG gegenüber ausländischen Unternehmen von dem sonst für die Arbeitsverwaltung verbindlichen Grundsatz des § 16 Abs. 1 Satz 2 SGB I ab, wonach bei einem unzuständigen Leistungsträger eingegangene Anträge unverzüglich an die zuständige Stelle weiterzuleiten sind und die Leistungsträger verpflichtet sind, auf die Stellung klarer und sachdienlicher Anträge mit vollständigen Angaben hinzuwirken.

Die Meldepflicht wird allerdings verneint für ausländische Zeitarbeitsunternehmen, da die inländischen Zeitarbeitsunternehmen nicht derselben Verpflichtung unterliegen (EuGH v. 18.7.2007, NZA 2007, 917 [Kommission ./. Deutschland]).

In der Meldung sind neben dem Ort der Beschäftigung (Baustelle) und voraussichtlicher Dauer der Bauleistung auch die jeweils eingesetzten Mitarbeiter mitzuteilen. Es ist der im Inland verantwortliche Vertreter des Unternehmens zu benennen und ggfls. ein von ihm abweichender Zustellungsbevollmächtigter. Ergänzend ermöglicht § 4 AEntG die Verwaltungszustellung auf der Baustelle, die als Geschäftsraum gilt und bestimmt den mit der Ausübung des Weisungsrechts des Arbeitgebers Beauftragten zum Gehilfen im Sinne des § 11 Abs. 3 VwZG. So kann auch an den Polier eine förmliche Zustellung erfolgen, die an das Unternehmen adressiert ist. Andernfalls wären mangels inländischen Geschäftsraums Zustellungen, wenn überhaupt, nur im Ausland möglich.

Diese Verpflichtung wird auch Firmen aus Drittstaaten auferlegt, deren Mitarbeiter ohnedies nicht visafrei einreisen dürfen. Zwar wurde bereits im Visumsverfahren der beabsichtigte Einsatz der Arbeitnehmer festgehalten und hierzu die Zustimmung auch der Bundesanstalt für Arbeit eingeholt. Dennoch wird eine zusätzliche Anmeldung mit Beginn der Tätigkeit verlangt. Eigenartigerweise werden in der Praxis für die Meldungen noch nicht einmal Durchschreibeformulare verwendet, mit denen die Information aller beteiligten Dienststellen der Bundesanstalt für Arbeit in einem Arbeitsgang möglich wäre. Der hier überbordende Bürokratismus ist nicht überzeugend (so EuGH v. 19.1.2006, InfAuslR 2006, 172).

1.5.3.5 Sanktionen

Als Sanktion kennt § 6 AEntG den vorübergehenden Ausschluss von öffentlichen Aufträgen. Von der Teilnahme am Wettbewerb um einen Liefer-, Bau- oder Werkleistungsvertrag können Unternehmen ausgeschlossen werden, die wegen eines Verstoßes gegen § 5 AEntG mit einer Geldbuße von wenigstens € 2.500 belegt wurden. Dasselbe soll bei erdrückender Beweislage schon vor der Durchführung des Bußgeldverfahrens gelten, wenn ein vernünftiger Zweifel an einem schwerwiegenden Verstoß gegen die Verpflichtung zur Einhaltung der verbindlichen Arbeitsbedingungen nicht besteht und damit die Unzuverlässigkeit des Unternehmens erwiesen ist. Wegen der verfassungsrechtlichen Unschuldsvermutung ist in dieser Verfahrenslage die Zulässigkeit einer Sanktion allerdings sehr zweifelhaft.

§ 5 AEntG bestimmt die ordnungsrechtlichen Folgen von Verstößen gegen die Rechtspflichten nach § 1 ff. AEntG. Als **Ordnungswidrigkeit** kann gem. § 5 Abs. 1 Nr. 3 AEntG mit einer Geldbuße bis zu € 25.000 bestraft werden, wer z. B. entgegen § 2 Abs. 1 AEntG eine Prüfung der Unterlagen nicht duldet, bei ihr nicht mitwirkt, Unterlagen nicht oder nicht vollständig vorlegt oder zur Feststellung der Arbeitsbedingungen erforderliche Angaben nicht, nicht richtig oder unvollständig macht. Dieselbe Sanktion kann verhängt werden, wenn das zur Kontrolle erforderliche Betreten eines Grundstücks oder Geschäftsraums nicht geduldet wird.

Die Mitwirkungspflicht umfasst die Verpflichtung zur Vorlage vollständiger Unterlagen. Dazu gehören neben den Arbeitsverträgen vor allem auch die Niederschriften gem. § 2 NachweisG, einschließlich des Hinweises auf die relevanten Tarifverträge (*Ignor/Rixen*, Handbuch Arbeitsstrafrecht, Rn. 580 f.).

Ebenfalls mit einer Geldbuße bis zu € 25.000 kann bestraft werden, wer gegen seine Verpflichtung verstößt, die den jeweiligen Arbeitnehmer betreffenden Aufzeichnungen zwei Jahre lang aufzubewahren, oder wer die fristgerechte Anmeldung der Arbeitsaufnahme bei der Zollverwaltung versäumt. Dies gilt auch, wenn die Versicherung fehlt, dass die in § 1 AEntG vorgeschriebenen Arbeitsbedingungen eingehalten werden.

Eine Geldbuße bis zu € 500.000 kann gegen Arbeitgeber verhängt werden, die die nach § 1 Abs. 1 AEntG festgelegten Mindestlöhne, Mindesturlaub oder (auch zusätzliches) Urlaubsentgelt seinen Arbeitnehmern nicht gewähren. Diese Sanktionsmöglichkeit gilt auch für Leiharbeitgeber.

Da die Geldbußen in die Kasse der den Bußgeldbescheid erlassenden Behörde fließen, diese jedoch nicht mit Verteidigergebühren bei Freispruch entlastet werden, besteht ein erheblicher Anreiz für die Verwaltungsbehörden, Bußgeldbescheide zu erlassen ohne das Hemmnis, für die Folgen eines ungerechtfertigt eingeleiteten Bußgeldverfahrens wirtschaftlich einstehen zu müssen.

Da € 100 übersteigende Geldbußen gem. § 5 Abs. 6 AEntG in das Gewerbezentralregister einzutragen sind, ist bei wiederholter Verhängung von Geldbußen auch die Einleitung eines Gewerbeuntersagungsverfahrens wegen Unzuverlässigkeit möglich.

1.5.4 Europarechtliche Beschränkungen des Gesetzgebers

Europarechtlich sind die Regelungen des AEntG auf die Unternehmen mit Sitz in einem anderen Mitgliedsstaat der EU nur anwendbar, wenn jegliche Diskriminierung Dienstleistungen erbringender Unternehmen aus der EU ausgeschlossen ist. Zulässig sind die, die Freizügigkeit einschränkenden Regelungen nur aus zwingenden Gründen des Allgemeininteresses und nur insoweit, als dem Allgemeininteresse nicht schon durch die Rechtsvorschriften Rechnung getragen wird, denen der Dienstleistende in dem Staat unterliegt, in dem er ansässig ist (EuGH v. 9. 8. 1994, InfAuslR 1994, 388 [Vander Elst]).

Ein solch zwingender Grund kann der soziale Schutz der Arbeitnehmer sein. Voraussetzung ist, dass nach einem Vergleich mit dem Recht des Entsendestaats in diesem kein vergleichbarer sozialer Schutz besteht (EuGH v. 28. 3. 1996, Slg. 1996, I-1905 [Guiot]).

Es ist zulässig, ein Unternehmen aus einem anderen EU-Mitgliedstaat zu verpflichten, während des Zeitraums der Betätigung im Hoheitsgebiet Personal- und Arbeitsunterlagen auf der Baustelle bereit zu halten. Doch nach Beendigung der Tätigkeit darf keine weitere Aufbewahrungspflicht in diesem Mitgliedsstaat vorgeschrieben werden (EuGH v. 23. 11. 1999, EZAR 812 Nr. 12 [Arblade]).

Auf der Baustelle vorgehalten werden müssen vier Dokumente: Arbeitsvertrag, Lohnabrechnungen sowie die Arbeitszeit- und Lohnzahlungsnachweise. Da sie nicht übermäßig lang seien und üblicherweise unter Verwendung von formelhaften Wendungen erstellt werden, ist es nach Auffassung des EuGH (v. 18. 7. 2007, NZA 2007, 917 [Kommission ./. Deutschland]) zulässig, ihre Vorhaltung in deutscher Sprache zu verlangen. Als wesentliches Kriterium benennt der EuGH den Zweck des sozialen Schutzes der Arbeitnehmer des Baugewerbes.

Es ist zulässig, für die Dauer der Entsendung zur Sicherung der Ansprüche der Arbeitnehmer auf Urlaub und Urlaubsentgelt die Beteiligung am Urlaubskassen-Verfahren durchzusetzen (EuGH v. 25. 10. 2001, EZAR 812 Nr. 17 [Finalarte]).

Bei Unternehmen in Grenznähe kann eine solche Regelung unverhältnismäßig sein, wenn die Arbeitnehmer nur für kurze Zeiträume und in

Teilzeit grenzüberschreitend eingesetzt werden (EuGH v. 15.3.2001, NZA 2002, 554 [Mazzoleni]).

Europarechtlich unzulässig ist die Durchsetzung für allgemein verbindlich erklärte Tarifverträge gegenüber entsendenden Unternehmen aus der EU schließlich, wenn Inländer sich dieser Verpflichtung durch Abschluss eines Haustarifvertrags entziehen können. Darin liege eine unzulässige Benachteiligung der Wettbewerber aus anderen Mitgliedsstaaten (EuGH v. 24.1.2002, NZA 2002, 207 [Portugaia Construcoes]).

Es ist auch unzulässig, Aufträge für Bauleistungen nur an solche Unternehmen zu vergeben, die sich bei der Angebotsabgabe schriftlich verpflichten, ihren Arbeitnehmern bei der Ausführung dieser Leistungen mindestens das am Ort der Ausführung tarifvertraglich vorgesehene Entgelt zu zahlen (EuGH v. 3.4.2008, NJW 2008, 3485 [Ruffert]).

Daneben sind stets § 138 BGB (Sittenwidrigkeit zu geringer Vergütung) und § 291 StGB (Wucher) anzuwenden. Beträgt der vereinbarte Lohn weniger als 2/3 der marktüblichen Vergütung, ist die Vereinbarung danach unwirksam (BAG v. 23.5.2001, AuR 2001, 509; *Kittner-Schoof,* § 46 Rn. 7 ff.; *Huber-Lörcher,* SystDarst. XII Rn. 122 ff.).

1.5.5 Entsendung ins Ausland

In den Fällen vorübergehender Entsendung von Arbeitnehmern aus Deutschland ins Ausland gebietet Art. 3 Abs. 7 (Entsende-)RL 96/71/EG einen Günstigkeitsvergleich. Sind die am Beschäftigungsort geltenden Arbeitsbedingungen ungünstiger als die im Entsendestaat, ist der Arbeitgeber gemeinschaftsrechtlich nicht verpflichtet, die günstigeren Bedingungen des Rechts des Entsendestaats, also deutsches Recht, anzuwenden. Er ist hierzu berechtigt. Insoweit erlaubt die Vorschrift eine sog. »Inländerdiskriminierung«.

Praktische Konsequenzen ergeben sich hieraus nicht nur für die Lohnhöhe und Urlaubsgestaltung, sondern auch für das Arbeitsschutzrecht. Bei einem Auslandseinsatz besteht kein Anspruch der Arbeitnehmer auf die Einhaltung evtl. günstigerer deutscher Unfallverhütungsvorschriften. Nur der örtliche Mindeststandard ist einzuhalten. Diese Vorschriften sind Bestandteil des nicht der privatrechtlichen Disposition unterliegenden öffentlichen Rechts und werden durch die Kollisionsvorschrift des Art. 30 EGBGB nicht geregelt.

Diese Regelung geht letztlich zu Lasten der deutschen Unfallversicherungsträger. Sie bleiben bei Arbeitsunfällen für die Erbringung von Leistungen zuständig. Ein Regress gegen den inländischen Unternehmer wegen der Nichteinhaltung der deutschen Unfallverhütungsvorschriften während des Auslandseinsatzes ist ausgeschlossen (*Lunk*, DB 2001, 1934).

1.5.6 Arbeitnehmer-Überlassung

Arbeitnehmer-Überlassung ist bezüglich ausländischer Arbeitnehmer zulässig, wenn der Verleiher den Sitz im Bundesgebiet oder in einem anderen EU-Mitgliedstaat hat. Für die Ausübung der Tätigkeit dürfen nicht Betriebe, Betriebsteile oder Nebenbetriebe vorgesehen sein, die nicht in einem EU-Mitgliedsstaat oder einem EWR-Staat liegen (§ 3 Abs. 2 AÜG).

§ 1b AÜG sieht für die gewerbsmäßige Arbeitnehmer-Überlassung in Betrieben des Baugewerbes für Arbeiten, die üblicherweise von Arbeitern verrichtet werden, eine weitere Einschränkung vor. Der Verleiher muss danach von denselben Rahmen- und Sozialkassentarifverträgen oder von deren Allgemeinverbindlichkeit erfasst werden, also über den Sitz oder eine Niederlassung im Inland verfügen. Für Firmen aus der EU wird damit allerdings eine gemeinschaftswidrige Voraussetzung aufgestellt (EuGH v. 25.10.2001, NZA 2001, 1299 [Kommission ./. Deutschland]).

Eingeschränkt ist die Verleihung durch Verleiher mit Sitz in einem Drittstaat (§ 3 Abs. 3 AÜG). Drittstaatsangehörige können die Erlaubnis für die gewerbsmäßige Verleihung von Arbeitnehmern erhalten, wenn sie sich aufgrund eines internationalen Abkommens im Geltungsbereich dieses Gesetzes niederlassen durften und hierbei sowie bei ihrer Geschäftstätigkeit nicht weniger günstig behandelt werden dürfen als deutsche Staatsangehörige (§ 3 Abs. 5 AÜG). Für die Ausübung des Ermessens in anderen Fällen ist eine generelle Versagung der Genehmigung aus Gründen der Staatsangehörigkeit unzulässig. Eine arbeitsmarktpolitische Entscheidung, grundsätzlich nur Deutschen und Unionsbürgern die Verleihung von Arbeitnehmern zu erlauben, lässt das AÜG nicht zu (BSG v. 12.12.1990, NZA 1991, 951).

2. Der grundlegende Anspruch auf Gleichbehandlung

2.1 Völkerrecht

Eine Reihe völkerrechtlicher Vereinbarungen bildet die Grundlage für das Arbeitsrecht. Sie dienen der Durchsetzung der gerade für die Stellung ausländischer Arbeitnehmer wichtigen Gleichbehandlung. Man kann von einer menschenrechtlichen Grundlage des arbeitsrechtlichen Gleichheitssatzes sprechen.

Der Anspruch auf gleichen Lohn für gleiche Arbeit, freie Berufswahl, auf angemessene und befriedigende Arbeitsbedingungen und Schutz vor Arbeitslosigkeit in Art. 23 der Allgemeinen Erklärung der Menschenrechte gehört zum Kern. Eine angemessene und befriedigende Entlohnung soll eine der menschlichen Würde entsprechende Existenz sichern.

Konkretisiert wird diese Deklaration der UN-Generalversammlung zum einen durch den Internationalen Pakt über bürgerliche und wirtschaftliche Rechte. Er enthält in seinem Art. 22 das Recht zur gewerkschaftlichen Betätigung und in Art. 26 einen Anspruch auf gleichen Schutz durch das Gesetz. Verboten ist die Diskriminierung wegen der Rasse, der Hautfarbe, des Geschlechts, der Sprache, der Religion, der politischen oder sonstigen Anschauungen, der nationalen oder sozialen Herkunft.

Art. 7 des Internationalen Pakts über wirtschaftliche, soziale und kulturelle Rechte sichert gerechte und günstige Arbeitsbedingungen zu, einschließlich des Anspruchs auf gleichen Lohn für gleiche Arbeit und des Verbots, Frauen zu ungünstigeren Arbeitsbedingungen als Männer zu beschäftigen. Das Arbeitsentgelt muss für einen angemessenen Lebensunterhalt ausreichen. Sichere und gesunde Arbeitsbedingungen und gleiche Möglichkeiten des beruflichen Aufstiegs sind zu gewährleisten. Art. 8 des Pakts gewährleistet die Koalitionsfreiheit. Der Pakt begründet lediglich eine Verpflichtung der Staaten. Unmittelbar einklagbare Rechte ergeben sich aus ihm nicht (*DKL-Kittner,* S. 148). Nur auf dem Hintergrund einer Verneinung der Einklagbarkeit als nur weiches, nicht unmittelbar anwendbares Völkerrecht versteht sich die Auffassung des BAG (v. 21. 6. 2000, NJW 2000, 3589), wonach der Anspruch auf gleiches Arbeitsentgelt nur eingeklagt werden kann, soweit eine besondere innerstaatliche Regelung vorhanden ist. Diese innerstaatliche Regelung findet sich heute im AGG.

Art. 5 e) des Übereinkommens zur Beseitigung von Rassendiskriminierung verbietet ebenfalls eine arbeitsrechtliche Diskriminierung aufgrund der Rasse, der Hautfarbe, des nationalen Ursprungs und des Volkstums.

Der Internationalen Arbeitsorganisation (ILO) gehören die Regierungen ihrer Mitgliedsstaaten und die Repräsentanten der Gewerkschaften und Arbeitgeberverbände an. Sie hat ein umfangreiches Regelungswerk geschaffen. Dazu gehört vor allem das Übereinkommen Nr. 111, das ein allgemeines Diskriminierungsverbot in Beschäftigung und Beruf einfordert, ohne jede Unterscheidung aufgrund der Rasse, der Hautfarbe oder der nationalen Abstammung. Das Übereinkommen Nr. 97 über die Wanderarbeitnehmer verpflichtet die Signatarstaaten, die zur Gleichbehandlung in bezug auf das Arbeitsentgelt und die Beschäftigungsbedingungen, aber auch in bezug auf die soziale Sicherheit und die zu bezahlenden Steuern und den Rechtsweg erforderlichen Rechtsvorschriften zu erlassen.

Inländergleichbehandlung hinsichtlich der Ausübung nicht selbstständiger Arbeit wird Flüchtlingen in Art. 17 Abs. 2 a) Genfer Flüchtlingskonvention spätestens nach 3-jährigem Inlandsaufenthalt zugesichert. Diese Regelung bewirkt nach Fristablauf den unbeschränkten Zugang zum Arbeitsmarkt und erstreckt sich auf gesondert erforderliche Berufsausübungserlaubnisse, die an die Nationalität anknüpfen.

Demgegenüber haben aufgenommene Staatenlose nach Art. 17 des Staatenlosen-Übereinkommens lediglich einen Anspruch auf »möglichst günstige« Behandlung und dürfen gegenüber anderen Ausländern nicht benachteiligt werden.

2.2 Regelungen des Europarats

Einen Anspruch auf angemessene und gerechte Arbeitsbedingungen und gleiches und gerechtes Entgelt bestätigen die Art. 2 ff. der Europäischen Sozialcharta. Auch der Eigentumsschutz nach Art. 14 EMRK kann dazu beitragen, soziale Rechte zu erhalten (vgl. EGMR v. 6. 9. 1996, InfAuslR 1997, 1 [Gaygusuz]).

Art. 12 ENA räumt nach 10-jährigem ununterbrochenem ordnungsgemäßem Inlandsaufenthalt das Recht auf Ausübung jeder Erwerbstätigkeit ein. Die Regelung ist im Verhältnis zur Türkei wichtig.

2.3 Bilaterale Abkommen

In einer Reihe völkerrechtlicher Abkommen wurde den Staatsangehörigen Meistbegünstigung zuerkannt, so in Art. 8 des Freundschafts-, Handels- und Schifffahrtsvertrags mit der Dominikanischen Republik, in Art. 1 Abs. 1 des Handels- und Schifffahrtsvertrags mit Japan, in Art. 1 des Niederlassungsabkommens mit Persien. Meistbegünstigung ist das Recht, mindestens dieselbe Begünstigung zu erhalten, die den Staatsangehörigen anderer Staaten durch völkerrechtliche Verträge eingeräumt wurden. Den Angehörigen der vorgenannten Staaten kommt wegen des Anspruchs auf Meistbegünstigung der Anspruch auf Inländerbehandlung zu, der z. B. in Art. 7 Abs. 1 des Niederlassungs- und Schifffahrtsvertrags mit Griechenland vereinbart wurde. Er umfasst die Ausübung selbstständiger und unselbstständiger Erwerbstätigkeit.

Auf die Staatsangehörigen der USA wird der Anspruch auf Gleichbehandlung durch Art. 3 Abs. 1 des Freundschafts-, Handels- und Schifffahrtsvertrags mit den USA erstreckt. Er ergibt sich zugleich unmittelbar aus Art. 7 Abs. 1 dieses Vertrags. Der Anspruch auf Gleichbehandlung von US-Bürgern erfasst die Begünstigungen des EU-Rechts nicht, weil zum supranationalen Recht die Übertragung nationaler Kompetenzen gehört (Hess. VGH v. 5. 2. 2004, InfAuslR 2004, 185).

2.4 Recht der Europäischen Gemeinschaft

Für die konkreten Arbeitsverhältnisse und individuellen Ansprüche der Arbeitnehmer ist das Recht der Europäischen Gemeinschaft wegen der Eignung zur unmittelbaren Anwendbarkeit wichtig. Das allgemeine Grundrecht der Gleichheit der Menschen ist für den EuGH (v. 15. 6. 1978, Slg. 1978, 1365 [Defrenne III]) ein Bestandteil der allgemeinen Rechtsgrundsätze, deren Einhaltung er zu wahren hat. Das allgemeine Diskriminierungsverbot in Art. 12 EG und das arbeitsrechtliche Diskriminierungsverbot in Art. 39 Abs. 2 EG sind unmittelbar anwendbar. Diese Bestimmungen haben in der Rechtsprechung des Europäischen Gerichtshofs eine weitreichende Ausformung gefunden.

Umfassenden Schutz vor Diskriminierung verschaffen die RL 2000/43/EG zur Anwendung des Gleichbehandlungsgrundsatzes ohne Unterschied der Rasse oder der ethnischen Herkunft und die RL

2000/78/EG zur Festlegung eines allgemeinen Rahmens für die Verwirklichung der Gleichbehandlung in Beschäftigung und Beruf. Beide Richtlinien gelten in öffentlichen und privaten Bereichen und schützen umfassend vor Benachteiligungen bei Einstellungen, Beförderungen, Entlassungen und den Beschäftigungs- und Arbeitsbedingungen einschließlich der Entlohnung.

Ein Anspruch auf gleiche Arbeitsbedingungen findet sich in den von der EU abgeschlossenen Assoziationsabkommen mit der Türkei, den Maghreb-Staaten Tunesien, Algerien und Marokko, in den Abkommen mit der Ukraine, Moldawien, Weißrussland, Russland, Kirgisistan, Kasachstan, Aserbaidschan, Usbekistan und Georgien. Die Formulierungen der Abkommen weichen teilweise erheblich voneinander ab.

So ist unmittelbar anwendbar der Anspruch auf gleiche Arbeitsbedingungen nach Art. 40 Abs. 1 des Kooperationsabkommens mit Marokko. Art. 37 ZusProt AssAbk EWG-Türkei enthält einen mit dieser Vorschrift vergleichbaren Rechtssatz (EuGH v. 2. 3. 1999, InfAuslR 1999, 218 [El-Yassini]) und ist ebenfalls unmittelbar anwendbar (BAG v. 22. 3. 2000, EZAR 320 Nr. 7). Dasselbe hat EuGH (v. 12. 4. 2005, InfAuslR 2005, 234 [Simutenkov]) im Fall eines Fußballers für das Abkommen mit Russland bejaht.

Art. 10 Abs. 1 ARB 1/80 wiederholt das arbeitsrechtliche Diskriminierungsverbot und erweitert es auf Arbeitsuchende. Für letztere führt Art. 10 Abs. 2 ARB 1/80 ein zusätzliches Gleichbehandlungsgebot in bezug auf die Arbeitsvermittlung und damit ein Aufenthaltsrecht zur Arbeitssuche ein.

Zwischen unmittelbarer und mittelbarer, indirekter oder versteckter Diskriminierung unterscheiden die Vorschriften nicht. Eine mittelbare Diskriminierung liegt nicht nur dann vor, wenn eine Vorschrift verglichen mit den Inländern nachweisbar einen wesentlich größeren Anteil der Wanderarbeitnehmer betrifft. Es genügt vielmehr schon die Feststellung, dass die Vorschrift geeignet ist, eine solche Wirkung hervorzurufen (EuGH v. 21. 9. 2000, Slg. 2000, I-7293 [Borawitz]).

Eine Diskriminierung ist auch dann unzulässig, wenn sie unabhängig von der Staatsangehörigkeit die Freizügigkeit der Arbeitnehmer beeinträchtigt (EuGH v. 27. 1. 2000, Slg. 2000, I-493 [Graf]).

2.5 Die Gleichbehandlung im deutschen Recht

Das allgemeine Diskriminierungsverbot des Art. 3 GG hat sich in der Praxis als weniger weitreichend erwiesen als z. B. das Verbot geschlechterbezogener Diskriminierung nach Art. 141 EG, da die unterschiedliche Staatsangehörigkeit ein verfassungsrechtlich zulässiges Kriterium für unterschiedliche Behandlung ist. § 75 BetrVG verbietet die Ungleichbehandlung ausländischer Arbeitnehmer im Betrieb. § 80 Abs. 1 Nr. 7 BetrVG ergänzt dieses Verbot auf betrieblicher Ebene durch die Verpflichtung, sich um die Eingliederung ausländischer Arbeitnehmer zu bemühen und das Verständnis zwischen ihnen und den deutschen Arbeitnehmern zu fördern.

Dennoch ist der Status ausländischer Arbeitnehmer in der Praxis durch gravierende Benachteiligungen gekennzeichnet, die vom Gesetzgeber selbst vorgesehen sind. Sie finden sich vor allem im Sozial- und Steuerrecht. Die Verpflichtung, ausländische Arbeitnehmer am Arbeitsplatz gleich zu behandeln, wirkt einer Niedriglohn-Konkurrenz durch den Einsatz ausländischer Arbeitnehmer zu Lasten von Inländern entgegen. Die sozialrechtlichen Benachteiligungen der Ausländer ermöglichen demgegenüber eine Ausbeutung ausländischer Arbeitnehmer durch die Gesamtgesellschaft.

Das AGG lässt eine unterschiedliche Behandlung zu, die an die Staatsangehörigkeit anknüpft. Doch ist stets kritisch zu prüfen, ob an der Staatsangehörigkeit angeknüpft wird oder nicht in Wirklichkeit verdeckt an der ethnischen Herkunft. Es bedarf zur Rechtfertigung unterschiedlicher Sachbehandlung sachlicher Kriterien. Die bloße Behauptung durch den Diskriminierenden genügt nicht. Es muss vielmehr ein sachlicher Zusammenhang mit dem jeweiligen Rechtsgeschäft vorhanden sein. So ist bei der Einstellung eines Drittstaatsangehörigen durch einen Arbeitgeber der aufenthaltsrechtliche Status ein geeignetes Kriterium für eine Unterscheidung. Die Bescheinigung eines Daueraufenthaltsrechts in Form einer Niederlassungserlaubnis könnte z. B. zur Voraussetzung für eine Einstellung in eine Dauerbeschäftigung gemacht werden. Dann ist aber nicht die Staatsangehörigkeit, sondern der konkrete aufenthaltsrechtliche Status ein sachbezogenes Unterscheidungskriterium. Ebenso können Ausländer mit Aufenthaltstitel nur geduldeten Ausländern vorgezogen werden.

2.6 Gleichberechtigter Zugang zur Beschäftigung

2.6.1 Zugangsrechte für Ausländer

Aus der Diskussion um die Gleichberechtigung der Frau ist der Anspruch auf gleichberechtigten Zugang zum Beruf als Ausfluss eines Diskriminierungsverbots bekannt (Art. 141 EG). Ein Verstoß kann einen nach oben unbegrenzten Anspruch auf Schadensersatz auslösen (EuGH v. 22. 4. 1997, NZA 1997, 645 [Draehmpahl]). Das Grundrecht der Freiheit der Berufsausübung in Art. 12 GG ist ein Grundrecht, das Deutschen vorbehalten ist. Aus Drittstaaten stammende Ausländer sind demgegenüber – verfassungsrechtlich zulässig – nachrangig.

Eine Benachteiligung wegen der Rasse oder der ethnischen Herkunft beim Zugang zu einer Erwerbstätigkeit untersagen die §§ 1, 7 AGG. Es ist z. B. unzulässig, wenn ein Arbeitgeber von vornherein nur Deutsche als Mitarbeiter einstellen will. Damit würde er gegen Art. 7 Abs. 1 AGG verstoßen. Unzulässig wäre es auch, eine Einstellung einer Verkäuferin mit dem Argument abzulehnen, die Kundschaft möge keine arabischen, türkischen oder schwarzen Gesprächspartner (*Schiek,* AuR 2003, 44).

Andererseits lässt der Staat selbst insoweit Diskriminierungen zu und praktiziert sie, indem Ausländer, die nicht nach europäischem Recht freizügigkeitsberechtigt sind, nur unter besonderen Voraussetzungen zum Arbeitsmarkt zugelassen werden. Durch ausländerrechtliche Beschäftigungsverbote kann von Arbeitgebern eine Diskriminierung verlangt werden. Art. 3 Abs. 2 RL 2000/43/EG nimmt ausdrücklich »eine Behandlung, die sich aus der Rechtsstellung von Staatsangehörigen dritter Staaten oder staatenlosen Personen ergibt« vom allgemeinen Diskriminierungsverbot aus. So ergibt sich schon aus dem Wortlaut der gemeinschaftsrechtlichen Vorschrift – und deshalb ebenfalls aus § 1 AGG –, dass eine Unterscheidung nach der Staatsangehörigkeit nicht dasselbe ist wie eine Unterscheidung nach Rasse oder Herkunft.

Auch wenn Drittstaatsangehörige nur beschäftigt werden dürfen, wenn und soweit ihnen die Ausübung einer unselbstständigen Erwerbstätigkeit erlaubt ist, unterliegt der Abschluss eines Arbeitsvertrags mit Ausländern aus Drittstaaten keiner Genehmigungspflicht. Ein Beschäftigungsverbot führt deshalb nicht zur Nichtigkeit des Arbeitsvertrags (BAG v. 13. 1. 1977, AuR 1977, 253).

Man könnte einen Widerspruch darin sehen, dass die Mitgliedsstaaten der EU das Recht haben, den Zugang von Drittstaatsangehörigen zum Arbeitsmarkt zu beschränken, während die Bürger ihrerseits nach der RL 2000/43/EG eine Anstellung nicht nur wegen der fremden Staatsangehörigkeit verweigern dürfen. Das wäre verfehlt. Die Mitgliedstaaten haben sich damit gegenüber ihren Bürgern die ausschließliche Entscheidung vorbehalten, inwieweit Diskriminierungen von Ausländern – nach objektiven Kriterien – zulässig sind. Die Bürger sind an diese Entscheidung gebunden und dürfen sie nicht in Frage stellen. Deshalb sichert die RL 2000/43/EG den staatlichen Vorrang.

2.6.2 Zugangsrechte für Unionsbürger

Eine Benachteiligung beim Zugang zur Beschäftigung von Unionsbürgern und deren Familienangehörigen ist demgegenüber unzulässig. Als Bestandteil des primären Rechts kennt auch Art. 39 Abs. 3 a) EG einen Anspruch auf gleichberechtigte Bewerbung auf Arbeitsplätze. Dieser Anspruch ist als Bestandteil des primären Gemeinschaftsrechts drittwirkend, also auch von Privatpersonen zu beachten. Das Diskriminierungsverbot wird in Art. 7 VO 1612/68/EWG wiederholt, der die Nichtigkeit diskriminierender Bestimmungen in Kollektivvereinbarungen über den Zugang zur Beschäftigung anordnet.

Eine unzulässige Diskriminierung wurde im Verlangen einer italienischen Privatbank in Bozen gesehen, die für die Einstellung die Vorlage einer Bescheinigung über die deutsch-italienische Zweisprachigkeit verlangte und gleichwertige Nachweise nicht anerkannte. Die Prüfung zur Erlangung dieser Bescheinigung konnte nur in der Provinz Bozen abgelegt werden. Auswärtige Bewerber wurden dadurch ohne sachlichen Grund unzulässig benachteiligt (EuGH v. 6. 6. 2000, EZAR 811 Nr. 44 [Angonese]).

Da die gemeinschaftsrechtliche Freizügigkeit im EWR-Abkommen ausdrücklich auf die Staatsangehörigen der EWR-Staaten (Norwegen, Island, Liechtenstein) und im Freizügigkeitsabkommen mit der Schweiz auf Schweizerische Staatsangehörige erstreckt wurde, können sich diese unmittelbar auf das gemeinschaftsrechtliche Diskriminierungsverbot berufen. Sie sind im selben Umfang vor Benachteiligungen im Arbeitsverhältnis geschützt wie Unionsbürger.

2.6.3 Zugangsrechte für Drittstaatsangehörige

Unzulässig sind beim Zugang zu selbstständiger und unselbstständiger Erwerbstätigkeit Benachteiligungen wegen der Rasse oder der ethnischen Herkunft. Eine systematische Ablehnung jeglicher Beschäftigung von Ausländern verstößt gegen diese Regelung. In einem solchen Fall drohen gem. § 15 Abs. 2 AGG Schadensersatzansprüche bis zu einer Höhe von drei Monatsgehältern.

Ein Schadensersatzanspruch entsteht aber auch bei der Verletzung des Diskriminierungsverbots bei der Einstellung lediglich in einem Einzelfall. Eine Unterscheidung nach der Staatsangehörigkeit ist keinesfalls zulässig, wenn der Drittstaatsangehörige im Besitz einer zum dauerhaften Aufenthalt berechtigenden Daueraufenthaltskarte, einer Niederlassungserlaubnis oder einer Erlaubnis zum Daueraufenthalt-EG ist.

Sachlich berechtigt ist lediglich eine – aus der Staatsangehörigkeit folgende – Unterscheidung nach der Verfestigung des Aufenthalts. Im Hinblick auf die vorgesehene Beschäftigungsdauer ist eine Ablehnung der Einstellung zulässig, wenn der Arbeitnehmer kein Recht zum dauerhaften Aufenthalt hat und aus diesem Grund eine Erfüllung des Arbeitsvertrags nicht zu erwarten ist. Denn eine Unterscheidung nach der Staatsangehörigkeit kann sich in einem solchen Fall in der Ausübung der Beschäftigung nicht auswirken und lässt vermuten, dass die Unterscheidung in Wirklichkeit die abweichende ethnische Herkunft des Einstellungsbewerbers betrifft.

3. Ansprüche aus dem Arbeitsverhältnis

3.1 Befristete Arbeitsverhältnisse

Knüpft die Befristung des Arbeitsverhältnisses an die Befristung der Aufenthaltserlaubnis an, wird der Ausländer gegenüber Inländern benachteiligt. Diese Diskriminierung soll zulässig sein, wenn bei Abschluss des Arbeitsvertrags die Prognose gerechtfertigt war, dass wegen der Befristung der Arbeitserlaubnis eine Verlängerung des Arbeitsverhältnisses ausscheide (BAG v. 12. 1. 2000, InfAuslR 2000, 296).

Angeblich können sprachliche Kenntnisse eine Diskriminierung rechtfertigen. § 57b Abs. 3 HRG a. F. sollte zur Absicherung der Funktion und Erneuerungsfähigkeit der Forschung die Befristung der Arbeitsverträge wissenschaftlicher Mitarbeiter an Hochschulen ermöglichen. Im Unterschied zu anderen Personengruppen sah der Gesetzgeber vor, dass für die Tätigkeit als Fremdsprachenlektor eine Befristung ohne besondere Voraussetzung und Begründung festgelegt werden konnte.

Gegenüber Unionsbürgern und anderen europarechtlich vor Diskriminierung am Arbeitsplatz geschützten ausländischen Arbeitnehmern ist eine solche Ungleichbehandlung unzulässig. Der EuGH (v. 20.10.1993, InfuslR 1994, 1 [Spotti]) wertete die Begründung für die Befristung der Arbeitsverträge von Fremdsprachenlektoren als eine verschleierte Form an die Staatsangehörigkeit anknüpfender Diskriminierung, für die er in der Sache keinen Rechtfertigungsgrund sah. Denn Fremdsprachenlektoren sind überwiegend ausländische Staatsangehörige. Das BAG (v. 12.2.1997, NZA 1997, 998) hat sich der Rechtsprechung des EuGH angeschlossen (vgl. *Hänlein,* NZA 1999, 513).

Es erstreckt die Anwendung des Gleichheitssatzes des Art. 10 ARB 1/80 nun auf türkische Fremdsprachenlektoren (BAG v. 22.3.2000, NZA 2000, 831). Damit berücksichtigte es die unmittelbare Anwendbarkeit der arbeitsrechtlichen Gleichbehandlungsgebote in Art. 37 ZusProt und Art. 10 ARB 1/80 (vgl. EuGH v. 26.10.2006, InfAuslR 2007, 1 [Güzeli]).

Noch wenige Jahre zuvor hatte das BVerfG (v. 24.4.1996, NJW 1997, 513) entgegengesetzt behauptet, die Befristung sei ein geeignetes und erforderliches Mittel, das Ziel aktualitätsbezogenen Unterrichts zu erreichen. Die Gefahr, dass Lektoren, die in der Regel Unterricht in ihrer Muttersprache erteilen, nach einem längeren Aufenthalt in Deutschland den Aktualitätsbezug zu ihrer Sprache verlieren, sei nicht von der Hand zu weisen.

Nach der früheren Auffassung des BAG (v. 25.2.1998, NZA 1998, 1118) sollten die Gewährleistung kulturellen Austausches und die Gelegenheit zur Weiterqualifizierung ausreichende Sachgründe für eine Befristung sein. Mit dem 4. HRG-ÄnderungsG vom 20.8.1998 (BGBl I-2190) hat der Gesetzgeber die Sonderregelung für Fremdsprachenlektoren in § 57 b Abs. 3 HRG a. F. insgesamt aufgehoben.

3.2 Sprachrisiko

3.2.1 Abschluss des Arbeitsvertrags

3.2.1.1 Sprachwahl

Durch die große Zahl ausländischer Arbeitnehmer mit häufig geringen Sprachkenntnissen treten in der betrieblichen Praxis immer wieder erhebliche Verständigungsschwierigkeiten zwischen Arbeitgebern und Arbeitnehmern auf. Viele Arbeiter sind, teils wegen unzureichender schulischer Ausbildung, teils wegen anderer in der Schule erlernter Schreibschrift, Analphabeten. Nach der ILO-Empfehlung Nr. 151 sollten die Unternehmen ihren ausländischen Mitarbeitern die Möglichkeit eröffnen, die Kenntnisse der Sprache des Beschäftigungslandes zu verbessern (*Huber-Lörcher*, SystDarst. XII Rn. 76).

Der Arbeitsvertrag kann mündlich oder schriftlich abgeschlossen werden. Schriftform ist gem. § 14 Abs. 4 TzBfG für die Vereinbarung einer Befristung vorgeschrieben.

Es ist nicht festgelegt, in welcher Sprache ein schriftlicher Arbeitsvertrag abgefasst wird. Die Parteien können die Sprache frei vereinbaren. Es ist allerdings zu bedenken, dass bei einem Rechtsstreit vor deutschen Arbeitsgerichten die Gerichtssprache deutsch ist und deshalb im Fall einer gerichtlichen Auseinandersetzung ein Arbeitsvertrag zum Verständnis des Gerichts (kostenträchtig) übersetzt werden muss.

Zur Vermeidung von Missverständnissen kann der Arbeitsvertrag auch in einer deutschen und fremdsprachigen Fassung unterzeichnet werden. Wird ein Arbeitsvertrag in einer doppelsprachigen Fassung vereinbart, legt das Gericht für die Auslegung den deutschen Wortlaut zu Grunde. In diesem Fall kann zur Ergänzung oder vor allem bei Fachbegriffen auch auf die fremdsprachige Fassung zurückgegriffen werden (BAG v. 10. 2. 1988, AuR 1988, 187).

Demgegenüber haben Leiharbeitnehmer gem. § 11 Abs. 2 Satz 3 AÜG einen Anspruch auf Aushändigung eines Merkblatts und des Nachweises der wesentlichen Vertragsbedingungen in ihrer Sprache.

3.2.1.2 Nachweisgesetz

Die Richtlinie 91/533/EG verpflichtet die EU-Mitgliedstaaten zum Erlass einer Regelung, die die Arbeitgeber zwingt, ihre Beschäftigten über die für ihre Arbeitsverträge bzw. Arbeitsverhältnisse wesentlichen Punkte schriftlich zu unterrichten.

In Ausführung dieser Richtlinie wurde das NachwG verabschiedet. Die vom NachwG vorgeschriebene Schriftform dient nicht der Vereinbarung des Inhalts des Arbeitsvertrags. Sie verfolgt einen anderen Zweck. Die Wahrung der Schriftform obliegt dem Arbeitgeber und dient der Dokumentation des Inhalts des Arbeitsvertrags zur gegenseitigen Vergewisserung der vertraglich eingegangenen Verpflichtungen.

In diesen Nachweis sind aufzunehmen:

- Namen und Anschriften der Vertragsparteien,
- Zeitpunkt des Beginns des Arbeitsverhältnisses
- bei befristeten Arbeitsverhältnissen die vorhersehbare Dauer des Arbeitsverhältnisses,
- der Arbeitsort oder, falls der Arbeitnehmer nicht nur an einem bestimmten Arbeitsort tätig sein soll, ein Hinweis auf die Möglichkeit der Beschäftigung an verschiedenen Orten,
- eine kurze Charakterisierung oder Beschreibung der Tätigkeit des Arbeitnehmers,
- die Zusammensetzung und die Höhe des Arbeitsentgelts einschließlich der Zuschläge, der Zulagen, Prämien und Sonderzahlungen und anderer Bestandteile des Arbeitsentgelts und deren Fälligkeit,
- die vereinbarte Arbeitszeit,
- die Dauer des jährlichen Erholungsurlaubs,
- Kündigungsfristen und
- ein Hinweis auf die anzuwendenden Tarifverträge, Betriebs- oder Dienstvereinbarungen.

Aus der Pflicht, die normale Tages- und Wochenarbeitszeit aufzunehmen, folgt auch die Verpflichtung zum Hinweis auf eine etwaige Pflicht des Arbeitnehmers, auf bloße Anordnung des Arbeitgebers Überstunden zu leisten. Werden wesentliche Punkte des Arbeitsvertrags nicht oder nicht hinreichend genau wiedergegeben, wird der Inhalt des Arbeitsvertrags dadurch nicht geändert (EuGH v. 8. 2. 2001, NJW 2001, 955 [Lange]). Der vom Arbeitgeber ausgestellte Nachweis ist deshalb bei Streit um seine Richtigkeit kein Beweis für den Inhalt des Arbeitsvertrags. Die Pflicht zur Ausstellung des Nachweises entfällt nur, wenn ein schriftlicher Vertrag geschlossen wurde, der alle vom Gesetz verlangten Angaben enthält (§ 2 Abs. 4 NachwG).

Der Nachweis ist vom Arbeitgeber als (gesetzliche) vertragliche Nebenpflicht auszustellen. Wird ein (im entschiedenen Fall: Haus-)Tarifvertrag erst nachträglich erstmalig anwendbar, besteht diese Pflicht ebenfalls (BAG v. 5. 11. 2003, AuR 2004, 1). Verletzt der Arbeitgeber diese Pflicht, kann daraus ein Anspruch auf Schadensersatz nach §§ 286, 284, 249 BGB entstehen. Diesem Anspruch kann der Arbeitnehmer evtl. der Anwendung einer tarifvertraglichen Ausschlussfrist entgegenhalten, auf die sich der Arbeitgeber ihm gegenüber kraft betrieblicher Übung berufen möchte (BAG v. 17. 4. 2002, NZA 2002, 1096). Das gilt auch dann, wenn der Tarifvertrag für allgemein verbindlich erklärt wurde (BAG v. 5. 11. 2003, NZA 2005, 64).

Ausschlussfristen in Tarifverträgen gelten zwingend und unmittelbar zwischen den Tarifgebundenen (§ 4 Abs. 1 TVG). Auf ihre Kenntnis und Zustimmung kommt es nicht an (BAG-GS v. 16. 9. 1986, AuR 1987, 115). Sprachliche Defizite sind insoweit unerheblich. Dies gilt gleichermaßen, wenn in einem Betrieb der Tarifvertrag kraft betrieblicher Übung gilt (BAG v. 17. 4. 2002, NZA 2002, 1096).

Die Darlegungs- und Beweislast für den Inhalt des Arbeitsvertrags trifft denjenigen, der Rechte für sich geltend macht. Der Arbeitsnachweis kann dabei im Einzelfall eines von mehreren Indizien sein, auf die sich die Vertragsparteien berufen mögen.

Der Arbeitgeber kann auf die einschlägigen Kollektiv- und Rechtsnormen verweisen, die ihrerseits nicht in einer dem Arbeitnehmer verständlichen Sprache abgefasst sein müssen. Der Nachweispflicht ist durch den bloßen Hinweis entsprochen, selbst wenn der in Bezug genommene Tarifvertrag entgegen § 8 TVG nicht im Betrieb zur Einsicht der Arbeitnehmer ausliegt (BAG v. 23. 1. 2002, NZA 2002, 800).

Der Arbeitgeber muss den Arbeitnehmer nicht über Änderungen der Bezugsnormen unterrichten. Daraus ergibt sich, dass kein Rechtsanspruch auf Fassung des Arbeitsnachweises in einer bestimmten Sprache besteht (*Riesenhuber,* NZA 1999, 798).

Unterzeichnet ein Arbeitnehmer einen Arbeitsvertrag, den er nicht versteht oder missversteht, geht dies zu seinen Lasten. Er könnte sich vorher durch Beiziehung von Übersetzungshelfern kundig machen. Unterzeichnet er dennoch den Vertrag, nimmt er wissentlich ihm unbekannte Bedingungen hin und ist daran gebunden (Nds. LAG v. 18. 3. 2004 – 10 Sa 1990/04 – juris). Damit folgt die Rechtsprechung nicht der Auffassung, wonach der Arbeitsnachweis bei fehlenden Sprachkenntnissen des Arbeitnehmers nichts über den Inhalt der getroffenen Vereinbarungen aussagt und ihn der Arbeitnehmer nicht gegen sich gelten lassen müsse (so *Feldgen*, Nachweisgesetz, Rn. 67, 121).

3.2.1.3 Sozialrechtliche Arbeitsgelegenheiten

Häufig liegen keine Arbeitsverhältnisse vor, wenn das JobCenter Arbeitsgelegenheiten mit dem Ziel der Eingliederung in den Arbeitsmarkt schafft. Diese Arbeitsgelegenheiten sind in der Regel von vorübergehender Dauer und dienen einer besseren Eingliederung von Sozialhilfeempfängern in den Arbeitsmarkt (§ 16 Abs. 3 SGB II).

Wird während dieser Tätigkeit das übliche Arbeitsentgelt bezahlt, handelt es sich um ordentliche Arbeitsverhältnisse. Wird während der Tätigkeit Arbeitslosengeld zuzüglich einer Entschädigung für Mehraufwendungen gewährt, liegt kein Arbeitsverhältnis vor (§ 16 Abs. 3 SGB II).

Nicht der Eingliederung in den Arbeitsmarkt dienen Arbeitsgelegenheiten, die den in Aufnahme- und vergleichbaren Einrichtungen gem. § 44 AsylVfG aufgenommenen Ausländern angeboten werden (§ 5 Abs. 5 Satz 1 AsylbLG). Diese Ausländer dürfen nur für Tätigkeiten eingesetzt werden, die sonst nicht, nicht in diesem Umfang oder nicht zu diesem Zeitpunkt verrichtet würden. Beispiele sind etwa jahreszeitlich nicht unbedingt notwendige Reinigungsarbeiten in Grünanlagen oder die Errichtung eines weiteren Abenteuerspielplatzes (*Hohm*, AsylbLG § 5 Rn. 22).

3.2.2 Information über betriebliche Abläufe und Unfallverhütung

Der Arbeitgeber hat den Arbeitnehmer gem. § 81 BetrVG über seine Aufgabe und Verantwortung, über die Art seiner Tätigkeit und die Einordnung in die betrieblichen Abläufe zu unterrichten. Er ist weiter verpflichtet, ihn über die Unfall- und Gesundheitsgefahren zu unterrichten und die mögliche Vermeidung dieser Gefahren.

Die Unterweisung der Beschäftigten über Sicherheit und Gesundheitsschutz bei der Arbeit muss während der Arbeitszeit erfolgen und an die Gefährdungsentwicklung angepasst sein. Erforderlichenfalls ist sie regelmäßig zu wiederholen (§ 12 ArbSchG). Den Mitarbeitern ist die Erfüllung ihrer Mitwirkungspflichten zu ermöglichen (§ 3 Abs. 2 Nr. 2 ArbSchG).

Diese Vorschriften konkretisieren die Fürsorgepflicht des Arbeitgebers. Die Unterrichtung und Unterweisung dient der Vermeidung von Unfällen, bei denen die Arbeitnehmer gefährdet werden. Sie dient weiter der Vermeidung von Schäden. Wegen der damit verbundenen möglichen persönlichen Haftung der Arbeitnehmer liegt es auch in deren Interesse, dass ihre Aufklärung in einer für sie verständlichen Sprache erfolgt.

Die Verständlichkeit einer solchen Unterrichtung setzt voraus, dass sie den intellektuellen Fähigkeiten angepasst wird. Sie muss ggfls. in einfacher Sprache gehalten werden und in einer dem Arbeitnehmer verständlichen Sprache erfolgen. Erkennt der Arbeitgeber, dass der Arbeitnehmer die Belehrung sprachlich nicht versteht, muss er einen Dolmetscher beiziehen (*Buschkröger,* AiB 1999, 545). Diese Frage stellt sich nicht nur im Umgang mit ausländischen Arbeitnehmern. Es kann sich gleichermaßen im Umgang eines ausländischen Unternehmens mit inländischen Arbeitnehmern stellen.

Das Risiko für den Nachweis einer ausreichenden Belehrung trägt nach allgemeinen Grundsätzen derjenige, der sich auf sie beruft. Deshalb muss der Unternehmer den Nachweis einer ausreichenden und verständlichen Belehrung führen, wenn er gegen den Arbeitnehmer Schadensersatzansprüche geltend macht.

3.3.3 Sprachrisiko bei Kündigung

Bei unzureichenden Sprach- und Lesekenntnissen versteht der Arbeitnehmer die ihm gegenüber ausgesprochene Kündigung möglicherweise nicht. Wie jede Willenserklärung wird auch eine Kündigung gem. § 130 Abs. 1 BGB mit Zugang beim Adressaten wirksam. Da heute § 623 BGB für Kündigungen und Auflösungsverträge die Schriftform vorschreibt, sind nur mündliche Missverständnisse nicht (mehr) zu diskutieren.

Zum Zugang der Kündigung gehört nicht nur die Entgegennahme des Kündigungsschreibens, sondern auch die Kenntnis seines Inhalts. Der Arbeitgeber vermeidet mögliche Zugangsprobleme der Kündigung, wenn er sie mit einer Übersetzung in einer dem Arbeitnehmer verständlichen Sprache zuleitet.

Versteht der ausländische Arbeitnehmer das Kündigungsschreiben nicht, ist es ihm mit der Entgegennahme des Kündigungsschreibens noch nicht zugegangen. Allerdings ist es ihm nach Treu und Glauben verwehrt, sich auf den fehlenden oder verspäteten Zugang einer Kündigung zu berufen, wenn ihm die fehlende Kenntnis zuzurechnen ist.

Die Berufung auf die fehlende oder verspätete Kenntnis kann rechtsmissbräuchlich sein. Es kann vom Empfänger der Willenserklärung erwartet werden, dass er sich umgehend über den Inhalt kundig macht (BAG v. 9.8.1984, NJW 1985, 823).

Der Arbeitnehmer kann sich dazu an den Arbeitgeber wenden und deutlich machen, dass er den Inhalt des Schreibens nicht versteht. Er kann sich auch an Dritte wenden, wie den Betriebsrat, ein einzelnes Mitglied des Betriebsrats oder die für viele Nationalitäten in Deutschland bestehenden sozialen Dienste.

Erhält ein ausländischer Arbeitnehmer eine Kündigung, ohne sich unverzüglich des Inhalts zu vergewissern, kann die verspätet erhobene Klage wegen Säumnis der dreiwöchigen Klagefrist des § 4 Satz 1 KSchG nicht aus dem Grund nachträglich zugelassen werden, dass der Ausländer diese Frist nicht kannte. Die Frist ist ausreichend lang, dass auch ein Arbeitnehmer ohne Sprachkenntnisse sich mit den Formalitäten des KSchG vertraut machen kann (LAG Hamburg v. 20.11.1984, NZA 1985, 127).

Gestützt wird dies durch die Auffassung des BVerfG (v. 23.4.1991, NJW 1991, 2208). Danach ist in Straf- und Bußgeldverfahren eine 1-wöchige Frist für Sprachunkundige unzureichend, um gegen einen Strafbefehl und Bußgeldbescheid Einspruch einzulegen. Doch können Sprachunkundige ihre Rechte ausreichend wahren, wenn sie zwei Wochen Zeit haben, sich wegen des Inhalts des ihnen zugestellten amtlichen Schreibens zu vergewissern, das allerdings im Unterschied zur Kündigungserklärung auch eine Rechtsmittelbelehrung enthalten muss.

Aus der Rechtsprechung des BVerfG (a. a. O.) folgt in der umgekehrten Richtung nicht, dass die Kündigung bei sprachunkundigen Arbeitnehmern mit einer Rechtsbehelfsbelehrung zu verbinden wäre. Denn die Kündigung ist eine rein privatrechtliche Gestaltungserklärung (BAG v. 26.8.1993, NZA 1994, 281).

Dieselben Grundsätze gelten für den Zugang einer Abmahnung. Zu ihrer Wirksamkeit ist erforderlich, dass sie in verkehrsüblicher Art in die tatsächliche Verfügungsgewalt des Empfängers gelangt und dass unter gewöhnlichen Umständen eine Kenntnisnahme durch den Empfänger zu erwarten ist. Ist der Empfänger der Abmahnung der deutschen Sprache nicht hinreichend mächtig, um sie zu verstehen, kann von ihm erwartet werden, dass er sich um die Erlangung der Kenntnis bemüht. Er wird nach einer angemessenen Frist so behandelt, als ob die Abmahnung zugegangen wäre (BAG v. 9.8.1984, NJW 1985, 823).

3.3.4 Ausgleichsquittung

Bei Beendigung des Arbeitsverhältnisses muss der Arbeitnehmer den Empfang der Papiere (Lohnsteuerkarte, Sozialversicherungsnachweis, Zeugnis) quittieren. Häufig wird dabei eine Ausgleichsquittung unterzeichnet. Sie soll bei Beendigung des Arbeitsverhältnisses Streit um bestehende und/oder künftige Ansprüche verhindern. Mit ihrer Unterzeichnung verzichtet der Arbeitnehmer auf die Geltendmachung weiterer Ansprüche aus dem Arbeitsverhältnis. Rechtlich kann ein negatives Schuldanerkenntnis (§ 397 Abs. 2 BGB), ein Erlassvertrag (§ 397 Abs. 1 BGB) oder ein Vergleich (§ 779 BGB) vorliegen.

Da es sich um ein Rechtsgeschäft handelt, ist die hierfür erforderliche Willenserklärung nur zu bejahen, wenn der Arbeitnehmer einen Erklärungswillen hat. Es muss sich nach dem Wortlaut der Erklärung und den Begleitumständen klar ergeben, dass und in welchem Umfang der Arbeitnehmer ihm bekannte oder mögliche Ansprüche aufgibt. Ein Verzicht des Arbeitnehmers als Gläubiger auf Rechte ist nach der Lebenserfahrung im Allgemeinen nicht zu vermuten (BAG v. 20. 8. 1980, NJW 1981, 1285). So beinhaltet die Unterzeichnung einer Ausgleichsquittung einen Verzicht auf Versorgungsansprüche und Versorgungsanwartschaften nur, wenn sie ausdrücklich und unmissverständlich genannt werden (BAG v. 27. 2. 1990, AuR 1990, 231).

Der Arbeitgeber trägt gegenüber ausländischen Arbeitnehmern die materielle Beweislast dafür, dass der Arbeitnehmer erkannt hat, dass er mit Unterzeichnung der Ausgleichsquittung auf Rechte verzichte. Dabei ist der Bildungsgrad wichtig. So war ein ausländischer Ingenieur, der sich seit zehn Jahren im Bundesgebiet aufhielt und deutsch sprechen und lesen konnte, an die von ihm unterzeichnete Ausgleichsquittung mit dem darin enthaltenen Verzicht auf die Durchführung des Kündigungsrechtsstreits gebunden (LAG Köln v. 24. 11. 1999, MDR 2000, 528).

Fasst der Arbeitgeber, wie häufig, die Ausgleichsquittungen formularmäßig ab, beurteilt sich ihre Rechtmäßigkeit nach § 310 Abs. 4 BGB. Zutreffend wird gegen ein Widerrufsrecht zu Gunsten der Arbeitnehmer eingewandt, dass diese nicht in der Position von Verbrauchern handeln (*Bauer*, DB 2002, 42). Zwar umfasst der in § 13 BGB definierte Begriff des Verbrauchers auch Arbeitnehmer, da deren Tätigkeit nicht als selbstständige einzuordnen ist (*Hümmerich/Holthausen*, NZA 2002, 173). Aus dem Umstand, dass der Gesetzgeber die Ausnahmeregelung aufgehoben hat, durch die die Erstreckung des früheren Gesetz über allgemeine Geschäftsbedingungen auf das Arbeitsrecht ausgeschlossen war, folgt aber nicht die stillschweigende Fortgeltung der früheren Bereichsausnahme (so aber *Natzel*, NZA 2002, 595). Der Schutz vor Haustürgeschäften am Arbeitsplatz bezieht sich nicht auf Verhandlungen mit dem Arbeitgeber, sondern mit Dritten. Am Arbeitsplatz muss der Arbeitnehmer immer mit Verhandlungen mit dem Arbeitgeber rechnen (BAG v. 27. 11. 2003, NJW 2004, 2401).

Einem wirksamen Verzicht kann ein gesetzliches Verbot entgegenstehen, z. B. bezüglich der Lohnfortzahlung im Krankheitsfall (§ 12 EZFG), des gesetzlichen Mindesturlaubs (§ 13 BUrlG) und des Surrogats des Urlaubsentgelts (BAG v. 20. 1. 1998, NJW 1998, 3662), sowie unverfallbarer betrieblicher Altersversorgung (§ 17 Abs. 3 Satz 3 BetrAVG). Dies gilt zur Verhinderung ihrer Umgehung auch für die nach dem AEntG zwingend vorgeschriebenen Mindestarbeitsbedingungen und -löhne.

3.3.5 Sprachrisiko gegenüber Leiharbeitnehmern

Der Verleiher ist gegenüber den Leiharbeitnehmern gem. § 11 AÜG verpflichtet, den wesentlichen Inhalt des Arbeitsverhältnisses in eine von ihm zu unterzeichnende Urkunde aufzunehmen. Anzugeben sind vor allem

- Name und Anschrift des Verleihers,
- Ort und Datum der Erteilung der Erlaubnis der Tätigkeit als Leiharbeitgeber,
- der Name, die Anschrift und das Geburtsdatum des Leiharbeitnehmers,
- die vom Leiharbeitnehmer zu leistende Tätigkeit,
- Beginn und Dauer des Arbeitsverhältnisses,
- Gründe für die Befristung,
- Kündigungsfristen,
- die gesamte Vergütung,
- Leistungen bei Krankheit, Urlaub und vorübergehender Nichtbeschäftigung,
- die Dauer des Erholungsurlaubs,
- die vereinbarte Arbeitszeit,
- ein Hinweis auf die anzuwendenden Tarifverträge,
- sofern der Arbeitnehmer länger als einen Monat im Ausland eingesetzt wird, die Angaben nach § 2 Abs. 2 NachwG.

Diese Urkunde ist dem Leiharbeitnehmer auszuhändigen. Eine gesonderte Urkunde ist nicht auszuhändigen, wenn die vorgeschriebenen Angaben in einem schriftlichen Arbeitsvertrag enthalten sind.

Leiharbeitnehmer genießen weitergehenden Schutz. Ihnen ist vor Beginn der Beschäftigung vom Verleiher eine Urkunde mit dem wesentlichen Inhalt des Arbeitsverhältnisses auszuhändigen. Der Mindestinhalt ist in § 11 Abs. 1 AÜG aufgezählt. Der Verleiher ist auch verpflichtet, ein Merkblatt der Behörde, die die Verleihung erlaubt, über den wesentlichen Inhalt des AÜG auszuhändigen. Nichtdeutsche Leiharbeitnehmer erhalten das Merkblatt und die Urkunde in ihrer Muttersprache. Die Kosten trägt der Verleiher (§ 11 Abs. 2 AÜG).

3.3.4 Sprache und Betriebsverfassung

3.3.4.1 Betriebssprache und Übersetzung

Im Zuge der Globalisierung nimmt auch die Verflechtung der internationalen Konzerne zu. Damit wächst die Zahl fremdsprachiger Unternehmensleitungen in Deutschland ansässiger Unternehmen und Niederlassungen. Für die Kommunikation zwischen Betriebsrat und Arbeitgeber ist deshalb die Frage zu beantworten, in welcher Sprache die Kommunikation stattfindet.

Gemäß § 184 GVG ist die Sprache des gerichtlichen Verfahrens Deutsch. Das BetrVG kennt eine dementsprechende Vorschrift nur in § 2 Abs. 5 WahlO BetrVG. Vor der Wahl des Betriebsrats soll der Wahlvorstand dafür sorgen, dass die der deutschen Sprache nicht mächtigen ausländischen Arbeitnehmer vor Einleitung der Betriebsratswahl über Wahlverfahren, Aufstellung der Wähler- und Vorschlagslisten, Wahlvorgang und Stimmabgabe unterrichtet werden. Wurden die entsprechenden Informationen nicht in den Landessprachen vermittelt, führt dies zur Anfechtbarkeit der Wahl des Betriebsrats (*Buschkröger,* AiB 1999, 545). Verstöße gegen wesentliche Wahlvorschriften berechtigen nur dann nicht zur Anfechtung der Betriebsratswahl, wenn durch den Verstoß das Wahlergebnis nicht geändert oder beeinflusst werden konnte. Das ist der Fall, wenn bei einer hypothetischen Betrachtungsweise eine Wahl ohne den Verstoß unter Berücksichtigung der konkreten Umstände zwingend zu demselben Wahlergebnis geführt hätte. In der Regel ist nicht auszuschließen, dass die im Betrieb beschäftigten ausländischen Arbeitnehmer im Fall einer ordnungsgemäßen Unterrichtung von ihrem Wahlrecht in anderer Weise Gebrauch gemacht hätten als dies tatsächlich geschehen ist (BAG v. 13. 10. 2004, DB 2005, 675). Aus § 2 Abs. 5

WahlO, § 19 Abs. 1 letzter Halbsatz BetrVG ergibt sich zugleich, dass die Wahl des Betriebsrats in der deutschen Sprache durchzuführen ist.

Wurden die Bekanntmachungen des Wahlvorstands vor der Wahl des Betriebsrats nicht in mehreren Sprachen veröffentlicht, soll demgegenüber nach dem ArbG Frankfurt (v. 12. 11. 2002, AuR 2003, 158) die Wahl nur angefochten werden können, wenn dieser Mangel vor der Wahl beim Wahlvorstand beanstandet und auf Abhilfe gedrängt wurde. Damit wird übersehen, dass eine Beanstandung durch die Betroffenen eine Kenntnis voraussetzt, die gerade durch die Veröffentlichung in einer ihnen verständlichen Sprache zu vermitteln ist.

Es liegt nahe, dass die für das Wahlverfahren wesentliche Sprache auch diejenige ist, in der nach der Vorstellung des Gesetzgebers der gewählte Betriebsrat kommunizieren soll. Demgemäß sieht *Buschkröger* (AiB 1999, 545) die Wahl der »Betriebssprache« gem. § 87 Abs. 1 Nr. 1 BetrVG als mitbestimmungspflichtig an. Die Sprachregelung betreffe nicht das Arbeitsverhalten der einzelnen Arbeitnehmer, sondern die Art und Weise, in der die Arbeitnehmer Kontakt zu ihren Kollegen und Vorgesetzten aufnehmen und umgekehrt wie diese mit ihnen in Kontakt treten. Es sei daher das soziale Zusammenleben und -arbeiten betroffen.

Das ArbG Frankfurt (v. 5. 3. 1997, AiB 1998, 524) entnimmt der Verpflichtung zur rechtzeitigen und umfassenden Information des Betriebsrats (§ 80 Abs. 2 Satz 1 BetrVG), dass seine Unterrichtung in einer allen Mitgliedern verständlichen Sprache erfolgen muss. Da in dem von ihm entschiedenen Fall von 26 Mitgliedern des Gesamtbetriebsrats 12 Deutsch nicht als Muttersprache sprachen und im Rahmen ihrer Arbeitsverhältnisse Englisch verwendeten, sah es die Übersetzung durch einen Dolmetscher als angemessen und bezüglich der Höhe der Kosten als verhältnismäßig an.

Das LAG Frankfurt (v. 19. 8. 1993, NZA 1995, 285) leitet aus § 2 Abs. 1 BetrVG her, dass diese rechtzeitige und umfassende Information nicht in der Form erfolgen kann und dass andere Betriebsratsmitglieder für sie den Übersetzungsdienst übernehmen müssten. Andernfalls bestünde die Gefahr, dass die nicht ebenso sprachkundigen Betriebsratsmitglieder durch ihre Kollegen manipuliert werden.

Diller (DB 2000, 718) wendet ein, der Unterrichtungsanspruch stehe nicht dem einzelnen Betriebsrat, sondern dem Gremium als solchem zu. Dies äußere sich auch darin, dass eine versäumte Information krankheitsbedingt abwesender Betriebsratsmitglieder bei Rückkehr nicht nachgeholt werden müsse. Dem Arbeitgeber sei das Risiko der Zusammensetzung des Betriebsrats nicht zugewiesen. Allerdings trifft dieses Risiko den Arbeitgeber jedenfalls billigerweise dort, wo er Arbeitnehmer in einer ausländischen Arbeitssprache tätig werden lässt. Wenn die von ihm benötigten Fähigkeiten des Arbeitnehmers bei dessen Wahl in den Betriebsrat Übersetzungskosten erforderlich machen, wirkt sich eine vom Arbeitgeber vorausgesetzte Eigenschaft aus.

Ausdrücklich gesetzlich geregelt ist ein Anspruch auf Beiziehung eines Dolmetschers durch §§ 16 Abs. 1 Satz 3, 30 Satz 3 EBRG. Die erforderlichen Kosten von Dolmetschern für Sitzungen des besonderen Verhandlungsgremiums und des Europäischen Betriebsrats sind von der zentralen Unternehmens- bzw. Konzernleitung zu tragen.

Die Auswahl des Dolmetschers obliegt dem Betriebsrat, dem der Arbeitgeber keinen Mitarbeiter aufzwingen darf. Die entgegengesetzte Auffassung von *Diller* (DB 2000, 718) geht zwar zutreffend von der Vergleichbarkeit mit der Auswahl von Büropersonal des Betriebsrats aus, aber auch dort hat der Betriebsrat das Recht der Auswahl.

Einzuschränken ist das Auswahlrecht des Betriebsrats durch das Erfordernis der Qualifizierung des Dolmetschers. Da der Arbeitgeber nur erforderliche Kosten zu tragen hat, ist er nicht verpflichtet, für die Kosten eines nicht amtlich vereidigten Dolmetschers einzustehen. Denn der Einsatz unqualifizierter Übersetzer beinhaltet nicht die erforderliche Gewähr der Richtigkeit der Übersetzungen.

3.3.4.2 Betriebsversammlung

Zur Erfüllung der Pflicht des Betriebsrats nach § 43 Abs. 1 BetrVG, bei Betriebsversammlungen einen Tätigkeitsbericht zu erstatten, kann ebenfalls ein Dolmetscher beigezogen werden. Das Verständigungsrisiko trägt vollständig der Arbeitgeber. Der Betriebsrat hat keinen Einfluss auf die Zusammensetzung der Belegschaft.

Die Beiziehung kann in diesem Fall darüber hinaus auf § 80 Abs. 1 Nr. 7 BetrVG gestützt werden, wonach die Eingliederung ausländischer Arbeitnehmer im Betrieb und das Verständnis zwischen ihnen und den deutschen Arbeitnehmern zu fördern ist. Die Kosten des Dolmetschers trägt auch hier der Arbeitgeber (§ 40 Abs. 1 BetrVG).

Allerdings kann es im Einzelfall unverhältnismäßig sein, auf der wesentlich teureren schriftlichen Übersetzung eines Tätigkeitsberichts zu bestehen und kann stattdessen der Bericht nur mündlich zu übersetzen sein (*Diller*, DB 2000, 718). Die erforderliche wirtschaftliche Gesamtbetrachtung muss die Kosten eines Dolmetschers den Kosten gegenüber stellen, die durch den größeren Arbeitsausfall wegen der Verlängerung der Betriebsversammlung durch die Übersetzung des Rechenschaftsberichts entstehen (*Helm*, AiB 1993, 70).

3.3.4.3 Betriebliche Sprachenregelung

Internationale Konzerne ziehen manchmal die Verwendung einer anderen Sprache, vor allem von Englisch als Arbeitssprache der deutschen Sprache vor. Soweit die Tätigkeit selbst schon fremdsprachliche Kenntnisse voraussetzt, ist eine entsprechende Festlegung nur Konkretisierung der Arbeitspflicht. So verständigen sich Fluglotsen mit den Flugzeugbesatzungen per Funk ausschließlich in der englischen Sprache. Soll die Verwendung einer fremden Betriebssprache darüber hinausgehend vorgeschrieben werden, ist eine solche Regelung als Bestandteil der Ordnung des Betriebs anzusehen und unterliegt gem. § 87 Abs. 1 Nr. 1 BetrVG der Mitbestimmung des Betriebsrats.

Es können deshalb insoweit auch Betriebsvereinbarungen geschlossen werden. Eine solche Vereinbarung könnte auch in ausländischer Sprache abgefasst werden. Ratsam ist das nicht. Denn im Streitfall ist die Vereinbarung dem Arbeitsgericht vorzulegen. Dieses wird wegen § 184 GVG die Vorlage einer wiederum auf Kosten des Arbeitgebers zu erstellenden Übersetzung verlangen.

4. Arbeitsrechtliche Bedeutung des Aufenthaltstitels

4.1 Der Arbeitgeber als Vertreter gegenüber der Ausländerbehörde

Der Ausländer kann sich in jeder Lage des ausländerrechtlichen Verfahrens von einem Bevollmächtigten vertreten lassen und deshalb auch von seinem Arbeitgeber (die Verfahrensgesetze der Bundesländer enthalten § 14 VwVfG entsprechende Regelungen). Nicht vertreten werden kann der Ausländer in der Pflicht, auf Verlangen der Behörde bei ihr persönlich vorzusprechen (§ 82 Abs. 4 AufenthG).

Hat der Ausländer das 16. Lebensjahr noch nicht vollendet, ist er im ausländerrechtlichen Verfahren noch nicht handlungsfähig (§ 80 Abs. 1 AufenthG) und kann deshalb den Arbeitgeber nicht zu seiner Vertretung ermächtigen. Stattdessen müssen für ihn die Eltern als seine gesetzlichen Vertreter handeln.

Die Verwaltungsgerichte rechnen das Verschulden des Bevollmächtigten stets dem Ausländer zu (Bay. VGH v. 7. 3. 2001, AuAS 2001, 185). Die Zurechnung ist selbst bei einem dadurch bedingten Verlust grundrechtlicher Ansprüche hinzunehmen (BVerfG v. 21. 6. 2000, InfAuslR 2000, 459). **Säumnisse des Arbeitgebers** bei der Vertretung des Arbeitnehmers gegenüber der Ausländerbehörde gehen nach dieser Rechtsprechung zu Lasten des ausländischen Arbeitnehmers.

Die Ausländerbehörde kann z. B. bei Prüfung der Voraussetzungen des Art. 6 Abs. 1 ARB 1/80 oder der Sicherung des Lebensunterhalts die Verlängerung der Aufenthaltserlaubnis davon abhängig machen, dass der Arbeitnehmer den Fortbestand des Arbeitsverhältnisses nachweist. In diesem Fall obliegt dem Arbeitgeber die **nebenvertragliche Pflicht**, für den Arbeitnehmer diesen Fortbestand gegenüber der Ausländerbehörde zu bestätigen, da sie dem Fortbestand des Arbeitsverhältnisses dient.

4.2 Die rechtliche Folge unerlaubter Beschäftigung

4.2.1 Das gesetzliche Verbot

Ein gegen ein gesetzliches Verbot verstoßendes Rechtsgeschäft ist gem. § 134 BGB nichtig. Bedarf die Beschäftigung eines ausländischen Arbeitnehmers einer behördlichen Genehmigung, liegt bei Fehlen dieser Genehmigung ein solcher Rechtsverstoß vor. Die Folge der Nichtigkeit ist angemessene Folge, wenn Arbeitgeber und Arbeitnehmer einvernehmlich von Anbeginn an gegen das ausländerrechtliche Beschäftigungsverbot verstoßen wollen und eine Genehmigung der Ausländerbehörde nicht beigebracht werden kann (BAG v. 16. 12. 1976, AuR 1977, 379).

Sie wäre unangemessen, wenn die Erlaubnis für die Beschäftigung beantragt wurde. Immerhin kann eine ausländerrechtliche Erlaubnis auch rückwirkend erteilt werden, wenn der Ausländer hieran ein schutzwürdiges Interesse hat (BVerwG v. 29. 9. 1998, InfAuslR 1999, 69). Wird die Beschäftigung unerlaubt aufgenommen, aber zugleich der erforderliche Antrag auf Genehmigung gestellt, kommt deshalb die Heilung des Rechtsmangels bis zum rechtskräftigen Abschluss des Verfahrens in Betracht. Bis zu diesem Zeitpunkt ist deshalb der Arbeitsvertrag lediglich schwebend unwirksam (BAG v. 26.6.1996, NJW 1997, 821).

4.2.2 Vorübergehende Unwirksamkeit eines Beschäftigungsverbots durch Verfahren

Der Antrag auf Verlängerung der Aufenthaltserlaubnis entfaltet gem. § 81 Abs. 3 AufenthG aufschiebende Wirkung und der Aufenthalt gilt als vorläufig erlaubt. Selbst wenn nicht rechtzeitig vor Ablauf der Gültigkeit die Verlängerung beantragt wird, gelten die der Aufenthaltserlaubnis beigefügten Auflagen fort (§ 51 Abs. 6 AufenthG). Dies gilt auch für Auflagen, welche die Ausübung einer Erwerbstätigkeit erlauben.

Sofern die Ausländerbehörde im Verfahren über die Verlängerung des Aufenthaltstitels durch eine Auflage wie »Erwerbstätigkeit nicht gestattet« die Fortsetzung der Beschäftigung untersagen will, kann hiergegen Rechtsmittel eingelegt werden. Dieses Rechtsmittel entfaltet keine aufschiebende Wirkung (§ 84 Abs. 1 Nr. 3 AufenthG). Die ursprünglich erteilte Auflage wirkt unter dieser Voraussetzung nicht fort. Insofern hat sich die Rechtslage gegenüber dem AuslG 1990 (dazu: VGH Baden-Württemberg v. 22.8.1995, InfAuslR 1996, 14; LSG Baden-Württemberg v. 29.1.2001, InfAuslR 2001, 185) geändert und der zuvor bestehende Rechtszustand wurde wiederhergestellt. Die unter der Geltung des AuslG 1965 entwickelte Rechtsprechung (BAG v. 7.2.1990, AuR 1990, 361; BSG v. 9.8.1990, InfAuslR 1991, 122) kann deshalb erneut herangezogen werden.

Doch kann der Ausländer diese Rechtsfolge aufschieben, indem er gegen die Änderung der Auflage Rechtsmittel einlegt und zugleich beim Verwaltungsgericht einen Antrag auf Wiederherstellung der aufschiebenden Wirkung stellt. Während dieses gesonderten Verfahrens auf Gewährung von vorläufigem Rechtsschutz gilt das vor der Verhängung des Arbeitsverbots bestehende Beschäftigungsrecht gem. § 84 Abs. 2 Satz 2 AufenthG fort.

In der Praxis werden gesondert anfechtbare ausländerrechtliche Auflagen häufig ohne Rechtsmittelbelehrung verhängt. In diesem Fall bleibt gem. § 58 Abs. 2 Satz 1 VwGO das Rechtsmittel innerhalb eines Jahres nach Verhängung der Auflage zulässig. Das Verwaltungsgericht entscheidet im Verfahren des vorläufigen Rechtsschutzes gem. § 80 Abs. 5 VwGO ohne mündliche Verhandlung und aufgrund einer Interessenabwägung.

Bei Erlass einer aufenthaltsbeendenden Verfügung gilt der Aufenthaltstitel für Zwecke der Aufnahme und Ausübung einer Beschäftigung als fortbestehend, solange die Frist zur Erhebung des Widerspruchs oder der Klage noch nicht abgelaufen ist, sowie während eines gerichtlichen Verfahrens auf Erlangung von vorläufigem Rechtsschutz (§ 84 Abs. 2 Satz 2 AufenthG). Der Gesetzgeber trägt damit einem verfassungsrechtlichen Gebot auf effektiven Rechtsschutz Rechnung (vgl. VerfGH Berlin v. 31. 1. 2003, InfAuslR 2003, 225) und vermeidet Schadensersatzansprüche gegen die öffentliche Hand.

4.3 Kündigung wegen fehlenden Beschäftigungsrechts

4.3.1 Arbeitgeber-Kündigung

Entsprechend seiner Verpflichtung, seine Arbeitskraft zur Verfügung zu stellen, obliegt dem ausländischen Arbeitnehmer die Beibringung einer erforderlichen ausländerrechtlichen Genehmigung zur Ausübung der Beschäftigung. Bei Ablauf der Genehmigung ist er verpflichtet, sich rechtzeitig um ihre Verlängerung zu bemühen und den Eintritt des gesetzlichen Beschäftigungsverbots zu verhindern (BAG v. 7. 2. 1990, AuR 1990, 361).

Wird die ausländerrechtliche Genehmigung der Beschäftigung versagt, wird dem Arbeitnehmer die Erbringung der geschuldeten Arbeitsleistung dauernd rechtlich unmöglich. Das BAG (a. a.O.) zieht eine Parallele zur Situation des dauerhaft arbeitsunfähig erkrankten Arbeitnehmers. In beiden Fällen ist die ordentliche Kündigung regelmäßig sozial gerechtfertigt.

Sofern ein ausländerrechtliches Beschäftigungsverbot vorläufig wirksam ist, hängt die Zulässigkeit einer Kündigung von mehreren Umständen ab. Es sind die Erfolgsaussichten des Rechtsmittels im Verwaltungsverfahren und vor den Verwaltungsgerichten abzuschätzen. Ausschlaggebend ist, ob der Arbeitgeber in absehbarer Zeit mit der Erteilung der Erlaubnis rechnen kann. Es ist weiter zu beurteilen, ob der Arbeitgeber in diesem Zeitraum den Arbeitsplatz für den ausländischen Arbeitnehmer ohne erhebliche betriebliche Beeinträchtigungen offen halten kann und ob er ihn im Hinblick auf die Besonderheiten der in Frage stehenden Dienstleistungen mit einem vorübergehend eingestellten Arbeitnehmer besetzen kann (BAG v. 7.2.1990, AuR 1990, 361).

Weiter geht das LAG Nürnberg (v. 21.9.1994, NZA 1995, 228), indem es eine fristlose Kündigung für den Fall billigt, dass der Arbeitnehmer verschweigt, dass er vollziehbar zur Ausreise aus dem Bundesgebiet aufgefordert wurde. Denn der Arbeitgeber setze sich durch Weiterbeschäftigung trotz Beschäftigungsverbots der Gefahr einer Ordnungswidrigkeit aus. Dem hält *Huber-Lörcher* (SystDarst XII, 162) entgegen, dass das Weiterbeschäftigungsrecht nicht automatisch mit Ablauf der für den Aufenthalt erforderlichen Genehmigung erlischt. Bedenken gegen diese Auffassung bestehen auch deshalb, weil den Arbeitgeber eigene Pflichten zur Feststellung des Beschäftigungsrechts treffen und er diese nicht auf den häufig weniger rechtskundigen ausländischen Arbeitnehmer abwälzen kann.

Eine Kündigung missbilligte das LAG Stuttgart (v. 25.6.1998, InfAuslR 1998, 514), nachdem sich eine Arbeitnehmerin nach bestandskräftiger Abschiebungsandrohung der Abschiebung entzog, untertauchte und vier Werktage nicht zur Arbeit erschien, bis ihrem Antrag auf Erteilung einer Duldung wegen eines Abschiebungshindernisses entsprochen wurde. Ein Erscheinen am Arbeitsplatz war, im Nachhinein gesehen, vorübergehend unzumutbar.

Angeblich verstößt ein Arbeitgeber nicht gegen Treu und Glauben, wenn er gegenüber der Ausländerbehörde erklärt, er habe an der Beschäftigung des Arbeitnehmers kein weiteres Interesse, sofern ihm nicht zugemutet werden kann, während eines vorläufigen Beschäftigungsverbots den Arbeitsplatz für den Arbeitnehmer offen zu halten (LAG Hamm v. 9.2.1999, NZA-RR 1999, 240). Diese Auffassung begegnet erheblichen Zweifeln. Immerhin liegt bei einer entsprechenden Anfrage durch die Ausländerbehörde die Versuchung für den Arbeitgeber auf der Hand, ein Arbeitsverhältnis ohne Bindung an den gesetzlichen Kündigungsschutz beenden zu können.

Den Arbeitgeber trifft eine nebenvertragliche Verpflichtung zur Mitwirkung, den Arbeitnehmer im Verfahren auf Verlängerung des Aufenthaltstitels zu unterstützen. Dazu erforderliche Erklärungen, etwa über den Fortbestand des Arbeitsverhältnisses im Zusammenhang mit den Voraussetzungen des Art. 6 Abs. 1 ARB 1/80, muss er gegenüber der Ausländerbehörde abgeben. Verstößt der Arbeitgeber gegen diese Pflicht, ist es ihm nach Treu und Glauben verwehrt, sich zur Rechtfertigung einer Kündigung auf das auf seinem Handeln beruhende Beschäftigungsverbot zu berufen (BAG v. 7.2.1990, AuR 1990, 361).

Diese Pflicht geht allerdings nicht so weit, dass der Arbeitgeber anstelle des Arbeitnehmers die Verlängerung der Aufenthaltserlaubnis beantragen müsste (BAG v. 26.6.1996, NZA 1996, 1087). Dazu ist er ohne Vollmacht des Arbeitnehmers schon rein rechtlich nicht in der Lage.

Eine Pflicht zum Hinweis auf den drohenden Ablauf der Aufenthaltserlaubnis kann den Arbeitgeber nur ausnahmsweise treffen. Sie setzt voraus, dass er im früheren Verwaltungsverfahren für den Arbeitnehmer gegenüber der Ausländerbehörde aufgetreten ist (BAG v. 7.2.1990, AuR 1990, 361).

4.3.2 Arbeitnehmer-Kündigung

In Ausnahmefällen kann auch der Arbeitgeber durch ein Unterlassen im ausländerbehördlichen Verfahren den Arbeitsvertrag verletzen. So sind bei Werkvertragsarbeitnehmern von Unternehmen aus Drittstaaten für die Erteilung oder Verlängerung der Aufenthalts- und Arbeitserlaubnis vom Arbeitgeber gemäß § 287 SGB III Gebühren zu entrichten. Werden diese Gebühren nicht entrichtet, hat der Arbeitgeber das rechtliche Hindernis zu vertreten. In diesen Fällen ist für die Kündigung und ihre Folgen regelmäßig das Recht des Entsendestaats anzuwenden.

5. Befristung des Aufenthaltsrechts und des Arbeitsvertrags

Die Befristung eines Arbeitsverhältnisses ist selbst dann nicht ohne weiteres zulässig, wenn sie im Hinblick auf die befristete Gültigkeit der Aufenthaltserlaubnis erfolgt. Eine Befristung bedarf auch in einem solchen Fall eines sachlichen Grundes. Der erforderliche sachliche Grund kann nur dann in der Befristung der Aufenthaltserlaubnis liegen, wenn zum Zeitpunkt des Vertragsschlusses eine hinreichend sichere Prognose darüber möglich ist, dass eine Verlängerung nicht erfolgen werde. Diese Prognose muss auf konkreten Anhaltspunkten beruhen.

Bestätigt sich diese Prognose durch die spätere Entwicklung, besteht eine Vermutung für ihre ursprüngliche Richtigkeit und der Arbeitnehmer muss Tatsachen vortragen, wonach im Zeitpunkt des Vertragsschlusses die Prognose nicht gerechtfertigt war. Bestätigt sich die Prognose nicht, muss der Arbeitgeber die Tatsachen vortragen, nach denen bei Abschluss des Arbeitsvertrags die ursprüngliche Prognose gerechtfertigt war (BAG v. 12. 1. 2000, InfAuslR 2000, 296).

Danach war die wiederholte Befristung eines Arbeitsverhältnisses mit einer Lehrkraft für muttersprachlichen Unterricht aus Jugoslawien zulässig, deren Dienstverhältnis in Jugoslawien während der Tätigkeit im Inland fortbestand. Wenn die Entsendung durch den Herkunftsstaat nur auf Zeit erfolgt, ist der Abschluss eines befristeten Arbeitsvertrags sachgerecht (BAG v. 22. 3. 1985, AuR 1985, 367)

6. Vergütungsanspruch bei unerlaubter Beschäftigung

Wird ein schwebend unwirksames Arbeitsverhältnis geführt, heilt eine spätere behördliche Genehmigung der Beschäftigung das Arbeitsverhältnis rückwirkend. Dem Arbeitnehmer stehen die Vergütungsansprüche ebenso zu, als wäre das Arbeitsverhältnis erst nach Erteilung der Genehmigung aufgenommen worden.

Bleibt die Genehmigung indes aus, sei es mangels Antrags, sei es durch Ablehnung des Antrags, ist für die Vergangenheit von einem lediglich faktischen Arbeitsverhältnis auszugehen. Es begründet wegen der tatsächlichen Durchführung einen Entgeltanspruch des Arbeitnehmers, der seine Arbeitsleistung erbracht hat (BAG v. 10. 3. 1987, NJW 1987, 2251).

Für den Fall des von Anbeginn gewollten Rechtsverstoßes, wenn also der Gesetzesverstoß geradezu den Gegenstand des Arbeitsverhältnisses ausmacht, wurde die Verneinung eines Zahlungsanspruchs erwogen (*Schaub*, Arbeitsrechts-Handbuch, § 35 III 7). Diese Behauptung würde für die Beschäftigung von Ausländern in der Bauwirtschaft wegen des dadurch möglichen Unterschreitens für allgemein verbindlich erklärter Tarifverträge zu einem Ergebnis führen, das in Gegensatz zu Art. 3 der Richtlinie 96/71/EG steht. Die Verneinung eines Zahlungsanspruchs würde der mit Erlass des AEntG beabsichtigten Durchsetzung arbeitsrechtlicher Mindeststandards widersprechen. Dies spricht dafür, entgegen der herrschenden Meinung auch für diese Fallgestaltung Vergütungsansprüche zu bejahen.

Erkrankt der Arbeitnehmer während der unerlaubten Beschäftigung, wird die Entgeltfortzahlung für einen Zeitraum verlangt, in dem der Arbeitnehmer seine Weiterbeschäftigung wegen des gesetzlichen Verbots nicht anbieten darf. Ein Anspruch auf Lohnfortzahlung wird deshalb verneint.

Für diesen Fall wird vom BAG (v. 26.6.1996, NJW 1997, 821) eine hypothetische Betrachtung verlangt, wie sich der Sachverhalt bei rechtmäßigem Verhalten der Vertragsparteien entwickelt hätte. Steht in einem solchen Fall fest, dass die behördliche Genehmigung, wäre ihr Fehlen rechtzeitig bemerkt worden, sogleich beantragt und erteilt worden ist, ist das Beschäftigungsverbot nicht ursächlich für den Arbeitsausfall und es wird ein Anspruch auf Entgeltfortzahlung bejaht.

Nach der von hier vertretenen Auffassung verkennt die herrschende Meinung insgesamt die Verpflichtung zur Wahrung der sozialen Standards. Die Entsende-RL 96/71/EG nimmt illegale Beschäftigungen nicht aus, sondern fordert gerade auch für diese Arbeitsverhältnisse die Durchsetzung der sozialen Standards.

Im Krankheitsfall ist deshalb Entgeltfortzahlung zu leisten, wenn das illegale Arbeitsverhältnis nach Ende der Krankheit fortgesetzt wird. Der illegal beschäftigende Arbeitgeber ist gegenüber der Inanspruchnahme auf Lohnfortzahlung nicht schutzbedürftig. Wird das Arbeitsverhältnis nach Ende der Arbeitsunfähigkeit nicht fortgesetzt, ist wegen der Befugnis, eine rechtswidrige Beschäftigung durch ordnungsgemäße Kündigung zu beenden, Entgeltfortzahlung noch für die Zeit der fiktiven Kündigungsfrist zu zahlen.

Deshalb kann auch nicht der Auffassung gefolgt werden, ein Anspruch auf Urlaubsabgeltung gehe unter, wenn einem Arbeitnehmer aufgrund einer Ausreiseaufforderung die Befugnis zur Fortsetzung der Beschäftigung entzogen wird und er aus rechtlichen Gründen die Arbeitsleistung nicht mehr erbringen kann (so aber LAG Berlin v. 8.3.1995, NZA-RR 1996, 81). Diese Auffassung ist auch deshalb verfehlt, weil das Erholungsbedürfnis des Arbeitnehmers, auf dem der Anspruch auf Urlaub und damit auch auf Urlaubsabgeltung beruht, nicht davon abhängt, in welchem Land der Arbeitnehmer eine Beschäftigung fortsetzt.

Im Grunde unterscheidet sich diese Sachlage nicht von derjenigen, bei der das Arbeitsverhältnis etwa eines Mitarbeiters eines Wachunternehmens mangels Zustimmung der Erlaubnisbehörde zur Weiterbeschäftigung endet. Dort wurde nur die Zulässigkeit der ordentlichen, nicht aber der fristlosen Kündigung bejaht (BAG v. 25.8.1999, NZA 2000, 656).

7. Mitbestimmungsrecht des Betriebsrats und rechtmäßige Beschäftigung

In Unternehmen mit in der Regel mehr als 20 wahlberechtigten Arbeitnehmern hat der Arbeitgeber den Betriebsrat vor jeder Einstellung, Eingruppierung, Umgruppierung und Versetzung zu unterrichten, ihm die erforderlichen Bewerbungsunterlagen vorzulegen und Auskunft über die Person der Beteiligten zu geben; er hat dem Betriebsrat unter Vorlage der erforderlichen Unterlagen Auskunft über die Auswirkungen der geplanten Maßnahme zu geben und die Zustimmung des Betriebsrats zu der geplanten Maßnahme einzuholen (§ 99 BetrVG).

Verstößt die Einstellung oder Versetzung gegen ein Gesetz, darf der Betriebsrat die Zustimmung verweigern. Deshalb darf er auch die Zustimmung zur Einstellung oder Versetzung eines Arbeitnehmers verweigern, der ohne erforderliche Aufenthaltserlaubnis beschäftigt werden soll. Das gilt auch dann, wenn bei einer Versetzung der Betriebsrat des abgebenden Betriebes der Ersteinstellung dieses Arbeitnehmers trotz Fehlens der behördlichen Erlaubnis zugestimmt hat (BAG v. 22.1.1991, NZA 1991, 569).

8. Konkretisierungen der gleichen Arbeitsbedingungen

8.1 Urlaubsanspruch

Der gesetzliche Mindesturlaub beträgt unabhängig von der Staatsangehörigkeit 24 Werktage (§ 3 BUrlG). Auch bei Tätigkeit im Ausland darf sich der Arbeitnehmer nicht selbst beurlauben. Nur wenn gerichtliche Hilfe zur Durchsetzung des Urlaubsanspruchs nicht rechtzeitig erlangt werden kann, der Arbeitgeber erhebliche Urlaubsansprüche auflaufen ließ und deren Verfall droht, kann die fristlose Kündigung nach eigenmächtigem Urlaubsantritt ausnahmsweise unwirksam sein (BAG v. 20.1.1994, NJW 1994, 1894).

Urlaub unterbricht das Arbeitsverhältnis nicht. Eine Vereinbarung, die die Beendigung eines unbezahlten Urlaubs allein in das Belieben des Arbeitgebers stellt, ist unwirksam (BAG v. 13.8.1980, AuR 1981, 28).

Unzulässig ist eine Vereinbarung, durch die der Arbeitnehmer für den Zweck des Urlaubs im Heimatland entlassen wird, verbunden mit der Zusage, ihn bei pünktlicher Rückkehr wieder einzustellen. Eine solche Vereinbarung dient der Fortsetzung des Arbeitsverhältnisses und soll zugleich den Arbeitgeber vom Risiko eines Kündigungsschutzprozesses bei Vertragsbeendigung wegen verspäteter Urlaubsrückkehr befreien. Darin liegt eine Umgehung zwingenden Kündigungsschutzrechts (BAG v. 13.12.1984, AuR 1985, 130).

Für die Urlaubsreisen ausländischer Arbeitnehmer in ihre Heimatländer sind 24 Werktage häufig zu kurz. In der Praxis helfen hier häufig längere tarifvertraglich vereinbarte Urlaubszeiten. Daneben kennen einzelne Betriebe die Möglichkeit, unbezahlten Urlaub zu gewähren. Erkrankt der Arbeitnehmer allerdings während des unbezahlten Urlaubs, hat er keinen Anspruch auf Entgeltfortzahlung (BAG v. 13.8.1980, AuR 1981, 28) oder Krankengeld (BSG v. 14.12.1976, AP Nr. 7 zu § 9 BUrlG).

Die eigenmächtige Überschreitung des Jahresurlaubs rechtfertigt wie jede andere Arbeitsverweigerung regelmäßig die Kündigung. In einem Ausnahmefall, in dem ein Arbeitnehmer nach langjähriger, stets störungsfreier Beschäftigung sich religiös für verpflichtet ansah, eine Pilgerfahrt nach Mekka anzutreten und deshalb drei Wochen verspätet aus dem Urlaub zurückkehrte, wurde eine ordentliche Kündigung durch den Arbeitgeber als unzulässig angesehen (LAG Hamm v. 30.5.1990, BB 1990, 1910).

Die Verweigerung von Urlaub kann im Einzelfall gegen Treu und Glauben verstoßen, wenn sie den Arbeitnehmer in einen schweren sittlichen Konflikt stürzt. Aus diesem Grund war eine Kündigung nicht gerechtfertigt, nachdem der Arbeitgeber einen Urlaubsantrag abgelehnt hatte und der türkische Arbeitnehmer dennoch an das Sterbebett seines Vaters gereist war, der am Tag nach seiner Ankunft verstarb (LAG Frankfurt v. 3.10.1985, NZA 1986, 717).

Eine während des Urlaubs an die Heimatanschrift des Arbeitnehmers zugestellte Kündigung geht ihm nicht erst bei Rückkehr aus dem Urlaub, sondern sofort zu (BAG v. 2.3.1989, NJW 1989, 2213). Nach § 4

KSchG ist die Klage für die Erhebung der Kündigungsschutzklage innerhalb von drei Wochen nach ihrem Zugang zu erheben.

Ist der Arbeitnehmer an der Einhaltung dieser Frist durch seinen Urlaub gehindert, muss er innerhalb von zwei Wochen nach Urlaubsrückkehr Klage erheben und diese mit dem Antrag auf nachträgliche Zulassung dieser Klage gem. § 5 Abs. 1 KSchG verbinden. Allerdings muss ein Arbeitnehmer ohne besonderen Anlass nicht sicherstellen, dass ihm während seines Urlaubs rechtsgeschäftliche Erklärungen des Arbeitgebers zugehen. Geht dem Arbeitnehmer während des Urlaubs eine Kündigung zu, ist die Versäumung der Klagefrist des § 4 Satz 1 KSchG unverschuldet. Auf einen innerhalb von zwei Wochen nach Urlaubsrückkehr beim Arbeitsgericht gestellten Antrag ist die Kündigungsschutzklage nachträglich zuzulassen (LAG Berlin v. 23. 8. 2001, NZA-RR 2002, 355).

8.2 Erkrankung während eines Auslandsurlaubs

Erkrankungen im Urlaub sind für Arbeitgeber und Arbeitnehmer ein Ärgernis. Dem Arbeitnehmer entgeht der Erholungswert, obgleich die nachgewiesenen Tage der Arbeitsunfähigkeit auf den Jahresurlaub nicht angerechnet werden (§ 9 BUrlG). Im Arbeitgeber können Zweifel aufkommen, ob statt einer Erkrankung eine eigenmächtige Verlängerung des Urlaubs vorliegt.

Im Fall einer Erkrankung ist der Arbeitnehmer gem. § 5 Abs. 1 EFZG verpflichtet, dem Arbeitgeber die Arbeitsunfähigkeit und deren voraussichtliche Dauer unverzüglich mitzuteilen und eine ärztliche Bescheinigung über deren Beginn und die voraussichtliche Dauer vorzulegen. Der Arbeitgeber kann die Vorlage dieser ärztlichen Bescheinigung schon vor dem dritten Tag der Erkrankung verlangen. Dauert die Arbeitsunfähigkeit länger, als in der Bescheinigung angegeben, ist der Arbeitnehmer verpflichtet, eine neue ärztliche Bescheinigung zusätzlich vorzulegen.

Legt der Arbeitnehmer das ärztliche Attest nicht sofort vor, kann der Arbeitgeber gem. § 7 EFZG die Entgeltfortzahlung bis zur Vorlage des Nachweises der Arbeitsunfähigkeit vorübergehend einstellen. Der Arbeitnehmer kann die Arbeitsunfähigkeit auch anderweitig beweisen (BAG v. 1. 10. 1997, NJW 1998, 2762).

Erkrankt der Arbeitnehmer **während eines Auslandsaufenthalts**, ist er darüber hinaus verpflichtet, die **Adresse am Aufenthaltsort** in der schnellstmöglichen Art der Übermittlung **mitzuteilen**. Stets schneller als auf dem Postweg ist die telefonische Mitteilung oder mittels Telegramm, Telefax oder E-Mail. Die Kosten hat der Arbeitgeber in voller Höhe zu tragen (*Kittner-Schoof,* § 58 Rn. 265).

Die Pflicht zur Mitteilung der Anschrift dient dazu, dem Arbeitgeber die Möglichkeit zu geben, den Arbeitnehmer im Ausland gem. Art. 18 Abs. 5 VO 574/72/EWG durch einen Arzt seines Vertrauens untersuchen zu lassen. Der Arbeitnehmer muss diese Untersuchung durch einen Vertrauensarzt des Arbeitgebers ermöglichen. Mit der Schaffung dieser besonderen Rechtspflicht hat der Gesetzgeber auf die »Paletta«-Rechtsprechung reagiert. Hiernach ist der Arbeitgeber an die in einem anderen Mitgliedsstaat der EU ausgestellte Bescheinigung der Arbeitsunfähigkeit durch die dortige gesetzliche Krankenkasse gebunden. Eine solche Bindung besteht nicht, wenn ein vom Arbeitgeber beauftragter Arzt festgestellt hat, dass der Arbeitnehmer tatsächlich arbeitsfähig ist (EuGH v. 2. 5. 1996, Slg. 1996, I-2357 [Paletta I]; vgl. *Rehwald,* AiB 1998, 301).

Alternativ kann der Arbeitgeber den Nachweis einer missbräuchlichen oder betrügerischen Meldung der Arbeitsunfähigkeit führen. Erkrankt ein EU-Arbeitnehmer im EU-Ausland, muss der Arbeitgeber den vollen Beweis führen, dass die Bescheinigung über die Arbeitsunfähigkeit unzutreffend ausgestellt wurde. Er kann dazu auch die Zeugenvernehmung des die Arbeitsunfähigkeit bescheinigenden Arztes verlangen. Verweigert der Arbeitnehmer die hierfür erforderliche Entbindung von der ärztlichen Schweigepflicht, fällt ihm die darin liegende Beweisvereitelung zur Last (BAG v. 19. 2. 1997, AuR 1997, 297).

Erkrankt der Arbeitnehmer außerhalb der EU, gelten andere Grundsätze. In diesem Fall kann der Arbeitgeber ebenso wie bei Erkrankung im Inland den Beweiswert der ärztlichen Bescheinigung über die Arbeitsunfähigkeit erschüttern, indem er Zweifel am Bestehen der Arbeitsunfähigkeit darlegt. Solche Zweifel können sich ergeben, wenn etwa der Arbeitnehmer für den Fall, dass ein entsprechend langer Urlaub nicht gewährt wird, die Erkrankung ankündigt oder alljährlich am Ende des Jahresurlaubs Erkrankung geltend macht (*Schaub,* § 98 V 10). Liegt zwischen zwei Erkrankungen im Urlaub ein Zeitraum von fünf Jahren, besteht nach der Lebenserfahrung kein Anlass zur Annahme, die Arbeitsunfähigkeit sei vorgetäuscht (BAG v. 19. 2. 1997, NZA 1997, 652).

Die für EU-Arbeitnehmer geltende Regelung ist für sie günstiger als für im Auslandsurlaub erkrankende Deutsche. Bei Deutschen hat der Arbeitgeber dieselben Möglichkeiten, den Krankheitsfall durch Indizien ohne konkreten Nachweis zu erschüttern wie bei Drittstaatsangehörigen. Die Zulässigkeit einer solchen Inländerdiskriminierung ist zweifelhaft (*Heinz u. a.*, Rn. 196).

Ebenfalls dem Zweck, eine ärztliche Untersuchung durch einen Vertrauensarzt zu ermöglichen, dient die Verpflichtung gesetzlich krankenversicherter Arbeitnehmer, auch der gesetzlichen Krankenkasse unverzüglich die Erkrankung und ihre Dauer anzuzeigen. Innerhalb der EU dienen dieser Verpflichtung formularmäßige Bescheinigungen, die von der Krankenkasse vor Urlaubsantritt auszustellen und die am Urlaubsort der dort zuständigen Stelle vorzulegen sind.

Mit einer Reihe von Staaten bestehen völkerrechtliche Vereinbarungen, die das bei Erkrankungen zu beachtende Verfahren regeln. Sie können Sonderregelungen enthalten. So räumt das deutsch-türkische Abkommen über Soziale Sicherheit weder dem Arbeitgeber noch der inländischen Krankenkasse das Recht ein, den Arbeitnehmer durch einen Arzt ihrer Wahl untersuchen zu lassen (BAG v. 19. 2. 1997, NZA 1997, 705).

Die von den Ärzten im Ausland auszufüllenden Vordrucke sind regelmäßig mehrsprachig und verdeutlichen, dass der Arzt zwischen der Erkrankung und der zur Arbeitsunfähigkeit führenden Erkrankung zu unterscheiden hat. Ist ein solches Formular formal ordnungsgemäß ausgefüllt, ist auch davon auszugehen, dass die Bescheinigung inhaltlich zutrifft (BAG v. 19. 2. 1997, NZA 1997, 705).

Verwendet der ausländische Arzt nicht das vorgesehene Formular, muss seine Bescheinigung erkennen lassen, dass er zwischen Erkrankung und Arbeitsunfähigkeit unterschieden hat. Die Beschwerden müssen unter dem Gesichtspunkt der Arbeitspflicht und unter Einbeziehung der Umstände, unter denen der Arbeitnehmer zu arbeiten hat, bewertet worden sein (BAG v. 1. 10. 1997, NJW 1998, 2764).

8.3 Wehrdienst

8.3.1 Schutz des Arbeitsplatzes für Unionsbürger

Bei Einberufung zum Grundwehrdienst oder einer Wehrübung ruht das Arbeitsverhältnis Deutscher gem. § 1 ArbPlSchG. Von der Zustellung des

Einberufungsbescheides bis zur Beendigung des Grundwehrdienstes sowie während einer Wehrübung darf der Arbeitgeber das Arbeitsverhältnis nicht kündigen. Im Übrigen darf er auch nicht aus Anlass des Wehrdienstes kündigen. Erfolgt eine Kündigung aus betrieblichen Gründen, darf bei der Auswahl der zu Entlassenden der Wehrdienst nicht zu Lasten des Arbeitnehmers berücksichtigt werden (§ 2 ArbPlSchG).

Die darin liegende Besserstellung gegenüber Arbeitnehmern aus anderen Mitgliedstaaten ist als Verstoß gegen den Anspruch auf gleiche Arbeitsbedingungen (Art. 39 Abs. 2 EG) gemeinschaftswidrig (EuGH v. 15. 10. 1969, Slg. 1969, 369 [Ugliola]). Deshalb können sich trotz des entgegengesetzten Wortlauts auch Unionsbürger für die Ableistung des Militärdienstes auf den Schutz des ArbPlSchG berufen.

Auf die Dauer der Betriebszugehörigkeit ist aus demselben Grund die im Heimatland zurückgelegte Wehrdienstzeit anzurechnen (BAG v. 5. 12. 1969, NJW 1970, 1014).

8.3.2 Kein Schutz für Drittstaatsangehörige

Ausländische Arbeitnehmer aus Staaten, die nicht der EU oder dem EWR angehören, sind durch das ArbPlSchG nicht geschützt. Das BAG (v. 20. 5. 1988, AuR 1998, 184) verneint trotz staatlicher Dienstpflicht ein Leistungsverweigerungsrecht des Arbeitnehmers, weil dies Sinn und Zweck des ArbPlSchG, der besonderen Privilegierung Deutscher, widerspreche. Ein Ausländer verliere für die Dauer des Wehrdienstes unabhängig von seinem Willen wegen seiner Eigenschaft als Angehöriger seines Heimatstaates die Fähigkeit, die vertragliche Arbeitsleistung zu erbringen. Wegen der bei Verweigerung des Wehrdienstes zu erwartenden Sanktionen liege eine der Unmöglichkeit gleichzusetzende Unzumutbarkeit der Arbeitsleistung vor. Doch sei in diesem Fall die befristete Beschäftigung einer Ersatzkraft zu prüfen.

Überzeugend ist diese Ausländerdiskriminierung nicht. Arbeitgeber wissen bei der Einstellung um die Staatsangehörigkeit ihrer Mitarbeiter und die daraus folgende staatsbürgerliche Pflicht zum Wehrdienst. Wenn diese Wehrdienst ableisten müssen, verwirklicht sich keine unvorhersehbare höhere Gewalt, sondern eine für den Arbeitgeber schon bei Abschluss des Arbeitsvertrags erkennbare persönliche Eigenschaft des Mitarbeiters. Dies gilt für Deutsche und Ausländer gleichermaßen. Die Zulässigkeit einer Ungleichbehandlung ist deshalb nach dem Maßstab des Art. 3 GG fragwürdig.

8.3.3 Türkische Arbeitnehmer und Wehrdienst

In der bisherigen Rechtsprechung wurde eine Erstreckung des ArbPlSchG auf türkische Arbeitnehmer verneint (BAG v. 20. 5. 1988, AuR 1998, 184). Insoweit sei eine Gleichstellung türkischer Staatsbürger auch durch die bisher zwischen der Europäischen Gemeinschaft und der Türkei abgeschlossenen AssAbk nicht erzielt worden. Türkischen Arbeitnehmern komme lediglich nach Treu und Glauben (§ 242 BGB) ein Anspruch auf unbezahlten Urlaub für die Ableistung des verkürzten türkischen Wehrdienstes von (damals 1986 zwei, heute nur noch) einem Monat zu (BAG v. 30. 7. 1986, EZAR 323 Nr. 1). Diese Verkürzung können sich im Ausland lebende türkische Staatsangehörige erkaufen. Das BAG (a. a. O.) verneinte hierbei ein Recht des Arbeitgebers, den Urlaubsanspruch anteilig zu kürzen.

Entgegengesetzt bestätigt der EuGH (v. 2. 3. 1999, InfAuslR 1999, 218 [El-Yassini]), dass die arbeitsrechtlichen Diskriminierungsverbote in Art. 37 ZusProt und Art. 10 ARB 1/80 ebenso wie dasjenige in Art. 40 des Kooperationsabkommens EWG-Marokko unmittelbar anwendbar sind. Die Annahme einer Interessenabwägung zwischen den persönlichen Interessen des türkischen Arbeitnehmers, durch Ableistung des Wehrdienstes nicht in Konflikt mit seinem Staat und den Interessen des Arbeitgebers zu geraten ist verfehlt, wenn eine gerade diesen Konflikt regelnde Norm (§ 1 Abs. 1 ArbPlSchG) vorhanden ist. Das ArbPlSchG ist auf die Arbeitsverhältnisse türkischer Arbeitnehmer anzuwenden. Damit tritt das gesetzlich angeordnete Ruhen des Arbeitsverhältnisses nicht nur während des verkürzten, sondern auch während des regulären Wehrdienstes ein (ebenso *Lörcher,* EuZW 1991, 397; *Däubler,* NZA 1992, 577).

Inzwischen ist das BAG von seiner früheren Rechtsprechung abgerückt und hat die innerstaatliche Bedeutung dieses europarechtlichen Diskriminierungsverbots im Fall eines türkischen Lektors, der sich gegen die Befristung seiner Arbeitsvertrags wandte, anerkannt (BAG v. 22. 3. 2000, NZA 2000, 831; siehe oben S. 184 f.).

Diese Grundsätze gelten auch bei anderen von der EU abgeschlossenen Abkommen, die arbeitsrechtliche Diskriminierungsverbote enthalten. Dazu gehören vor allem die Abkommen mit den Mittelmeer-Staaten Marokko, Algerien, Tunesien.

8.4 Lohnansprüche

8.4.1 Gleiches Entgelt

Der allgemeine Grundsatz der Gleichbehandlung der Arbeitnehmer ist im deutschen Recht nicht konsequent durchgeführt. Abweichungen kennt besonders das **Recht des öffentlichen Dienstes, das** bei Sachverhalten mit Auslandsberührung **Diskriminierungen zulässt**. Das verdeutlicht die Rechtsprechung des Europäischen Gerichtshofs zu Art. 39 EG. Nach dieser Vorschrift umfasst die Freizügigkeit der EU-Arbeitnehmer »die Abschaffung jeder auf der Staatsangehörigkeit beruhenden unterschiedlichen Behandlung der Arbeitnehmer in bezug auf Beschäftigung, Entlohnung und sonstigen Arbeitsbedingungen«.

Deshalb konnte eine belgische Staatsangehörige, die in der deutschen Botschaft in Algerien als Hilfskraft der Passstelle beschäftigt war, entgegen §§ 32 f. GAD Bezahlung nicht nur nach Ortsüblichkeit verlangen, sondern nach dem für Deutsche in der gleichen Lage geltenden günstigeren Tarifvertrag (BAG v. 8. 8. 1996, NZA 1997, 434). Die vom deutschen Recht zugelassene Ungleichbehandlung wird auf der Ebene des europäischen Rechts korrigiert.

Der Anspruch auf gleiche Entlohnung umfasst sowohl den Brutto- wie den Nettolohn. Im öffentlichen Dienst hat dies vor allem für die Entlohnung von Referendaren Konsequenzen. Die Arbeitnehmereigenschaft von Referendaren für das Lehramt hat der EuGH (v. 3. 7. 1986, NJW 1987, 1138 [Lawrie-Blum]) bejaht.

Daraus hat der Gesetzgeber inzwischen die Schlussfolgerung gezogen, dass auch Unionsbürger zu Beamten ernannt werden können: § 7 Abs. 1 Nr. 1 BBeamtG und § 4 Abs. 1 Nr. 1 BRRG. Nur wenn die Aufgaben es zwingend erfordern, dürfen sie ausschließlich Deutschen übertragen werden (§ 4 Abs. 2 BRRG).

Doch stellen sich dieselben Fragen bei der Beurteilung des Status türkischer Arbeitnehmer und damit auch im Staatsdienst von Referendaren. Das OVG NRW (v. 10. 8. 1995, NVwZ-RR 1996, 472) verneint einen Anspruch türkischer Rechtsreferendare auf gleich hohe Ausbildungsvergütung. Solche Auszubildende seien keine Arbeitnehmer. Aus der Einordnung als »öffentlich-rechtliches Ausbildungsverhältnis eigener Art« schließt es, europarechtlich handele es sich nicht um Arbeitnehmertätigkeit (ebenso *Forch,* NVwZ 1987, 27).

Diese Behauptung läuft darauf hinaus, dass der Staat als Arbeitgeber durch Definition einer Tätigkeit dieser die Arbeitnehmereigenschaft nach Unionsrecht und damit die Zuständigkeit der Gemeinschaft nehmen könne. Rechtsreferendare verrichten wie andere Auszubildende Dienst nach Weisung und müssen in ihrer Tätigkeit Akten bearbeiten und Gutachten und Entwürfe erarbeiten, also Entscheidungsvorschläge machen. Sie erhalten verschiedene Tätigkeiten bis hin zur Bibliotheksrecherche aufgetragen. Arbeitnehmer ist auch, dessen Arbeitsergebnisse nicht nach außen, Dritten gegenüber in Erscheinung treten. Europarechtlich sind deshalb auch Rechtsreferendare als Arbeitnehmer einzustufen (EuGH v. 17.3.2005, InfAuslR 2005, 180 [Kranemann].

Wegen des Anspruchs auf gleiche Arbeitsbedingungen können deshalb auch türkische Staatsangehörige für die Tätigkeit als Rechtsreferendare die Zahlung eines gleich hohen Nettolohnes wie verbeamtete Rechtsreferendare verlangen und es sind die Eigenanteile zur Sozialversicherung vom öffentlichen Dienstherrn zu übernehmen (*Eriksen*, NVwZ 1995, 1061 bezogen auf Unionsbürger).

Für Rechtsreferendare, die Ehegatten Deutscher sind, verneinte das BVerwG (v. 30.4.1992, NVwZ 1992, 1208) einen Anspruch auf gleiche Bezüge. Die Ehegatten Deutscher fielen nicht unter das gemeinschaftsrechtliche Diskriminierungsverbot, denn die VO 1612/68/EWG erfasse rein interne Sachverhalte nicht. Damit ist die umstrittene Frage nach der Zulässigkeit der Inländerdiskriminierung aufgeworfen.

Der Anspruch auf arbeitsrechtliche Gleichbehandlung erfasst auch Tarifverträge. Diskriminierende tarifvertragliche Bestimmungen dürfen nicht mehr angewandt werden, sondern sind nichtig. Selbst für eine Übergangsfrist bis zu ihrer Aufhebung durch Tarifverhandlungen ist ihre Anwendung ausgeschlossen (EuGH v. 15.1.1998, NZA 1998, 205 [Schöning-Kougebetopoulou]). Es ist unerheblich, ob sie für allgemein verbindlich erklärt wurden oder nicht.

Die Anerkennung von Vorbeschäftigungszeiten bei der Berechnung der Höhe des Gehalts im öffentlichen Dienst darf nicht danach unterscheiden, in welchem Mitgliedsstaat die Vorbeschäftigung des Unionsbürgers ausgeübt wurde (EuGH v. 30.11.2000, AP EG Art. 39 Nr. 10 [öGB]).

8.4.2 Wohnsitz des Arbeitnehmers

Unterscheidungsmerkmale für die Entlohnung, die an den Wohnsitz oder die Herkunft eines Arbeitnehmers anknüpfen, können im Ergebnis zu einer Diskriminierung nach der Staatsangehörigkeit führen. So überprüfte – und verneinte – der EuGH (v. 12.2.1974 AP EWG-Vertrag Art. 177 Nr. 6 [Sotgiu]) das Vorliegen einer verdeckten Diskriminierung, wenn die Zahlung von Trennungsgeld geringer ist, weil der Wohnort bei Einstellung des Arbeitnehmers im Ausland lag.

8.5 Wahlrecht zur Arbeitnehmervertretung

Das aktive und passive Wahlrecht zum Betriebsrat gewähren die §§ 7 f. BetrVG allen Arbeitnehmern eines Betriebes, unabhängig von ihrer Staatsangehörigkeit und ihrem aufenthaltsrechtlichen Status. Die in Österreich nach dessen EU-Beitritt geführten rechtlichen Auseinandersetzungen zeigen, dass ein großer Teil der Arbeitnehmer schon europarechtlich vor einem Ausschluss vom Wahlrecht geschützt ist. Zunächst handelt es sich um ein gewerkschaftliches Recht, das aus dem Anspruch auf gleiche Arbeitsbedingungen herzuleiten ist. Die Übertragung hoheitlicher Aufgaben auf die Arbeitnehmervertretung rechtfertigt nicht die Verletzung des Anspruchs auf gleiche Arbeitsbedingungen. Art. 39 Abs. 4 EG erlaubt lediglich den Ausschluss von bestimmten Tätigkeiten, in denen hoheitliche Befugnisse ausgeübt werden (EuGH v. 18.5.1994, Slg. 1994, I-1891 [Kommission ./. Luxemburg]). Das Wahlrecht stellt eine Bedingung für die Ausübung der Beschäftigung dar, indem den Arbeitnehmern die Möglichkeit gegeben wird, zur Durchsetzung ihrer kollektiven Interessen eine Arbeitnehmervertretung zu wählen.

Der Ausschluss von der kollektiven Interessenwahrnehmung schafft ungleiche Arbeitsbedingungen. Dies betrifft sowohl das aktive wie das passive Wahlrecht (EuGH v. 8.5.2003, InfAuslR 1993, 361 [Wählergruppe Gemeinsam]). Eine Arbeitnehmervertretung, die von Ausländern nicht mitgewählt wird, wird deren Interessen eher ablehnend gegenüberstehen und deren Benachteiligung als eine von den Arbeitnehmern mitgewählte Interessenvertretung hinnehmen oder wünschen. Ausländische Mitglieder in der Interessenvertretung werden auf Diskriminierungen von Ausländern häufig stärker ablehnend reagieren als Inländer. Deshalb dient die umfassende Beteiligung der ausländischen Arbeitnehmer an der betrieblichen Mitbestimmung auch dem Betriebsfrieden.

Würde der Begriff der »sonstigen Arbeitsbedingungen« auf den Arbeitsvertrag begrenzt, würden damit nicht unmittelbar vom Arbeitsvertrag erfasste Tatbestände dem Anwendungsbereich der Vorschrift entzogen und eine gesetzgeberische indirekte Diskriminierung erlaubt. Ein solches Verständnis der Regelung würde ihrem Sinn und Zweck zuwider laufen. Ursprünglich Art. 8 VO 1612/68/EWG und heute Art. 24 Abs. 1 RL 2004/38/EG konkretisiert den Anspruch aus Art. 39 EG.

Wegen des assoziationsrechtlichen Anspruchs auf gleiche Arbeitsbedingungen haben Arbeitnehmer aus der Türkei, den Maghreb-Staaten, Kroatien und Russland Anspruch auf aktives und passives Wahlrecht zur Arbeitnehmervertretung, einschließlich der Personalvertretungen im öffentlichen Dienst. Dies gilt auch für das Wahlrecht zur österreichischen Arbeiterkammer (EuGH v. 8. 5. 2003, InfAuslR 1993, 361 [Wählergruppe Gemeinsam]; *Feik,* DRdA 1996, 415; *Egger,* DRdA 1997, 412). Die Arbeitnehmer aus Drittstaaten müssen zur österreichischen Arbeiterkammer im Rahmen der Pflichtmitgliedschaft Beiträge zahlen, waren jedoch bisher vom passiven Wahlrecht ausgeschlossen.

8.6 Religionsfreiheit

8.6.1 Religion und Beschäftigung

Aus religiösen Verpflichtungen der Arbeitnehmer können Konflikte mit arbeitsvertraglichen Pflichten erwachsen. Dies kann Angehörige jeglicher, auch christlicher, Religionsgemeinschaften betreffen. So unterliegen 7-Tage-Adventisten nach ihrem Glauben einem Verbot der Samstagsarbeit (»Sabbat«). Doch darf wegen der Nichtannahme einer entsprechenden Beschäftigung von der Agentur für Arbeit keine Sperrzeit verhängt werden (BSG v. 10. 12. 1980, NJW 1981, 1526).

Im bestehenden Arbeitsverhältnis kann die Befolgung religiöser Gebote und Verbote zu einer Störung des Arbeitsverhältnisses führen, die eine Kündigung durch den Arbeitgeber rechtfertigt. Religiöse Pflichten und das Recht auf ungestörte Religionsausübung sind durch Art. 4 GG verfassungsrechtlich geschützt und begründen deshalb subjektive Leistungshindernisse im Sinne des § 616 BGB. Es kommt dabei nicht auf einen objektiven Standpunkt einer religiösen Autorität an. Ausreichend ist, dass der Gläubige die religiöse Handlung für sich als verbindlich ansieht (LAG Hamm v. 18. 1. 2002, NZA 2002, 675).

Im Streitfall treffen das Grundrecht aus Art. 4 GG mit dem Grundrecht der wirtschaftlichen Betätigungsweise (Art. 2 Abs. 1 GG), dem Grundrecht der Berufsfreiheit (Art. 12 Abs. 1 GG) und der Eigentumsgarantie

(Art. 14 Abs. 1 GG) zusammen. Dadurch kann der Grundsatz der Vertragstreue Vorrang gewinnen, wenn nur der Arbeitgeber in zumutbarem Umfang durch betriebliche Organisationsmaßnahmen die Religionsausübung ermöglicht (LAG Hamm a. a. O.).

Bedeutung für die Bestimmung der Rechtspflichten hat vor allem die religiöse Diskriminierungen untersagende RL 2000/78/EG. Soweit der Staat als Arbeitgeber handelt, können Rechte aus der Richtlinie gegen ihn auch ohne innerstaatliche Umsetzung gerichtlich durchgesetzt werden. Zwar binden Richtlinien nur Staaten, nicht aber Private, doch kann Richtlinien durch die Auslegung von Generalklauseln wie § 242 BGB auch gegenüber Privaten Geltungskraft verschafft werden (*Thüsing*, NJW 2003, 3441). Deshalb ist die RL 2000/78/EG auch ohne Umsetzung in nationales Recht für Rechtsverhältnisse zwischen Privaten bedeutsam.

Für das Vorliegen einer Diskriminierung ist zunächst zu fragen, ob das fragliche Verhalten des Arbeitnehmers die betrieblichen Belange verletzt. Nach diesen Grundsätzen verneinte das ArbG Frankfurt 24. 6. 1992, AiB 1993, 472) die Zulässigkeit der Kündigung einer marokkanischen Staatsangehörigen muslimischen Glaubens, die während der Arbeit an der Kasse eines Supermarkts aus religiöser Pflicht ein Kopftuch trug. Kunden hatten am Kopftuch keinen Anstoß genommen. Da im Betrieb keine entsprechende Kleiderordnung bestand und andere Gründe, z. B. der Hygiene dem Tragen des Kopftuchs, nicht entgegenstanden, gebot die Fürsorgepflicht des Arbeitgebers Rücksichtnahme auf diese religiöse Pflicht.

Auch das Bestehen einer Kleiderordnung führt noch nicht dazu, dass die Arbeitnehmer in jedem Fall verpflichtet werden können, gegen ihre religiösen Verbote zu verstoßen. Deshalb sah das ArbG Hamburg (v. 3. 1. 1996, AuR 1996, 243) die Kündigung eines Sikh als unzulässig an, der seinen Turban, den er aus religiöser Pflicht trug, nicht gegen die im Schnellrestaurant vorgeschriebene Papierfaltmütze austauschen wollte.

Verfehlt wäre die Auffassung, eine Kündigung sei sozial gerechtfertigt, wenn das Tragen des Kopftuches gegen eine ungeschriebene Kleiderordnung des Arbeitgebers verstoße, bei der sich das Verkaufspersonal eines im ländlichen Raum gelegenen Kaufhauses ohne auffällige, provozierende, ungewöhnliche oder fremdartige Akzente kleiden solle (LAG Frankfurt v. 21. 6. 2001, NZA-RR 2001, 632). Denn zwar kann das Tragen einer Dienstbekleidung dem Arbeitnehmer vorgeschrieben werden (BAG v. 8. 8. 1989, NZA 1990, 320), doch eine ungeschriebene Kleiderordnung ist eben keine Vorschrift, sondern bloße unverbindliche Erwartung. Darüber hinaus ist bei der auf das Direktionsrecht gestützten Festlegung von Bekleidungsregeln die Glaubensfreiheit der Mitarbeiter zu berücksichtigen. Ein Verbot des Tragens eines Bekleidungsstücks, das religiöser Verpflichtung entspringt, kann vom Arbeitgeber allenfalls auferlegt werden, wenn dadurch das Unternehmen wirtschaftlich erheblich beeinträchtigt wird (BAG v. 10.10.2002, InfAuslR 2003, 355). Diese Rechtsprechung erlegte schon vor dem Inkrafttreten des Allgemeinen Gleichbehandlungsgesetzes dem Unternehmer die Beweislast auf, dass die Anforderung des diskriminierenden Verlangens angemessen ist (so heute § 8 Abs. 1 AGG).

Ein Verlangen eines muslimischen Arbeitnehmers nach Gebetspausen unterliegt dem Schutzbereich des Art. 4 Abs. 2 GG. Doch hat das unternehmerische Direktionsrecht Vorrang, wenn die Einhaltung der Gebetspausen Störungen im betrieblichen Ablauf bewirken würde (LAG Hamm v. 18.1.2002, NZA 2002, 675). Will der Arbeitnehmer nach seiner religiösen Pflicht das Nachmittagsgebet verrichten, muss er dem Arbeitgeber die Möglichkeit geben, dessen Zeitpunkt innerhalb des religiös vorgegebenen Rahmens zu bestimmen (LAG Hamm v. 26.2.2002, NZA 2002, 1090). Diese Rechtsprechung ist mit der durch Art. 9 EMRK gewährleisteten Religionsfreiheit vereinbar (EGMR v. 13.2.2003, NVwZ 2003, 1489 [Refah Partei]).

Aus Art. 4 GG folgt kein Anspruch des Einzelnen gegen den Staat, bestimmte kirchliche Feiertage ganztägig als Tage der Arbeitsruhe auszuweisen und Arbeitnehmer von einer Arbeitsverpflichtung freizustellen (BVerfG v. 18.9.1995, NJW 1995, 3378).

Entgegengesetzt wurde nach langjähriger, stets störungsfreier Beschäftigung die Kündigung eines Arbeitnehmers als unzulässig angesehen, nachdem dieser sich religiös für verpflichtet angesehen hatte, eine Pilgerfahrt nach Mekka anzutreten und deshalb drei Wochen verspätet aus dem Urlaub zurückkehrte. Das Gericht hob dabei die Kenntnis des Arbeitgebers vom Grund der Urlaubsüberschreitung hervor, die Unaufschiebbarkeit der Reise aus der Sicht des Arbeitnehmers, eine lange störungsfreie Dauer des Arbeitsverhältnisses und das Fehlen von Betriebsstörungen als Folge der Urlaubsüberschreitung (LAG Hamm v. 30.5.1990, BB 1990, 1910).

8.6.2 Religion in der Schule

8.6.2.1 Lehrer

Ist eine Lehrerin nicht bereit, im Schuldienst das von ihr aus Glaubensgründen getragene islamische Kopftuch abzulegen, kann sie das im Unterricht zu beachtende staatliche Neutralitätsgebot nicht verwirklichen. Das Tragen eines Kopftuches kann ein sichtbares starkes Zeichen für das religiöse Bekenntnis sein. Schüler an öffentlichen Schulen haben ein Recht auf Unterricht in einem Umfeld religiöser Neutralität. Deshalb darf auch Lehrerinnen das Tragen dieses religiösen Symbols ohne Verstoß gegen den mit Art. 4 GG übereinstimmenden Art. 9 EMRK untersagt werden (EGMR v. 15. 2. 2001, NJW 2001, 2871 [Dahlab]). Die staatliche Verpflichtung zu weltanschaulicher und religiöser Neutralität im Interesse der Wahrung des religiösen Friedens in der Gesellschaft erzwingt eine Einschränkung der Grundrechtsausübung durch den Lehrer während der Arbeitszeit.

Nach Auffassung des BVerfG (v. 24. 9. 2003, NJW 2003, 3111) kann die Einbringung religiöser oder weltanschaulicher Bezüge in Schule und Unterricht den in Neutralität zu erfüllenden staatlichen Erziehungsauftrag gefährden. Doch sei eine Regelung nicht der Exekutive überlassen, sondern bedürfe der Regelung durch den Gesetzgeber. Danach darf gemäß der gesetzlichen Regelung in Baden-Württemberg die Einstellung als Lehrerin an Grund- und Hauptschulen im Beamtenverhältnis abgelehnt werden, wenn die Bewerberin nicht bereit ist, im Unterricht auf das Tragen eines »islamischen Kopftuchs« zu verzichten (BVerwG v. 24. 6. 2004, NJW 2004, 3581). Bereits eingestellten Lehrerinnen kann das Tragen des Kopftuches untersagt werden (BVerwG v. 16. 12. 2008 – 2 B 46/08).

Hierfür spricht zusätzlich die seit 3. 12. 2003 unmittelbar anwendbare, religiöse Diskriminierungen verbietende RL 2000/78/EG. Die Richtlinie ist zu Gunsten von Lehrkräften unmittelbar anwendbar, wenn der Staat Arbeitgeber bzw. Dienstherr ist. Sie gilt auch für Beamte. Art. 4 Abs. 1 RL 2000/78/EG lässt berufliche Anforderungen für einen rechtmäßigen Zweck und angemessene Anforderungen zu. Dazu zählen auch Anforderungen, die der Durchsetzung der Neutralität der schulischen Erziehung in staatlichen Schulen dienen. Werden allerdings nicht die religiösen Symbole aller Glaubensrichtungen, sondern nur einiger weniger oder einer einzigen untersagt, beurteilt sich die Zulässigkeit der Einschränkung nach der in Art. 10 RL 2000/78/EG vorgesehenen Beweislastumkehr. Es müsste dann der Arbeitgeber bzw. der Dienstherr nachweisen, dass keine Verletzung des Gleichbehandlungsgrundsatzes vorliegt. Christliche Symbolik darf deshalb nicht bevorzugt werden.

Eine solche Bevorzugung würde zugleich gegen die Pflicht des Staates zu Neutralität und Unparteilichkeit zur Sicherung des religiösen Friedens und der Toleranz verstoßen. Dem Staat ist nach Art. 9 EMRK jedwede Entscheidungsbefugnis über die Legitimität religiöser Glaubensüberzeugungen verwehrt (EGMR v. 13. 2. 2003, NVwZ 2003, 1489 [Refah Partei]).

Zu dem Gebot der weltanschaulichen und religiösen Neutralität gehört auch die Pflicht, Kruzifixe aus dem Klassenzimmer zu entfernen, wenn die Eltern eines Schülers (BVerfG v. 16. 5. 1995, NJW 1995, 2477) oder ein Lehrer es verlangen (Bay. VGH v. 21. 12. 2001, NVwZ 2002, 1000; vgl. *Renck,* NVwZ 2002, 955), weil sie sich ihrerseits in der Religionsfreiheit verletzt sehen.

Andererseits ist es zweifelhaft, ob Lehramtspraktikanten und Referendaren die Zulassung verweigert werden darf. Wegen des zumindest faktischen staatlichen Ausbildungsmonopols gebietet das Grundrecht auf freie Berufswahl (Art. 12 GG) die Zulassung, zumal Unterricht unter Aufsicht erfolgt.

Es ist auch zweifelhaft, ob Kindergärtnerinnen im gemeindeeigenen Kindergarten ein Verbot auferlegt werden darf, ein religiös motiviertes Kopftuch zu tragen. Immerhin wird eine Erzieherin im Unterschied zu Lehrern nicht als staatliche Repräsentantin wahrgenommen (ArbG Dortmund v. 16. 1. 2003, Az. 6 Ca 5736/02). Es besteht keine Pflicht, sondern lediglich ein Recht auf Besuch des Kindergartens. Abgesehen davon, dass eine solche Pflicht eine gesetzliche Regelung voraussetzt (BVerfG v. 24. 9. 2003, NJW 2003, 3111), die in einer Kommune nicht möglich ist, werden in Kindergärten unbeschadet der staatlichen Pflicht zur religiösen Neutralität auch christliche Feste gefeiert. Eine andere Beurteilung ist indes angezeigt, wenn eine Erzieherin versuchen würde, die Kindergartenkinder für den Islam zu gewinnen.

8.6.2.2 Schüler und Schülerinnen

Schüler und Schülerinnen dürfen nicht gegen ihre religiöse Überzeugung zur Teilnahme am koedukativen Sportunterricht, also Mädchen gemeinsam mit Jungen, gezwungen werden (BVerwG v. 25. 8. 1993, NVwZ 1994, 578; dazu krit. zustimmend *Wesel,* NJW 1994, 1389), da das BVerwG absolut zwingende Argumente für den koedukativen Sportunterricht vermisst. Das BVerwG ist damit deutlich großzügiger als das EGMR (v. 10.11.2005, NVwZ 2006, 1389), der das umfassende Verbot des Tragens des Kopftuches an türkischen Hochschulen, für Hochschullehrerinnen und für Studentinnen, billigte. Das VG Hamburg (v. 14.4.2005, NVwZ-RR 2006, 121) hebt für die vom BVerwG verlangte Abwägung bei der Befreiung islamischer Schülerinnen vom Schwimmunterricht hervor, dass die Bekleidungsvorschriften des Korans für Kinder und damit Mädchen vor der Geschlechtsreife nicht gelten und deshalb bis zur Pubertät der koedukative Unterricht durchgesetzt werden kann.

Entsprechend ist eine Schülerin zur Teilnahme an einer mehrtägigen Klassenfahrt verpflichtet, wenn sie zwar aus religiösen Gründen nur in Begleitung eines männlichen Verwandten reisen will, dieser jedoch bei Tragung der vollen Reisekosten mitfahren darf (VG Aachen v. 16.1.2002, NJW 2002, 3191). Dass das OVG NRW (v. 17.1.2002, NJW 2003, 1754 entgegengesetzt der religiösen Auffassung der Schülerin Krankheitswert zubilligen will, entwürdigt die Religiösität und enthebt das Gericht unzulässig der Abwägung zwischen gesellschaftlicher Pflicht zum Schulbesuch und dem Grundrecht der Religionsfreiheit (*Rixen,* NJW 2003, 1712).

8.7 Sport

Mit dem Urteil im Fall eines Fußballers (EuGH v. 15.12.1995, NJW 1996, 505 [Bosman]) erlebte die langjährige Diskriminierung ausländischer Berufssportler einen deutlichen Einschnitt. Der EuGH sah sowohl die Bindung an Ablösesummen, die an den bisherigen Arbeitgeber zu zahlen sind, als unzulässige Einschränkung der gemeinschaftsrechtlichen Freizügigkeit an, als auch Klauseln, mit denen der Einsatz von Spielern aus der EU zahlenmäßig begrenzt wurde. Lediglich der Einsatz in Nationalmannschaften ist durch nichtwirtschaftliche Kriterien geprägt. Wegen ihres spezifischen Charakters bleiben insoweit Begrenzungen nach der Staatsangehörigkeit zulässig.

Auf den Gleichheitssatz können sich als Arbeitnehmer tätige Berufssportler berufen. Lange Jahre war die Bindung durch Ablösesummen, die ein neuer Arbeitgeber zahlen musste, um einen Arbeitsvertrag mit dem Arbeitnehmer abschließen zu dürfen, im Berufssport weit verbreitet und wurde teilweise auch im Amateurbereich praktiziert. Ausländische Sportler einschließlich derer aus den Mitgliedsstaaten wurden im Mannschaftssport nur bis zu einer festen Obergrenze zugelassen (OLG Frankfurt v. 26. 8. 1993, MDR 93, 1250).

Europarechtlich sind Arbeitnehmer auch Personen, die für ihre Tätigkeit nur eine geringe, aber wirtschaftlich erhebliche Vergütung erhalten (EuGH v. 23. 3. 1982, InfAuslR 1983, 102 [Levin]). Diese Grundsätze gelten deshalb auch für Vertragsamateure. Wenn der Amateursport als Vorbereitungsstufe für den Berufssport gesehen wird, gelten für ihn dieselben Grundsätze. Ausländerklauseln im Sport gegenüber Drittstaatsangehörigen dürften gegen das Kartellrecht der EU verstoßen (*Weiß*, SpuRt 1998, 97).

Das nicht von § 74 Abs. 2 HGB gedeckte nachvertragliche Konkurrenzverbot verstößt weiter gegen die durch Art. 12 GG geschützte Berufsfreiheit (BAG v. 20. 11. 1996, NZA 1997, 647). Art. 12 GG ist allerdings ein nur Deutschen zukommendes Grundrecht, würde also Drittstaatsangehörige nicht aus der rechtlichen Bindung der Ablösesumme befreien.

Aufgrund des Anspruchs auf gleiche Arbeitsbedingungen gem. Art. 37 ZusProt und Art. 10 Abs. 1 ARB 1/80, den EU-Abkommen mit den Maghreb-Staaten und gemäß den in den Abkommen mit Kroatien und z. B. Russland enthaltenen gleichartigen Diskriminierungsverboten gilt dieses Verbot auch für Arbeitnehmer aus der Türkei, den Maghreb-Staaten, Kroatien und Russland.

8.8 Schutz vor Ausländerfeindlichkeit

8.8.1 Individualrechtliche Sanktionen

Ausländerfeindlichkeit ist in mehrfacher Hinsicht nachteilig. Sie schadet dem internationalen Ansehen Deutschlands und kann damit unmittelbar für den Export wirtschaftlich nachteilig sein. Sie stört den gesellschaftlichen Frieden und – arbeitsrechtlich besonders bedeutsam – den Betriebsfrieden.

Arbeitnehmer genießen auch während der Arbeitszeit den Schutz der Grundrechte, vor allem das der Meinungsfreiheit (Art. 5 Abs. 1 GG), der allgemeinen Handlungsfreiheit (Art. 2 Abs. 1 GG) und der Vereinigungs- (Art. 9 GG) und Versammlungsfreiheit (Art. 8 GG). Übt ein Arbeitnehmer seine Rechte in zulässiger Weise aus, darf er grundsätzlich nicht benachteiligt werden (§ 612a BGB). Bei der sozialen Rechtfertigung einer Kündigung wegen ausländerfeindlicher Äußerungen ist deshalb die verfassungsrechtliche Dimension zu beachten (*Lansnicker/Schwirtzek*, DB 2001, 865).

Der Grundrechtsschutz wird durch die Strafgesetze begrenzt. Äußerungen, die den Tatbestand der Volksverhetzung, der Beleidigung oder andere Straftatbestände verwirklichen, sind schon wegen ihrer Strafbarkeit im Betrieb unzulässig. Der Tatbestand der Volksverhetzung kann auch durch die Verbreitung bzw. Weitergabe von Texten mit Hetze gegen Ausländer verwirklicht werden.

Arbeitnehmer haben sich stets so zu verhalten, dass der Betriebsfrieden nicht ernstlich und schwer gefährdet und die Zusammenarbeit im Betrieb mit den übrigen Arbeitnehmern und dem Arbeitgeber für diese zumutbar bleibt. **Fremdenfeindliche, rassistische und antisemitische Äußerungen** und Aktionen **beeinträchtigen den Betriebsfrieden.** Sie verstoßen gegen die Grundsätze des AGG und erfordern angemessene arbeitsrechtliche Reaktionen.

Die **Fürsorgepflicht** des Arbeitgebers gebietet deshalb, massiven Ehrverletzungen ausländischer Arbeitnehmer entgegenzutreten (BAG v. 14.2.1996, NJW 1996, 2253). Er muss darüber hinaus die im Einzelfall geeigneten, erforderlichen und angemessenen Maßnahmen zur Unterbindung ausländerfeindlicher Äußerungen, Handlungen und Entscheidungen ergreifen. Dazu muss er ggfls. eine Abmahnung, Umsetzung, Versetzung oder Kündigung aussprechen. Auch muss der Arbeitgeber seine Mitarbeiter vor ausländerfeindlichen Angriffen Dritter, z. B. im Kontakt mit seinen Kunden schützen.

Schädigt der Arbeitnehmer zielgerichtet den eingerichteten und ausgeübten Gewerbebetrieb seines Arbeitgebers, ist er durch das Recht auf freie Meinungsäußerung nicht geschützt (*Krummel/Küttner*, NZA 1996, 67). Gefährdet das Verhalten des Arbeitnehmers den existenznotwendigen Ruf des Arbeitgebers, ist eine Kündigung sozial gerechtfertigt (BVerfG v. 2.1.1995, AP GG Art. 103 Nr. 53).

Stets darf eine außerordentliche Kündigung nur ausnahmsweise als letztes Mittel ausgesprochen werden und in der Regel ist auf störendes Verhalten zunächst mit einer Abmahnung zu reagieren. Aus der betrieblichen Praxis wird berichtet, dass das unverzüglich mit dem Arbeitnehmer gesuchte Gespräch durch Arbeitgeber und Betriebsrat häufig zu einer Entspannung und der Vermeidung von Wiederholungsfällen führt.

Dass die außerordentliche Kündigung sozial gerechtfertigt sei, bejahte das BAG (v. 1.7.1999, NZA 1999, 1270) für ein Ausbildungsverhältnis, nachdem der Auszubildende u.a. an der Werkbank eines türkischen Auszubildenden eine Tafel mit dem (an KZ erinnernden) Text »Arbeit macht frei – Türkei schönes Land« angeschraubt hatte. Wegen der Schwere der Pflichtverletzung war eine Abmahnung entbehrlich.

Auch **ausländerfeindliches Fehlverhalten in der Freizeit** kann sich auf den Betriebsfrieden auswirken. Es kann die arbeitsvertragliche Nebenpflicht zur politischen Zurückhaltung verletzen. Ob eine solche Nebenpflicht besteht, bestimmt sich nach den Verhältnissen des Einzelfalls. Im Bereich des öffentlichen Dienstes ist sie stets zu bejahen (vgl. §8 BAT). Ähnliches gilt für Arbeitnehmer in Tendenzbetrieben im Sinne des §118 BetrVG, Tendenzträger in leitender Stellung oder bei arbeitsbezogenem Kontakt zur Öffentlichkeit (*Lansnicker/ Schwirtzek*, DB 2001, 865).

Die außerordentliche Kündigung eines Verwaltungsangestellten eines Finanzamts, der Mitglied einer Stadtratsfraktion mit Kontakten zu neonazistischen Gruppierungen war und für Flugblätter presserechtlich verantwortlich zeichnete, in denen Ausländer, Zigeuner und Asylanten pauschal als kriminelle Schmarotzer dargestellt wurden, war deshalb möglich, sofern nicht besondere Umstände eine Ausnahme rechtfertigten. Dieses Verhalten stellt – selbst ohne strafgerichtliche Verurteilung – eine nicht von der Meinungsfreiheit gedeckte strafbare Volksverhetzung dar (BAG v. 14.2.1996, NJW 1996, 2253).

Rassismus kann unter den Beschäftigten Gegenreaktionen hervorrufen. So verweigerte ein Briefträger aus Gewissensgründen das Austragen von Wahlwerbung einer rechtsradikalen Partei mit ausländerfeindlichem Inhalt als Postwurfsendung. Die deswegen gegen ihn ausgesprochene Abmahnung musste aus der Personalakte entfernt werden. Der Arbeitgeber darf sein Direktionsrecht nur nach billigem Ermessen (§315 BGB) ausüben und muss dabei auch das Grundrecht der **Gewissensfreiheit** berücksichtigen. Ist die Konfliktlage dem Arbeitnehmer bei Abschluss des Arbeitsvertrags erkennbar, kann er unter Berücksichtigung der Interessen des Arbeitgebers an der Erfüllung der von ihm geschlossenen Verträge vom Abschluss des Arbeitsvertrags Abstand nehmen (LAG Frankfurt v. 20.12.1994, AP BGB §611 Abmahnung Nr. 18).

Arbeitnehmer, die durch Kollegen, Vorgesetzte oder den Arbeitgeber diskriminiert, beleidigt oder herabgesetzt werden, können sich bei den zuständigen Stellen des Betriebes beschweren und ein Mitglied des Betriebsrats zur Unterstützung oder Vermittlung hinzuziehen (§ 84 BetrVG). Sie können sich auch beim Betriebsrat beschweren (§ 85 BetrVG).

Reagiert der Arbeitgeber nicht angemessen auf die Beschwerde, kann der Arbeitnehmer das Arbeitsverhältnis fristlos aus wichtigem Grund kündigen oder prozessual mit einem Auflösungsantrag gem. §§ 9 f. KSchG reagieren. Weil damit der Verlust des Arbeitsplatzes verbunden ist, helfen diese Reaktionsmöglichkeiten dem Arbeitnehmer letztlich wenig (*Krummel/Küttner,* NZA 1996, 67).

Verstößt der Arbeitgeber gegen seine Verpflichtung, Rassismus und Ausländerfeindlichkeit im Betrieb entgegen zu wirken, kann er darüber hinaus nach § 823 Abs. 2 BGB i.V.m. § 75 BetrVG auf Leistung von Schadensersatz in Anspruch genommen werden (BAG v. 5.4.1984, NZA 1985, 329).

8.7.2 Handlungsmöglichkeiten von Betriebs- und Personalrat

aa) Der Betriebsrat hat gem. § 80 Abs. 1 Nr. 7 BetrVG die Aufgabe, die **Eingliederung** der ausländischen Arbeitnehmer im Betrieb und das Verständnis zwischen ihnen und den deutschen Arbeitnehmern zu **fördern**. Die Vorschrift stellt eine – deklaratorische – Konkretisierung des in § 75 BetrVG festgelegten Gleichbehandlungsgebots dar (*Annuß* NZA 2001, 367).

Der Begriff der Eingliederung meint hier nicht eine Auswahl unter einzustellenden Bewerbern, sondern die Integration der bereits eingestellten Arbeitnehmer. Sie sollen genauso behandelt werden wie ihre deutschen Kollegen. Der Betriebsrat hat sie vor Ausbeutung durch unzulässige illegale Beschäftigung (Schwarzarbeit, unzulässige Arbeitnehmer-Überlassung) zu schützen. Er muss sich schützend vor ausländische Arbeitnehmer stellen, die zu Opfern betrieblicher Erscheinungsformen der Ausländerfeindlichkeit werden. Der Betriebsrat soll das gegenseitige Verständnis der deutschen und ausländischen Arbeitnehmer fördern und auf den Abbau wechselseitiger Vorurteile hinwirken (*Fitting,* § 80 Rn. 32). Darunter fallen auch Sprachkurse für ausländische Arbeitnehmer, Unterstützung bei der Wohnraumbeschaffung oder die Einbeziehung ausländischer Folkloregruppen bei Betriebsfesten.

Nach Auffassung von *Zimmer* (AiB 2001, 256) ermöglicht § 87 Abs. 1 Nr. 1 BetrVG, dass der Abschluss einer Betriebsvereinbarung über die

Pflicht zu partnerschaftlichem Verhalten am Arbeitsplatz notfalls über eine Einigungsstelle erzwungen werden kann. Selbst wenn man nicht so weit gehen sollte, ist der Abschluss einer solchen die gesetzlichen Verpflichtungen umsetzenden Betriebsvereinbarung über »Maßnahmen zur Integration ausländischer Arbeitnehmer sowie zur Bekämpfung von Rassismus und Fremdenfeindlichkeit im Betrieb« zumindest gem. §88 Nr. 4 BetrVG auf freiwilliger Grundlage möglich. Eine Muster-Betriebsvereinbarung stellt *Campos* (AiB 1998, 14) vor.

Eine solche Betriebsvereinbarung kann ein von §§84, 85 BetrVG abweichendes Beschwerdeverfahren ermöglichen, bei dem eine beim Betriebsrat eingehende Beschwerde vertraulich behandelt wird. In ihr kann sich der Arbeitgeber verpflichten, eine aktive Antidiskriminierungspolitik zu betreiben (*Zimmer,* AiB 2001, 256).

Die besondere Bedeutung der Bekämpfung von Ausländerfeindlichkeit wird durch das Recht des Betriebsrats unterstrichen, **Maßnahmen zur Bekämpfung von Rassismus und Fremdenfeindlichkeit zu beantragen**. Der Betriebsrat kann darüber hinaus auf ausländerfeindliche Erscheinungen im Betrieb damit reagieren, dass sie zum Gegenstand von Betriebsversammlungen gemacht werden (§5 BetrVG). Die innerbetriebliche Diskussion kann zum Abbau von Fremdenfeindlichkeit und Rassismus in der Gesellschaft beitragen (*Fitting,* §45 Rn. 17).

Der Betriebsrat kann vor allem auch die **Entfernung betriebsstörender Arbeitnehmer** verlangen und ihre Kündigung durchsetzen. §104 BetrVG zählt hierzu besonders die Störung des Betriebsfriedens durch rassistische oder fremdenfeindliche Betätigungen. Darunter fällt die Hetze gegen ausländische Arbeitnehmer oder generell gegen Ausländer, Aussiedler oder Asylbewerber oder andere Minderheiten (*Fitting,* §104 Rn. 6). Dabei ist stets auch die Möglichkeit der Versetzung auf einen anderen Arbeitsplatz oder in eine andere Abteilung als milderes Mittel zu prüfen.

Nach §99 Abs. 2 Nr. 6 BetrVG kann der Betriebsrat in Unternehmen mit mehr als 20 Mitarbeitern die Zustimmung zu einer Einstellung oder Versetzung eines Mitarbeiters verweigern, wenn die durch Tatsachen begründete Besorgnis besteht, der vorgesehene Arbeitnehmer werde den Betriebsfrieden durch gesetzwidriges Verhalten oder durch grobe Verletzung der in §75 Abs. 1 BetrVG enthaltenen Grundsätze stören. Auf diesem Weg könnte der Betriebsrat die Zustimmung zur Einstellung z. B. eines stadtbekannten Neonazis verweigern. Dabei wird die reine Mitgliedschaft in einer rechtsgerichteten Partei nicht ausreichen, anders aber bei Vorstrafen, etwa wegen Körperverletzung (*Zimmer,* AiB 2001, 256).

Bei groben Verstößen des Arbeitgebers gegen seine Pflicht zur Gleichbehandlung der Arbeitnehmer unabhängig von ihrer Abstammung, Religion, Nationalität oder Herkunft (§75 Abs. 1 BetrVG), kann der Betriebsrat gem. §23 Abs. 3 BetrVG das Arbeitsgericht anrufen. Zur Durchsetzung gerichtlicher Entscheidungen können Ordnungs- und Zwangsgeld verhängt werden.

Verstößt umgekehrt der Betriebsrat grob gegen seine Verpflichtung, auf die Gleichbehandlung der Arbeitnehmer unabhängig von ihrer Abstammung, Religion, Nationalität oder Herkunft hinzuwirken, kann er nach §23 Abs. 1 BetrVG aufgelöst werden. Ein **grober Pflichtenverstoß eines einzelnen Betriebsratsmitglieds** kann zu seinem **Ausschluss** aus dem Betriebsrat führen (*Fitting,* §75 Rn. 100).

Einen entsprechenden Antrag kann beim Arbeitsgericht ein Viertel der wahlberechtigten Arbeitnehmer, der Arbeitgeber oder eine im Betrieb vertretene Gewerkschaft stellen. Der Ausschluss eines einzelnen Mitglieds kann auch vom Betriebsrat selbst beantragt werden.

bb) Die Aufgaben und Handlungsmöglichkeiten der **Personalräte** gegenüber Ausländerfeindlichkeit unterscheiden sich nicht wesentlich von denen der Betriebsräte. Sie haben gemeinsam mit dem Leiter der Dienststelle für eine sachliche und gerechte Behandlung der Angelegenheiten der Beschäftigten zu sorgen. Vor allem darf kein Beschäftigter wegen seiner Abstammung, Religion, Nationalität, Herkunft, seiner politischen oder gewerkschaftlichen Betätigung oder Einstellung, wegen seines Geschlechtes oder wegen persönlicher Beziehungen bevorzugt oder benachteiligt werden (§§67 Abs. 1 Satz 1, 105 BPersVG). Die Eingliederung ausländischer Bediensteter in die Dienststelle und das Verständnis zwischen ihnen und den deutschen Beschäftigten ist zu fördern (§68 Abs. 1 Nr. 6 BPersVG).

Bei personellen Maßnahmen wie Einstellungen oder Beförderungen kann der Personalrat seine erforderliche Zustimmung verweigern, wenn die durch Tatsachen begründete Besorgnis besteht, dass der Beschäftigte oder Bewerber den Frieden in der Dienststelle durch unsoziales oder gesetzwidriges Verhalten stören werde (§77 Abs. 2 Nr. 3 BPersVG).

Er kann seine Zustimmung auch verweigern, wenn er in einer Maßnahme eine unzulässige Benachteiligung eines anderen Mitarbeiters sieht, z. B. wenn dieser aus ausländerfeindlichen Erwägungen bei einer Beförderung übergangen wird (§77 Abs. 2 Nr 2 BPersVG).

Auch Personalräte können wie Betriebsräte bei grober Verletzung ihrer gesetzlichen Pflichten aufgelöst werden; aus dem gleichen Grund können einzelne Mitglieder ausgeschlossen werden (§ 102 Abs. 2 BPersVG).

9. Arbeitnehmer-Überlassung aus dem Ausland

Auf Arbeitnehmer-Überlassungen ist das AÜG auch dann anzuwenden, wenn die Zeitarbeiter von einem ausländischen Arbeitsvermittler überlassen werden. Ist der Vertrag zwischen Verleiher und Leiharbeitnehmer unwirksam, gilt gem. § 10 AÜG ein Arbeitsverhältnis zwischen dem entleihenden Arbeitgeber und dem Leiharbeitnehmer für den Beginn der Verleihung als zustande gekommen.

Der Leiharbeitnehmer kann die Entstehung des durch § 10 AÜG fingierten Arbeitsverhältnisses durch seinen Widerspruch verhindern (LAG Frankfurt v. 6. 3. 2001, NZA-RR 2002, 73). Er bleibt in diesem Fall Arbeitnehmer des verleihenden Zeitarbeitsunternehmens.

Unwirksam ist die Verleihung selbst dann wegen fehlender Erlaubnis, wenn der Verleiher seinen Sitz im EU-Ausland hat und entweder dort nach Ortsrecht genehmigungsfrei handeln darf oder dort über die erforderliche Genehmigung verfügt (*Kienle/Koch*, DB 2001, 922).

Ob Arbeitnehmerüberlassung vorliegt, beurteilt sich nach der Ausgestaltung der Vertragsbeziehungen zwischen Verleiher und Entleiher einerseits (Arbeitnehmerüberlassungsvertrag) und zwischen dem Entleiher und dem Arbeitnehmer anderseits (Leiharbeitsvertrag) sowie dem Fehlen arbeitsvertraglicher Beziehungen zwischen Arbeitnehmer und Entleiher.

Hiervon ist die Tätigkeit eines Arbeitnehmers bei Dritten aufgrund eines Werk- oder Dienstvertrags zu unterscheiden, die vorliegt, wenn der Unternehmer die zur Erreichung eines wirtschaftlichen Erfolges notwendigen Handlungen nach eigenen betrieblichen Voraussetzungen organisiert und er dem Drittunternehmer für die Erfüllung der im Vertrag vorgesehenen Dienste oder für die Herstellung des geschuldeten Werks verantwortlich bleibt. Im letztgenannten Fall unterliegen die Arbeitnehmer den Weisungen des Arbeitgebers, wobei ein Weisungsrecht des Dritten im Einzelfall, wie sich auch aus § 645 Abs. 1 Satz 1 BGB ergibt, unschädlich sein kann (BAG v. 6. 8. 2003, AÜG § 9 Nr. 6). Maßgebend für die Abgrenzung zwischen Arbeitnehmerüberlassung und Dienst- und Werkverträgen ist der tatsächliche Geschäftsinhalt des Vertragsverhältnisses.

10. Sonstige Schutzvorschriften

10.1 Schwerbehinderte Ausländer

Gemäß Art. 3 Abs. 3 Satz 2 GG darf niemand wegen seiner Behinderung benachteiligt werden. Zwischen In- und Ausländern unterscheidet diese verfassungsrechtliche Regelung nicht.

Scheinbar beinhaltet die Vorschrift keine über das Sozialstaatsprinzip des Art. 20 Abs. 1, 28 Abs. 1 Satz 1 GG hinausgehende Verpflichtung, Behinderten besondere Begünstigungen zum Ausgleich des durch die Behinderung geschaffenen Nachteils einzuräumen. Doch zeigt die Rechtsprechung des BVerfG zum allgemeinen Gleichheitssatz des Art. 3 Abs. 1 GG, dass das Verbot der Benachteiligung auch ein Gebot beinhaltet, die Bedürfnisse behinderter Menschen angemessen zu berücksichtigen (*Davy* in *Eichenhofer*, Die Behinderten in der sozialen Sicherung, S. 36 f. m. w. N.).

Aus dem Sozialstaatsprinzip ergibt sich die Verpflichtung der staatlichen Gemeinschaft, körperlich oder geistig behinderte Menschen so weit wie möglich in die Gesellschaft einzugliedern. Aus diesem Kreis dürfen deshalb Ausländer nicht generell ausgeschlossen werden (BSG v. 1. 9. 1999, InfAuslR 1999, 510).

Dieses Verfassungsgebot entspricht einer europarechtlichen Verpflichtung. Nach Art. 13 EG soll der Rat geeignete Vorkehrungen treffen, um u. a. Diskriminierungen aus Gründen einer Behinderung zu bekämpfen. Hierzu hat der Rat der EU die spätestens bis 2. 12. 2006 umzusetzende RL 2000/78/EG beschlossen, die sich gegen Diskriminierungen von Behinderten beim Zugang zur Beschäftigung einschließlich des beruflichen Aufstiegs, in der Berufsausbildung, der beruflichen Weiterbildung und der Umschulung und in bezug auf die Beschäftigungs- und Arbeitsbedingungen richtet (*Davy* ebd.). Entsprechend bedarf gem. § 85 SGB IX die Kündigung Schwerbehinderter unabhängig von ihrer Staatsangehörigkeit der Zustimmung des Integrationsamts. Dies gilt auch für ihnen nach § 69 SGB IX Gleichgestellte, die infolge ihrer Behinderung ohne die

Gleichstellung einen geeigneten Arbeitsplatz nicht erlangen oder nicht behalten können (§2 Abs. 3 SGB IX). Unter bestimmten Voraussetzungen gilt die Zustimmung nach Ablauf eines Monats als erteilt (§88 Abs. 5 SGB IX).

Verweigert das Integrationsamt die Zustimmung und hält der Arbeitgeber an der Kündigung fest, muss er gegen diese Verweigerung Widerspruch einlegen. Die Kündigung darf er in diesem Fall sofort aussprechen.

Der besondere Kündigungsschutz muss zum Zeitpunkt der Kündigung nachgewiesen sein (§90 Abs. 2a SGB IX). Er liegt nicht vor, wenn erst nach Zugang der Kündigung der Antrag auf Anerkennung als Schwerbehinderter gestellt wird.

10.2 Mutterschutz und Kindererziehung

Dem Gesundheitsschutz dienen die Beschäftigungsverbote des MuSchG. Sie unterscheiden folgerichtig nicht nach der Staatsangehörigkeit. Auch Ausländerinnen unterliegen deshalb in den letzten sechs Wochen vor der Niederkunft (§3 Abs. 2 MuSchG) und in den ersten acht Wochen danach einem absoluten Beschäftigungsverbot (§6 Abs. 1 MuSchG).

In der Schwangerschaft und bis zum Ablauf von vier Monaten nach der Entbindung ist ihre Kündigung gem. §9 MuSchG gleichermaßen unzulässig. Fehlt die erforderliche Genehmigung der Beschäftigung, ist die Kündigung unzulässig, solange die Genehmigung noch erreichbar ist.

Nicht alle Ausländer haben Anspruch auf Erziehungs- und Elterngeld. In §1 BEEG beabsichtigte der Gesetzgeber eine Diskriminierung ausländischer Familien (wegen Einzelheiten siehe S. 261). Demgegenüber besteht der Anspruch auf Elternzeit bis zum vollendeten dritten Lebensjahres des Kindes unabhängig von der Staatsangehörigkeit.

10.3 Jugendarbeitsschutz und Berufsbildung

Das **Jugendarbeitsschutzgesetz** (JArbSchG) setzt nicht in vollem Umfang die Vorgaben der RL 94/33/EG in innerstaatliches Recht um (*Kittner-Zwanziger*, § 127 Rn. 40). Es gilt für die Beschäftigung aller unter 18-jährigen, unabhängig von deren Staatsangehörigkeit.

Das Verbot der Kinderarbeit (§ 5 JArbSchG) und die weiteren Einschränkungen gelten deshalb auch für die Beschäftigung von ausländischen Kindern und Jugendlichen. Der Arbeitgeber muss ihnen gem. § 9 JArbSchG die Erfüllung der Berufsschulpflicht ermöglichen.

Hierbei ist zu beachten, dass nicht alle ausländischen Jugendlichen der Schulpflicht unterliegen. So legt § 72 des baden-württembergischen Schulgesetzes den Wohnsitz oder gewöhnlichen Aufenthalt in diesem Bundesland als Voraussetzung für die Schulpflicht fest. Bei Asylbewerbern werden diese Merkmale verneint. Solche landesrechtlichen Einschränkungen widersprechen Art. 10 RL 2003/9/EG. Die Aufnahme in eine Schule darf um nicht mehr als drei Monate ab Stellung des Asylantrags verzögert werden.

Keine Unterscheidung nach der Staatsangehörigkeit sieht das **Berufsbildungsgesetz** (BBiG) vor. Ein Vertrag über eine Berufsausbildung ist gem. § 4 BBiG schriftlich niederzulegen. Im Vertrag sind zwingend zu regeln

- Art, sachliche und zeitliche Gliederung sowie das Ziel der Berufsausbildung,
- Beginn und Dauer der Berufsausbildung
- Ausbildungsmaßnahmen außerhalb der Ausbildungsstätte,
- Dauer der regelmäßigen täglichen Ausbildungszeit,
- Dauer der Probezeit,
- Zahlung und Höhe der Ausbildungsvergütung,
- Urlaubsdauer,
- Voraussetzungen der Kündigung,
- in allgemeiner Form gehaltener Hinweis auf die Tarifverträge, Betriebs- oder Dienstvereinbarungen, die auf das Berufsausbildungsverhältnis Anwendung finden.

Die Schriftform dient der Dokumentation des Inhalts des geschlossenen Ausbildungsvertrags. Wird die Schriftform nicht eingehalten, kann sich der Arbeitgeber nicht auf die Nichtigkeit des Berufsausbildungsvertrags berufen (BAG v. 21. 8. 1997, NJW 1998, 922).

Im Ausland erworbene Prüfungszeugnisse über Berufsabschlüsse können nach § 43 Abs. 2 BBiG inländischen Abschlusszeugnissen gleichgestellt werden, wenn in den Prüfungen gleichwertige Anforderungen gestellt werden. Mit dieser Regelung wird zugleich einer europarechtlichen Verpflichtung entsprochen. Artikel 3 RL 1999/42/EG schreibt zur Erleichterung der beruflichen Migration zwischen den Mitgliedstaaten die gegenseitige Anerkennung gleichwertiger Berufsabschlüsse und durch Berufserfahrung erworbener beruflicher Qualifikationen vor. Bei Handwerkerberufen muss man sich dazu an die örtliche Handwerkerkammer (vgl. §§ 1 ff. EU/EWR HwV) wenden, bei Berufen aus Handel und Industrie an die Industrie- und Handelskammer.

Für Ausländer ebenfalls bedeutsam ist § 40 Abs. 2 BBiG. Danach ist auch zu einer Abschlussprüfung zuzulassen, wer das 2-fache der Zeit in dem Beruf tätig war, in dem er die Prüfung ablegen will. Ohne diese Vorbeschäftigungszeit kann zur Prüfung zugelassen werden, wer durch Vorlage von Zeugnissen oder auf andere Weise glaubhaft macht, dass er für die Prüfungszulassung ausreichende Kenntnisse und Fertigkeiten erworben hat. Dies können im Ausland abgelegte und im Inland nicht anerkannte Prüfungen oder Ausbildungszeiten sein.

11. Weitere Sonderfragen

11.1 Gleichbehandlungsgebote im allgemeinen Rechtsverkehr außerhalb der Arbeitsstätte

Auch die frühere Diskussion um Rassendiskriminierung beim Zugang zu Gaststätten zeigt, dass das deutsche Recht in der Vergangenheit unzureichenden Schutz gegen Diskriminierung bot. Zwar stellen Gaststättenverbote, die aufgrund der Hautfarbe oder Staatsangehörigkeit verhängt werden, in jedem Einzelfall eine Beleidigung dar. Es wird aber schon bestritten, dass in jedem Fall eine Kollektivbeleidigungsfähigkeit vorliege. Andererseits kann den ausgesperrten Gaststättenbesuchern gegen den Gastwirt nach § 826 BGB ein Anspruch auf Bewirtung zugesprochen werden. Denn die Zurückweisung von Gaststättenbesuchern nach dem Kriterium der Hautfarbe oder Herkunft ist sittenwidrig (*Stock*, ZAR 1999, 118). Doch sollten nach früherem Recht angeblich selbst handfeste Indizien für den Nachweis einer rassistisch motivierten Diskriminierung nicht ausreichen (AG Tempelhof-Kreuzberg v. 16. 12. 2004,

InfAuslR 2005, 162). Das AGG hat die Rechtslage insoweit allerdings umgestaltet: § 1 AGG verbietet die Benachteiligung u. a. aus Gründen der Rasse oder der ethnischen Herkunft. Erfasst sind damit Benachteiligungen auf Grund von Rasse, der Hautfarbe, der Abstammung, des nationalen Ursprungs oder des Volkstums. Beispiele für ethnische Gruppen sind Sinti, Roma, Kruden, Sikhs oder nationale Minderheiten wie die Sorben in der Lausitz.

Die Diskussion über den Umgang mit rassistischen Diskriminierungen hat mit Inkrafttreten der RL 2000/43/EG und des AGG eine neue Dimension gewonnen. Danach ist jede unmittelbare oder mittelbare Diskriminierung aus Gründen der Rasse oder der ethnischen Herkunft verboten (§ 1 AGG). Geschützt werden danach Personen, die als fremd wahrgenommen und der regionalen Mehrheit nicht zugehörig angesehen werden. Diese Wahrnehmung knüpft an Abstammungs- und Zugehörigkeitsmythen an, die die Betroffenen nicht ändern können. Häufige Erscheinungsformen sind die Hautfarbe, ein als fremd empfundenes Erscheinungsbild, die Zugehörigkeit zu einer Minderheitsreligion oder eine fremde Muttersprache (*Schiek*, AuR 2003, 44).

Das Diskriminierungsverbot erfasst gem. Art. 3 Abs. 1 RL 2000/43/EG und § 2 AGG den Zugang zu unselbstständiger und selbstständiger Erwerbstätigkeit, das gesamte Arbeits- und Sozialrecht und darüber hinaus Berufsberatung und Bildung und den Zugang zu und die Versorgung mit Gütern und Dienstleistungen, die der Öffentlichkeit zur Verfügung stehen.

§ 3 AGG verbietet die unmittelbare und die mittelbare Diskriminierung. Für letztere kann auf Kriterien zurückgegriffen werden, die der EuGH für die Feststellung geschlechterbezogener Diskriminierung entwickelt hat. Wer deutschsprachige Arbeitnehmer wünscht oder solche mit deutscher Staatsangehörigkeit, braucht hierfür eine besondere Rechtfertigung (§ 8 AGG).

§ 19 AGG bestimmt, in welchen Fällen eine Diskriminierung u. a. aus Gründen der Rasse oder wegen der ethnischen Herkunft oder der Religion unzulässig ist:

- bei Massengeschäften oder
- Geschäften, bei denen das Ansehen der Art des Schuldverhältnisses nachrangig ist
- oder bei Geschäften, die zu vergleichbaren Bedingungen in einer Vielzahl von Fällen zustande kommen
- oder bei Versicherungsverträgen.

Typisches Beispiel ist der Einkauf in einem Kaufhaus. Der Abschluss von Mietverträgen ist von diesem Diskriminierungsverbot erfasst, sofern der Vermieter mehr als 50 Wohnungen vermietet. Ausgenommen sind lediglich zivilrechtliche Schuldverhältnisse, bei denen ein besonderes Nähe- oder Vertrauensverhältnis der Parteien oder ihrer Angehörigen begründet wird. Beim Abschluss von Mietverträgen ist das der Fall, wenn der Vermieter oder seine Familienangehörigen Wohnraum auf demselben Grundstück nutzen.

Im Streitfall muss das Vorliegen einer Diskriminierung nicht vollständig nachgewiesen werden. Ausreichend ist die Glaubhaftmachung von Tatsachen, die das Vorliegen einer unmittelbaren oder mittelbaren Diskriminierung vermuten lassen. Nach § 22 AGG muss derjenige Indizien darlegen, wer eine Verletzung des Grundsatzes der Gleichbehandlung geltend macht. Wenn diese Indizien die Rechtsverletzung vermuten lassen, trifft den Verfahrensgegner den Nachweis, dass entgegen dem äußeren Anschein der Gleichbehandlungsgrundsatz nicht verletzt wurde. Damit erübrigt sich die Frage nach der innerstaatlichen Anwendbarkeit des Internationalen Übereinkommens zur Beseitigung jeder Form von Rassendiskriminierung (dazu noch *Mager,* ZAR 1992, 170).

Eine rassistische Diskriminierung kann auch zu einem angemessenen Schadensersatz verpflichten, ggfls. selbst zur Zahlung von Schmerzensgeld (§ 21 AGG).

11.2 Ausländische Führerscheine

Die Möglichkeit der inländischen Anerkennung von im Ausland erworbener Fahrerlaubnisse ist für die berufliche Mobilität ausländischer Arbeitnehmer von besonderer Bedeutung. Eine Verweigerung eines Umtausches in der Europäischen Union erworbener Führerscheine in nationale Führerscheine würde Unionsbürger deshalb unzulässig in ihren Freizügigkeitsrechten beeinträchtigen (EuGH v. 29. 10. 1998, EZAR 811 Nr. 38 [Awoyemi]).

Der Gesetzgeber hat unter Berücksichtigung dieser Rechtsprechung die Anerkennung von Führerscheinen, die in Drittstaaten und in den Mitgliedstaaten der Europäischen Union und des EWR erworben wurden, unterschiedlich gestaltet.

Nach § 31 FeV ist die Umschreibung der Fahrerlaubnis in eine inländische nur innerhalb von drei Jahren nach der Einreise zulässig. Bei den in der Anlage 11 zu § 31 FeV aufgeführten Staaten, z. B. Japan, Kroatien, einigen US-Bundesstaaten und einigen innerhalb der EU gelegenen und ihr formal nicht angehörenden Kleinstaaten wie Monaco erfolgt die Umschreibung ohne erneute ärztliche und augenärztliche Untersuchung, ohne Sehtest, Befähigungsprüfung, Erste-Hilfe-Kurs und Ausbildung.

Ausländer aus Staaten, die nicht in Anlage 11 zu § 31 FeV aufgeführt sind, müssen zwar die Prüfung zum Nachweis der Befähigung ablegen, dass sie ein Fahrzeug im Straßenverkehr führen können, sie müssen aber keine erneute Ausbildung absolvieren.

Wurde der Führerschein in einem anderen Mitgliedstaat der EU erworben, wird er gem. § 30 FeV anerkannt. Eine Frist für die Beantragung der Umschreibung der Fahrerlaubnis besteht bei in der EU erworbenen Führerscheinen gem. § 28 Abs. 4 FeV nicht. Sie wäre eine unzulässige Einschränkung der Freizügigkeit (EuGH v. 29. 10. 1998, EZAR 811 Nr. 38 [Awoyemi]).

Ist die deutsche Fahrerlaubnis entzogen worden, ist der Inhaber einer ausländischen Fahrerlaubnis im Inland nicht zum Führen von Kraftfahrzeugen berechtigt. Dies gilt unabhängig davon, ob die ausländische Fahrerlaubnis zum Zeitpunkt der Entziehung der deutschen Fahrerlaubnis bereits bestand oder ob sie erst später erworben wurde (EuGH v. 20. 11. 2008, NJW 2008, 3767 [Weber]; EuGH v. 19. 2. 2009 – C-321/07 [Schwarz]).

Hat er nach Ablauf der Sperrfrist eine Fahrerlaubnis im europäischen Ausland erworben, ist diese Fahrerlaubnis auch im Inland anzuerkennen (EuGH v. 29. 4. 2004, InfAuslR 2004, 420 [Kapper]). Das gilt nicht, wenn der Auslandsführerschein ohne Wohnsitz im Ausland erworben wurde (EuGH v. 26. 6. 2008, NJW 2008, 2403 [Wiedemann]).

11.3 Rückreisekosten

Die Kosten der Fahrten zwischen Wohnung und Arbeitsstätte sind nach allgemeiner Auffassung nicht erstattungsfähig. Allerdings muss der Arbeitgeber die Kosten tragen, die durch die Zuweisung eines anderen, auswärtigen Arbeitsorts entstehen (*Kittner-Schoof*, § 67 Rn. 23).

Bei Auslandseinsatz sind die hier entstehenden Kosten besonders hoch. Fehlt hierzu entgegen § 2 Abs. 2 Nr. 4 NachwG eine ausdrückliche Regelung im Arbeitsvertrag, ist von einer Verpflichtung des Arbeitgebers zur Tragung dieser Kosten gem. § 670 BGB auszugehen. Der Arbeitnehmer davon vor allem davon ausgehen, dass die Kosten für den Rückumzug aus dem Ausland vom Arbeitgeber getragen werden, wenn er die Kosten für den Umzug an den Einsatzort im Ausland getragen hat. Das gilt auch dann, wenn der Umzug durch Kündigung des Arbeitsverhältnisses durch den Arbeitnehmer erforderlich wird (BAG v. 26. 7. 1995, NJW 1996, 741).

Gegenüber der Ausländerbehörde haftet der Arbeitgeber für die Zahlung der Kosten der Abschiebung, wenn er einen Ausländer ohne den erforderlichen Aufenthaltstitel beschäftigt (§ 66 Abs. 4 AufenthG). Diese Haftung als Folge der Verletzung der Sorgfaltspflicht durch den Arbeitgeber ist nicht auf die vorsätzlich rechtswidrige Beschäftigung beschränkt (Hess. VGH v. 21. 9. 1994, NZA 1995, 1043).

11.4 Betriebsrente

Der Anspruch auf Zahlung von Betriebsrenten ist von der Staatsangehörigkeit der Arbeitnehmer unabhängig. Zieht der Rentner ins Ausland, sind die Kosten der Auslandsüberweisung gem. § 270 Abs. 1 BGB vom Versorgungsträger der Betriebsrente zu tragen. Allerdings haben diese Rentner häufig ein Interesse an der Auszahlung im Inland. Vor allem türkische Rentner sind bei einer Rückkehr in die Türkei mit einer besonders hohen Inflation konfrontiert. In der Regel ist für sie die Auszahlung auf einem Inlandskonto und der Transfer in die Türkei, etwa über Familienangehörige, in baren Devisen günstiger.

Nach § 16 BetrAVG ist der Arbeitgeber alle drei Jahre verpflichtet, die Leistungen der betrieblichen Alterssicherung in Abwägung der Belange des Versorgungsempfängers und des Arbeitgebers anzupassen. Für diese Anpassung sind die Entwicklung der Nettolöhne und der Inflation mit maßgeblich. Lebt der Arbeitnehmer oder seine bezugsberechtigten Hinterbliebenen im Ausland, kann für den Anspruch auf Teuerungsausgleich auch auf die örtlichen Verhältnisse abgestellt werden. Indes kann vom Arbeitgeber keine höhere Zahlung verlangt werden, als sich bei Berücksichtigung der inländischen Entwicklung der Lebenshaltungspreise ergibt (*Heinz u. a.*, Rn. 233).

Lässt sich der Arbeitnehmer im EU-Ausland die geleisteten Arbeitnehmerbeiträge zur gesetzlichen Rentenversicherung erstatten, kann er unter den Voraussetzungen des § 3 Abs. 1 Satz 3 Nr. 3 BetrAVG die Abfindung wegen der Beiträge zur betrieblichen Altersversorgung verlangen.

11.5 Sicherung des Arbeitsentgelts

Keine Besonderheiten sind bei der Sicherung des Arbeitsentgelts ausländischer Arbeitnehmer zu beachten. Sie genießen in gleicher Weise wie inländische Arbeitnehmer den Schutz der Pfändungsschutzvorschriften gem. §§ 850 ff. ZPO und der gesetzlichen und vertraglichen Aufrechnungsverbote (§§ 387 ff. BGB). Auch zu ihren Gunsten sind Verträge, mit denen der Arbeitgeber an sie Ware gegen Kredit verkauft, unwirksam (§ 107 GewO; zur Verfassungsmäßigkeit: BVerfG v. 24. 2. 1992, AP GewO § 115 Nr. 2; zur Neufassung seit 1. 1. 2003 vgl. *Schöne,* NZA 2002, 829).

Danach kann der Arbeitgeber mit einer sehr hohen Schadensersatzforderung wegen einer vorsätzlichen unerlaubten Handlung gegen die Betriebsrentenansprüche des Arbeitnehmers über deren unpfändbaren Teil hinaus bis zu dem Teil aufrechnen, der der Sicherung des Existenzminimums dient (BAG v. 18. 3. 1997, NZA 1997, 1108).

Mitarbeiter eines zahlungsunfähigen Unternehmens mit Zweigniederlassungen in anderen Mitgliedstaaten der EU müssen gem. Art. 3 RL 80/987/EWG Ansprüche auf Insolvenzgeld in dem Land geltend machen, in dem sie ihre Beschäftigung ausgeübt haben (EuGH v. 16. 12. 1999, NZA 2000, 995 [Everson]). Es kommt also nicht auf den Sitz der Hauptgeschäftsstelle des Arbeitgebers an.

Für den Fall, dass vom Arbeitgeber Löhne nicht oder nicht vollständig bezahlt werden, haftet gem. §1a AEntG sein Auftraggeber wie ein Bürge, der auf die Einrede der Vorausklage verzichtet hat. Diese Haftung umfasst auch Subunternehmer und Leiharbeitgeber. Sie wirkt auch zu Gunsten der Urlaubskasse der Bauwirtschaft. Diese Regelung ist verfassungs- und europarechtskonform (BVerfG v. 20. 3. 2007, NZA 2007, 609; EuGH v. 12. 10. 2004, Slg. 2004, I-9553 [Wolfer & Müller]).

Ausländische Forderungen gegen im Inland wohnhafte beschäftigte Arbeitnehmer sind im Inland durchzusetzen. Soweit dazu im Ausland ein Urteil erging, bedarf es der inländischen Anerkennung im Verfahren gem. § 328 ZPO. Aufgrund eines solchen Urteils ist eine Lohnpfändung zulässig. Eine im Ausland erwirkte Lohnpfändung ist demgegenüber im Inland unbeachtlich (BAG v. 19. 3. 1996, AuR 1996, 459).

11.6 Fürsorgepflicht bei Entsendung ins Ausland

Mit der vorübergehenden Entsendung von Arbeitnehmern ins Ausland ist eine Fülle schwierigster Fragen des Sozial- und Steuerrechts verbunden. So geht in der Regel das Besteuerungsrecht nach 183 Tagen auf den Tätigkeitsstaat über und kann es zu einer Doppelbesteuerung kommen.

Es wird die Auffassung vertreten, die Fürsorgepflicht des Arbeitgebers umfasse die Pflicht zur Aufklärung über das Besteuerungsrecht im Tätigkeitsstaat (*Förster/Heidenreich/Heuser,* Auslandsentsendung und Beschäftigung ausländischer Arbeitnehmer, I 5.2.1.2). Dasselbe gelte für drohenden Rechtsverlust in der Sozialversicherung (ebd. I 5.2.1.3).

Tatsächlich muss der Arbeitgeber aus nebenvertraglicher Pflicht im Einzelfall aufklären und beraten. Er hat nicht umfassend die Interessen des Arbeitnehmers zu vertreten. Im Gegenteil: dadurch würde er überfordert. Das gilt vor allem bei den komplizierten Regelungen des Steuer- und Sozialrechts. Wegen der rechtlichen Folgen eines Auslandseinsatzes für diese Rechtsgebiete kann der Arbeitgeber den Arbeitnehmer auf die Beratung durch die inländischen Träger der Sozialversicherung und die Auskünfte der Finanzämter zu verweisen, zu deren Aufgaben gerade auch die Beratung gehört (LAG Frankfurt v. 4.9.1995, NZA 1996, 482).

11.7 Die Arbeitnehmerhaftung

Ausländische Arbeitnehmer haften für von ihnen verursachte Schäden in gleichem Umfang wie die deutschen Mitarbeiter. Die Haftung richtet sich nicht danach, ob die, den Schaden verursachenden Arbeiten risikoreich sind. Es kommt vielmehr auf das Maß des Verschuldens an. Bei vorsätzlich und bei durch grobe Fahrlässigkeit verursachtem Schaden hat der Arbeitnehmer in aller Regel den gesamten Schaden zu ersetzen. Bei leichtester Fahrlässigkeit haftet er nicht.

Bei normaler Fahrlässigkeit ist der Schaden in der Regel zwischen Arbeitgeber und Arbeitnehmer anteilig aufzuteilen. Für diese Schadensverteilung sind die Gesamtumstände abzuwägen, vor allem Schadensanlass und Schadensfolgen, Billigkeit und Zumutbarkeit. Dazu gehören der Grad des Verschuldens, die Gefahrgeneigtheit der Arbeit, die Höhe des Schadens, ob es sich um ein vom Arbeitgeber einkalkuliertes oder versichertes Risiko handelt, die Stellung des Arbeitnehmers im Betrieb und die Höhe des Arbeitsentgelts.

Demgemäß musste eine Flugbegleiterin ein Drittel der Einreisestrafe tragen, die ihr Arbeitgeber, eine Fluggesellschaft in den USA, bezahlen musste, weil die Arbeitnehmerin ihren Reisepass vergessen hatte. Dem Arbeitgeber wurde angelastet, dass er das erforderliche Kontrollsystem nicht entwickelt hatte, um zu gewährleisten, dass seine Mitarbeiter nur mit Einreisedokumenten in die USA einreisen (BAG v. 16.2.1995, NJW 1995, 3204).

12. Beendigung des Arbeitsverhältnisses wegen Alters

In manchen Ländern erfolgt die Beurkundung von Geburten nicht taggenau. So war es z. B. in den ländlichen Gebieten der Türkei früher üblich, dass die zu Hause erfolgte Geburt erst Jahre später beim Standesamt aufgrund mündlicher Angaben der Eltern registriert wurde. Die so beurkundeten Geburtsdaten sind häufig selbst für das Jahr der Geburt unrichtig.

Arbeitsrechtlich ist das Geburtsdatum nur mittelbar bedeutsam. Gemäß § 41 SGB VI ist der Anspruch des Versicherten auf eine Rente wegen Alters nicht als ein Grund anzusehen, der die Kündigung eines Arbeitsverhältnisses durch den Arbeitgeber nach dem Kündigungsschutzgesetz bedingen kann. Einzel- oder kollektivvertraglich, kann eine Beendigung des Arbeitsverhältnisses ohne Kündigung zu einem Zeitpunkt vereinbart werden, zu dem der Arbeitnehmer eine Rente wegen Alters beantragen kann.

§ 35 SGB VI meint mit der Regelaltersgrenze des 67. Lebensjahres das für den Rentenversicherungsträger ausschlaggebende, nicht das nach einer Änderung des Geburtsdatums im Standesamt registrierte Datum. Für den Bezug von Alters- und Betriebsrente ist das Geburtsdatum maßgeblich, das sich aus der ersten Angabe des Berechtigten oder seiner Angehörigen gegenüber einem Sozialversicherungsträger ergibt (BAG v. 14.8.2002, AuR 2003, 122). Für das Arbeitsverhältnis kann deshalb nur die auf der sozialrechtlichen Grundlage berechnete Altersgrenze als auflösende Bedingung vereinbart werden, nicht das nach der Passeintragung berechnete Alter. Eine solche Vereinbarung ist auch nur in den letzten drei Jahren vor Erreichen der Regelaltersgrenze zulässig.

E. Ausländersozialrecht

1. Allgemeines

1.1 Soziale Grundrechte

1.1.1 Verfassungsrecht

Das Sozialrecht, auch soweit es Ausländer erfasst, muss ein menschenwürdiges Leben ermöglichen. Das setzt die Sicherung eines wirtschaftlichen Minimums, Existenzminimum genannt, voraus. Allerdings ist das Existenzminimum, das den Anforderungen der Art. 1 Abs. 1, Art. 2 Abs. 2 i.V.m. Art. 20 Abs. 1 GG entspricht, schwer zu bestimmen. Zugleich gebietet der Gleichheitssatz des Art. 3 GG, gleiche Sachverhalte gleich zu behandeln. Eine Ausgrenzung von Ausländern von Sozialleistungen, die ausschließlich an ihre Staatsangehörigkeit anknüpft, ist deshalb stets problematisch (*Schuler*, Das Internationale Sozialrecht der Bundesrepublik Deutschland, S. 129 f.).

Teilweise sind Sozialleistungen durch einen eigenen Beitrag erworben worden und unterliegen deshalb dem Eigentumsschutz des Art. 14 GG, aber auch menschenrechtlichem Schutz (EGMR v. 6. 9. 1996, InfAuslR 1997, 1 [Gaygusuz]).

1.1.2 Europarechtliches Diskriminierungsverbot

Jegliche direkte und mittelbare Diskriminierung von Unionsbürgern verbietet Art. 12 EG. Er schützt Unionsbürger auch dann vor Benachteiligung, wenn sich ihr Aufenthaltsrecht nicht aus dem Gemeinschaftsrecht ergibt (EuGH v. 12. 5. 1998, InfAuslR 1998, 316 [Sala]). Grundsätzlich sind Unionsbürger deshalb Deutschen gleichgestellt.

Auch der Anspruch auf gleiche Arbeitsbedingungen und gleiches Arbeitsentgelt gem. Art. 39 Abs. 2 EG kann durch die Versagung von

Sozialleistungen betroffen sein. Darunter zählen beispielsweise zinsgünstige Darlehen zur Familiengründung (EuGH v. 14.1.1982, Slg. 1982, 33 [Reina]).

Soziale Absicherung ist Voraussetzung grenzüberschreitender Migration von Arbeitskräften. Artikel 42 EG bezeichnet deshalb die Koordination der Leistungen der sozialen Sicherheit durch die EU-Mitgliedstaaten als notwendige Maßnahme für die Herstellung der Freizügigkeit der Arbeitnehmer. Dies verdeutlicht, dass das Sozialrecht zu der Verwirklichung dieser Grundfreiheit des Gemeinschaftsrecht einen engen Bezug aufweist (*Eichenhofer*, Sozialrecht der Europäischen Union, S. 43).

Art. 3 VO 1408/71/EWG wiederholt dieses Diskriminierungsverbot im Zusammenhang mit der Koordination der Sozialleistungen. Diese Koordination dient z. B. dazu, die Zuständigkeit der Mitgliedstaaten untereinander für die Sozialleistungen zu klären. In Deutschland arbeitende Unionsbürger sollen z. B. weder von Sozialleistungen wie Kinder- oder Erziehungsgeld ausgeschlossen werden, noch solche Leistungen mehrfach erhalten.

Soweit Drittstaatsangehörigen sozialrechtliche Vergünstigungen eingeräumt werden, sind sie auch Unionsbürgern zu gewähren (EuGH v. 15.1.2002, InfAuslR 2004, 92 [Gottardo]). Wenn z. B. Deutsche für den Erwerb von Leistungsansprüchen nach Art. 6 des deutsch-australischen Abkommens die Anrechnung australischer Wohnzeiten verlangen dürfen, gilt dies auch für Unionsbürger, die in Australien gewohnt haben und Ansprüche gegen eine deutsche Rentenversicherung geltend machen.

1.1.3 Völkerrechtliche Abkommen der EU

In verschiedenen Abkommen hat die Europäische Union den Staatsangehörigen aus anderen Staaten eine sozialrechtliche Gleichbehandlung zugesichert. Dies betrifft die EWR-Staaten und die Schweiz, deren Staatsangehörige insoweit dieselben Rechte wie Unionsbürger haben.

Nach Art. 3 ARB 3/80 dürfen Arbeitnehmer aus der Türkei und deren Familienangehörige nicht beim Empfang sozialer Leistungen benachteiligt werden (EuGH v. 4.5.1999, InfAuslR 1999, 324 [Sürül]). Ein Schutz sozialer Leistungen ergibt sich für sie zugleich genauso wie zu Gunsten von Unionsbürgern aus dem arbeitsrechtlichen Gleichbehandlungsgebot des Art. 10 ARB 1/80. Dasselbe gilt nach den Mittelmeerabkommen mit Algerien, Marokko und Tunesien für Arbeitnehmer aus diesen Ländern.

1.1.4 Völkerrechtliche Abkommen Deutschlands

Unübersichtlich wird das Ausländersozialrecht durch verschiedene von der Bundesrepublik Deutschland abgeschlossene völkerrechtliche Abkommen. Diese können weitere Schranken gegen sozialrechtliche Benachteiligungen enthalten. Sie regeln z. B. den Anspruch auf Kindergeld oder auf Zusammenrechnung von Sozialversicherungszeiten, der für einen Rentenanspruch und die Höhe einer Rente bedeutsam sein kann.

Dabei kann die Gleichstellung auch nur partiell erfolgen. So werden nach dem Abkommen mit Mazedonien Renten an Rentner mit Wohnsitz in Mazedonien in voller Höhe gezahlt. Doch entfällt die Zahlung von Renten wegen verminderter Erwerbsfähigkeit nach Mazedonien nach diesem Abkommen, wenn in Deutschland ein Teilzeitarbeitsplatz zur Verfügung gestellt werden kann (Schlussprotokoll zum deutsch-makedonischen Abkommen Nr. 3).

Ebenfalls Diskriminierungsverbote auf dem Gebiet der Sozialhilfe enthalten die Art. 23 GFK und Art. 23 StaatenlÜbk für Flüchtlinge und Staatenlose und die Art. 24 derselben Abkommen auf dem Gebiet der sozialen Sicherheit.

Durch Art. 13 des Zusatzabkommens zum NATO-Truppenstatut werden in der Bundesrepublik stationierte Mitglieder der NATO-Streitkräfte, deren ziviles Gefolge und Angehörige von den deutschen Vorschriften über die Sozialversicherungspflicht ausgenommen. Das gilt auch für diejenigen deutschen Familienangehörigen, die zeitweise ins Ausland gefolgt sind und mit der Truppe zurückkehren. Sie kehren ins deutsche Sozialsystem zurück, wenn sie im Inland eine Beschäftigung außerhalb der Streitkräfte aufnehmen.

1.2 Wohnsitz und gewöhnlicher Aufenthalt

Der Bezug von Sozialleistungen hängt davon ab, ob der Wohnsitz oder gewöhnliche Aufenthalt des durch die Sozialleistung Begünstigten und des Antragstellers im Bundesgebiet liegt. Die § 30 SGB I, §§ 8 f. AO 1977 stellen für die Bestimmung des Wohnsitzes nicht auf die polizeiliche Anmeldung ab. Verlangt werden äußere Umstände, die erkennen lassen, dass er an diesem Ort oder in diesem Gebiet nicht nur vorübergehend verweilt.

Dieses Territorialprinzip stellt formelle Gleichbehandlung bei materieller Ungleichbehandlung her. Denn Ausländer sind in der Wahl ihres inländischen Wohnsitzes oder gewöhnlichen Aufenthalts nicht frei. Drittstaatsangehörige bedürfen für einen Aufenthalt der Genehmigung (*Franz* in: *Barwig* u. a., Festschrift für Fritz Franz, S. 618). Selbst der Aufenthalt von Unionsbürgern und ihren Familienangehörigen kann beendet werden.

Die Merkmale des inländischen Wohnsitzes und gewöhnlichen Aufenthalts werden in einigen Fällen selbst dann verneint, wenn sich der Ausländer (immer noch) im Bundesgebiet aufhält. So endet nach der Rechtsprechung der Wohnsitz oder der gewöhnliche Aufenthalt eines Kindes ausländischer Staatsangehörigkeit im Inland als Voraussetzung eines Anspruchs auf Kindergeld bei einer Ausweisung durch die Ausländerbehörde auch dann, wenn dagegen ein Rechtsbehelf eingelegt wird. Wird die Ausweisung nachträglich aufgehoben, kann die Rechtmäßigkeit des Aufenthalts im Verfahren nach § 44 SGB X geltend gemacht werden (BSG v. 10. 7. 1997, NVwZ-RR 1998, 333).

So hat ein Kind von Migranten, das zeitlich begrenzt ein Internat im Heimatland seiner Eltern besucht, seinen Wohnsitz oder gewöhnlichen Aufenthalt weiterhin in Deutschland, wenn nicht Umstände erkennen lassen, dass der Aufenthalt im Heimatland nicht nur vorübergehend sein wird (BSG v. 10. 9. 1996, BSGE 79, 147). Schärfer sind die Anforderungen, die der BFH (v. 23. 11. 2000, BB 2001, 560) aufstellt. Danach behält ein Kind während einer Ausbildung im Ausland den Wohnsitz im Inland nur bei, wenn es die Wohnung zum zwischenzeitlichen Wohnen in den ausbildungsfreien Zeiten nutzt. Die Absicht der Rückkehr nach Abschluss der Ausbildung genügt nicht. Allerdings besteht in diesem Fall auch die Gefahr, dass der Aufenthaltstitel gem. § 51 AufenthG erlischt. Drittstaatsangehörige sollten vor Beginn des Schulbesuchs die Zustimmung der Ausländerbehörde einholen.

Werden Kinder vom nicht sorgeberechtigten Vater vorübergehend ins Ausland entführt, behalten sie den inländischen Wohnsitz bei und es besteht auch für die Zeit des Auslandsaufenthalts Anspruch auf Kindergeld (BFH v. 19. 3. 2002, BFH/NV 2002, 1148).

Das Territorialprinzip ist gegenüber den Ansprüchen von Unionsbürgern und ihren Familienangehörigen auf Sozialleistungen unanwendbar (Art. 7 VO 883/2004/EG).

1.3 Antragstellung und Zustellung im Ausland

1.3.1 Antragstellung

Anträge auf Sozialleistungen sind beim zuständigen Träger der Sozialleistung zu stellen. Sie werden auch von allen anderen Leistungsträgern und von allen Gemeinden entgegengenommen. Bei Personen, die sich im Ausland aufhalten, sind sie auch von den amtlichen Vertretungen der Bundesrepublik Deutschland im Ausland entgegenzunehmen. Von dort werden sie unverzüglich an den zuständigen Träger der Sozialleistung weitergeleitet (§ 16 SGB I).

Da die Leistung von Renten von der Stellung eines Antrags abhängt, ist die Nähe einer für die Antragstellung zuständigen Stelle zum Wohnort von großer Bedeutung. Das Gemeinschaftsrecht erleichtert die Antragstellung weiter. Anträge, Erklärungen oder Rechtsmittel können innerhalb der Frist bei einer entsprechenden Behörde, einem entsprechenden Träger oder einem entsprechenden Gericht eines anderen Mitgliedsstaats eingereicht werden. Von dort sind sie an die zuständige Stelle weiterzuleiten (Art. 86 VO 1408/71/EWG; Art. 81 VO 883/2004/EG).

Auch Art. 13 des ILO-Übereinkommens Nr. 157 bestimmt, dass die Sozialverwaltungen der ILO-Mitgliedstaaten zur unverzüglichen Weiterleitung der bei ihnen eingegangenen Anträge an den zuständigen ausländischen Träger verpflichtet sind.

Dieselbe Begünstigung kennen einige Sozialversicherungsabkommen: Art. 13 des Abkommens mit Australien, Art. 22 des Abkommens mit Bulgarien, Art. 18 des Abkommens mit Chile, Art. 27 des Abkommens mit Israel, Art. 17 des Abkommens mit Japan, Art. 23 des Sozialversicherungsabkommens mit Jugoslawien (heute verbindlich gegenüber Serbien, Montenegro, Bosnien), Art. 33 des Abkommens mit Mazedonien, Art. 19 des Abkommens mit Kanada, Art. 17 des Abkommens mit Korea, Art. 33 des Abkommens mit Kroatien, Art. 32 des Abkommens mit Marokko, Art. 46 des Abkommens mit der Türkei, Art. 14 des Abkommens mit den USA. Ein in einem dieser Länder gestellter Antrag ist auch dann wirksam, wenn er unvollständig ist und deshalb nicht an die deutschen Behörden weitergeleitet wurde (BSG v. 12. 2. 2004, BSGE 92, 159).

1.3.2 Sprache

Gemäß § 19 SGB I ist im sozialrechtlichen Verfahren die Amtssprache Deutsch. Werden bei einer Behörde in einer fremden Sprache Anträge gestellt oder Eingaben, Belege, Urkunden oder sonstige Dokumente vorgelegt, soll die Behörde unverzüglich die Vorlage einer Übersetzung innerhalb einer von ihr zu setzenden angemessenen Frist verlangen, sofern sie nicht in der Lage ist, die Anträge oder Dokumente zu verstehen.

Dementsprechend setzt die in deutscher Sprache richtig erteilte Rechtsmittelbelehrung die Rechtsmittelfrist auch gegenüber Ausländern in Lauf. Der in fremder Sprache abgefasste Schriftsatz hat keine fristwahrende Wirkung (BSG v. 22. 10. 1986, DVBl 1987, 848).

Allerdings: Die Anträge von Unionsbürgern und ihren Familienangehörigen dürfen nicht zurückgewiesen werden, wenn sie in der Amtssprache eines anderen Mitgliedstaats geschrieben sind (Art. 84 Abs. 4 VO 1408/71/EWG). Auch Art. 12 Nr. 3 ILO-Übereinkommen Nr. 157 sieht vor, dass die Sozialverwaltungen eines Mitgliedsstaats der ILO Anträge und Dokumente nicht zurückweisen dürfen, die in der Sprache eines anderen Mitgliedsstaats geschrieben sind. Dieser Grundsatz ist auch in einigen bilateralen Abkommen enthalten, z. B. in Art. 32 Abs. 2 des Abkommens mit Mazedonien.

2. Krankenversicherung

2.1 Formale Gleichbehandlung

Auch formale Gleichbehandlung kann eine gravierende Ungleichbehandlung beinhalten. Sich im Inland aufhaltende Aus- und Inländer unterliegen gleichermaßen der Versicherungspflicht, ob als Arbeitnehmer, Bezieher von Arbeitslosengeld oder Studenten (§ 5 SGB V). Sie sind gleichermaßen berechtigt, sich freiwillig in der gesetzlichen Krankenversicherung zu versichern (§ 9 SGB V). Beide haben während eines Auslandsaufenthalts keinen Anspruch auf Leistungen (§ 16 SGB V).

Im Rahmen der sozialen Koordinierung innerhalb der EU behalten Arbeitnehmer während des vorübergehenden Aufenthalts in einem anderen Mitgliedstaat zur Vermeidung von ungerechtfertigten Nachteilen ihre Ansprüche auf Leistungen aus der Krankenversicherung. Sie müssen sie bei der im jeweiligen Mitgliedsstaat zuständigen Stelle geltend machen.

Ein türkischer Staatsangehöriger, der seinen juristischen Vorbereitungsdienst in Deutschland außerhalb eines Beamtenverhältnisses ohne Ernennung zum Beamten auf Widerruf zurücklegt, unterliegt als Beschäftigter der Versicherungspflicht in der Krankenversicherung; eine Befreiung von der Versicherungspflicht nach § 8 Abs. 1 Nr. 5 SGB V ist daher ausgeschlossen (BSG v. 13. 8. 1996 – 12 RK 55/94 –). So enthält der Nachteil des unter Verstoß gegen Art. 10 ARB 1/80 niedrigeren (Netto-) Arbeitsentgelts den Vorteil der Teilhabe an der Arbeitslosenversicherung.

Sind ausländische Versicherte lediglich im Besitz einer Duldung oder einer Aufenthaltserlaubnis, die aus humanitären oder persönlichen Gründen (§ 25 Abs. 5 AufenthG) oder wegen eines Abschiebungshindernisses (§ 25 Abs. 6 AufenthG) oder handelt es sich um Asylbewerber, wird Zahnersatz erst nach 1-jähriger Mitgliedschaft oder Familienversicherung in der Krankenkasse gewährt oder alternativ unter der Voraussetzung, dass die Versorgung mit Zahnersatz nicht aufgeschoben werden kann (§ 27 Abs. 2 SGB V).

Ausländer, die Grundleistungen nach §§ 1, 3 AsylbLG erhalten, sind auch dann gem. § 62 SGB V von Zuzahlungen für Praxisgebühr, Medikamente, Krankenhausaufenthalt und -transport zu befreien, wenn sie (auf die Leistungen nach AsylbLG angerechnete) Erwerbseinkünfte erzielen (BSG v. 22. 4. 2008, InfAuslR 2008, 364).

2.2 Der Aufenthalt der Familienangehörigen

Für Ehegatten und Kinder, die Anspruch auf Unterhalt haben, werden im Rahmen der Familienversicherung nur Leistungen erbracht, wenn sie ihren Wohnsitz oder gewöhnlichen Aufenthalt im Inland haben.

Wohnen sie im Ausland, können sie selbst bei einem Besuch im Inland keine Leistungen der Krankenversicherung erlangen. Denn ein Besuch begründet weder einen Wohnsitz noch einen gewöhnlichen Aufenthalt. Ausländer haben also effektiv für ihre unterhaltsberechtigten Familienangehörigen einen geringeren Versicherungsschutz als Inländer, weil deren Unterhaltsberechtigte selten im Ausland leben. Es ist zweifelhaft, ob die darin liegende Enteignung menschenrechtskonform ist (vgl. EGMR v. 6. 9. 1996, InfAuslR 1997, 1 [Gaygusuz]).

Asylbewerber, deren Aufenthalt nur zur Durchführung des Asylverfahrens gestattet ist, können in der Krankenversicherung familienversichert sein. Das BSG (v. 30.4.1997, NVwZ 1998, 326) bejaht das Merkmal des gewöhnlichen Aufenthalts für den Bereich der Krankenversicherung, wenn der Aufenthalt ausländerrechtlich gestattet ist, es sich also um einen Asylbewerber handelt. Doch schließt § 27 Abs. 2 Nr. 1 SGB V Asylbewerber und zur Ausreise verpflichtete Ausländer mit einer humanitären Aufenthaltserlaubnis gem. § 25 Abs. 4 u. 5 AufenthG von der Versorgung mit Zahnersatz aus, wenn sie nicht seit mindestens einem Jahr Mitglied einer Krankenkasse oder familienversichert sind oder die Behandlung aus medizinischen Gründen unaufschiebbar ist.

Weiter kann Gleichbehandlung durch einen völkerrechtlichen Vertrag angeordnet sein. Nach Art. 2, 4 des Sozialversicherungsabkommens mit **Israel** besteht ein Versicherungsschutz auch für in Israel lebende unterhaltsberechtigte Ehegatten und Kinder deutscher Versicherter. Das umfasst auch den Schutz bei Mutterschaft. Dieselbe Regelung enthalten das Abkommen über Soziale Sicherheit mit Jugoslawien, das heute für die Nachfolgestaaten **Serbien, Montenegro** und **Bosnien** fortgilt, die Abkommen über Soziale Sicherheit mit **Kroatien**, mit **Marokko** und mit **Tunesien**. Auch das Abkommen über Soziale Sicherheit mit der **Türkei** gewährleistet den Versicherungsschutz der in der Türkei lebenden Familienangehörigen. Ausgenommen sind nach Art. 12 i.V.m. Art. 4a aufschiebbare Behandlungen bei einem Aufenthalt im Inland.

2.3 Dolmetscherkosten bei Krankenbehandlung

Unzureichende Deutschkenntnisse von Ausländern können zu Verständigungsproblemen in der ärztlichen Behandlung führen und eine richtige Behandlung erschweren. Augenfällig ist dies bei der Psychotherapie, die ohne sprachliche Verständigung unmöglich ist. Bei Selbstgefährdung und Gedanken an Selbsttötung ist ohne sprachliche Verständigung ärztliche Hilfe unmöglich. Das BSG (v. 10.5.1995, NJW 1996, 806) verneint ein Recht, auf Kosten der Krankenversicherung einen Dolmetscher beizuziehen. Das Gericht ist zu einer Korrektur des § 28 SGB V nicht befugt, der nur die Anordnung der Hilfeleistung Dritter unter Verantwortung des Arztes zulässt. Der Arzt kann allerdings gerade die Dolmetscherleistung mangels eigener Sprachkenntnisse nicht verantworten.

Demgegenüber sprach das BVerwG (v. 25. 1. 1996 NJW 1996, 3092) im Rahmen der Sozialhilfe einen Anspruch auf Beiziehung eines Dolmetschers aus, wobei der Hilfeleistende auf die Möglichkeit zu verweisen ist, aus dem Kreis seiner Verwandten, Freunde und sonst Nahestehenden die Möglichkeit unentgeltlicher Hilfe auszuschöpfen.

Zweifelhaft ist, ob diese Grundsätze nach Änderung der vom BVerwG ausgelegten Fassung des § 37 BSHG fortgelten (so: *Mrozynski*, ZfSH/SGB 2003, 470). Immerhin verweist § 48 SGB XII für den Umfang einer zu erbringenden Krankenbehandlung auf den Leistungsumfang der gesetzlichen Krankenversicherung. Dies erscheint mit dem Sozialstaatsgebot als unvereinbar. Kann ein Erkrankter auf eigene Kosten oder unentgeltlich einen Dolmetscher heranziehen, hat er keinen Anspruch auf Übernahme der Dolmetscherkosten. Verfügt er über solche Möglichkeiten nicht und kann er die Mittel für einen Dolmetscher nicht aufbringen, wäre die Verweigerung einer Übersetzungshilfe sozialstaatswidrig.

Einen ausdrücklichen Anspruch auf Verständigungshilfen enthält § 57 SGB IX. Er greift vor allem bei Hörbehinderung oder besonders starken Beeinträchtigungen der Sprachfähigkeit ein. Die Hilfe wird nur bei besonderem Anlass wie Arztbesuch oder Kontakte mit der Sozialverwaltung erbracht (*Mrozynski* a. a. O.).

3. Rentenversicherung

3.1 Rentenhöhe

Auch in der Rentenversicherung sind die Beitragspflichten und die Möglichkeit der freiwilligen Versicherung für In- und Ausländer gleich. Auch die Voraussetzungen für den Bezug von Rente stimmen während des Aufenthalts im Inland überein. Waren die Versicherten zeitweise im Ausland beschäftigt, werden diese Beschäftigungszeiten nicht auf die Versicherungszeit angerechnet, die zum Erwerb von Leistungen erforderlich ist.

Im Recht der EU wird dieser ausländerspezifische Nachteil vermieden. Die in anderen Mitgliedsstaaten zurückgelegten Versicherungszeiten sind anzurechnen (Art. 18 VO 1408/71/EWG). Eine solche Anrechnung wurde auch in einigen Sozialversicherungsabkommen mit Drittstaaten vereinbart (BSG v. 29. 5. 1984, EZAR 420 Nr. 1).

Hält sich ein Rentner außerhalb Deutschlands, aber in einem anderen Mitgliedsstaat auf, erhält er Rentenzahlungen ungekürzt. Bei Rentenzahlungen in ein Land außerhalb der EU erhalten Ausländer Rente wegen verminderter Erwerbsfähigkeit nur, wenn der Anspruch unabhängig von der jeweiligen Arbeitsmarktlage besteht. Für eine Rente für Bergleute ist zusätzlich erforderlich, dass die Berechtigten auf diese Rente bereits für die Zeit, in der sie ihren gewöhnlichen Aufenthalt noch im Inland gehabt haben, einen Anspruch hatten (§ 112 SGB VI).

Rente in Ländern außerhalb der EU wird nur auf 70 % gekürzt ausbezahlt. Diese Kürzung gilt nur für Drittstaatsangehörige, nicht für Unionsbürger (§ 113 Abs. 3 SGB VI). Das BVerfG (v. 20. 3. 1979, NJW 1979, 2295) untersagt zwar den vollständigen Ausschluss vom Bezug von Renten im Ausland. Es bejaht aber die grundsätzliche Zulässigkeit einer Ungleichbehandlung, weil für Auslandsverhältnisse andere Gesichtspunkte als die Orientierung der Rente an den Lebensverhältnissen Vorrang haben könnten. Überzeugend ist diese Unterscheidung nicht. Folgt man dem EGMR (v. 6. 9. 1996, InfAuslR 1997, 1 [Gaygusuz]), verstoßen diese Kürzungen im Hinblick auf das an den Anwartschaften auf Rente erworbene Eigentum gegen Art. 14 EMRK i. V. m. Art. 1 Abs. 1 des Zusatzprotokolls zur EMRK Nr. 12.

Nach der Mehrzahl der von der Bundesrepublik abgeschlossenen Sozialversicherungsabkommen ist diese Kürzungsmöglichkeit ausgeschlossen, z. B. nach Art. 4a des Sozialversicherungsabkommens mit der Türkei.

3.2 Erwerbsminderung und sprachliche Kenntnisse

Rente wegen Erwerbsunfähigkeit erhalten Versicherte, die weniger als drei Stunden täglich unter üblichen Bedingungen erwerbstätig sein können; Rente wegen verminderter Erwerbsunfähigkeit wird bewilligt, wenn das Arbeitsvermögen geringer als sechs Stunden täglich ist. Zumutbar ist ein vom Sozialversicherungsträger zur Verweisung benannter Beruf auch dann, wenn er vom Versicherten wegen fehlender Deutschkenntnisse nicht ausgeübt werden kann. Damit soll eine vermeintliche Besserstellung von Ausländern vermieden werden.

Ausländer tragen damit trotz Versicherung das aus ihrer Schulbildung resultierende Risiko unzureichender sprachlicher Kenntnisse.

Demgegenüber können ausländische Analphabeten nicht auf Tätigkeiten verwiesen werden, in denen sie lesen und schreiben müssten. Denn es gibt auch eine große Zahl deutscher Analphabeten (BSG v. 10. 12. 2003, AuR 2004, 1193).

3.3 Schwerbehindertenrente

Schwerbehinderte haben Anspruch auf Altersrente, frühestens wenn sie das 63. Lebensjahr vollendet und die Wartezeit von 35 Jahren erfüllt haben. Schwerbehindert ist, wem einen Grad der Behinderung von wenigstens 50 % zuerkannt wurde (§ 2 Abs. 2 SGB IX). Dabei wird die Altersgrenze des 63. Lebensjahres gestuft angehoben. Vorzeitig kann diese Rente frühestens mit Vollendung des 62. Lebensjahres in Anspruch genommen werden (§ 37 SGB VI). Die Anerkennung als Schwerbehinderter setzt nach § 2 Abs. 2 SGB IX den Wohnsitz, gewöhnlichen Aufenthalt oder Arbeitsplatz im Inland voraus. Damit sind zwar Grenzgänger erfasst, nicht aber Personen, die nach Beendigung der Beschäftigung das Bundesgebiet verlassen haben.

Wegen des darin liegenden Verstoßes gegen Art. 12 EG können auch schwerbehinderte Unionsbürger, die nach Ende ihrer Beschäftigung in einem anderen Mitgliedstaat ausgereist sind, Schwerbehindertenrente erhalten. Ihre Schwerbehinderteneigenschaft kann durch ärztliche Untersuchung für den deutschen Träger der Rentenversicherung festgestellt werden.

3.4 Geburtsdatum

Für die Gewährung von Altersrente ist das Geburtsdatum wichtig. In manchen Ländern ist das Standesamtswesen unzureichend ausgebildet oder war es in der Vergangenheit. Vor allem griechische und türkische Arbeitnehmer machten in der Vergangenheit geltend, dass ihre Geburt von ihren Eltern erst nach Jahren beurkundet wurde und sie deshalb älter seien als in ihren Geburtsurkunden vorgesehen. Eine erhebliche Zahl älterer türkischer Arbeitnehmer führt als Tag der Geburt den Jahresbeginn, was tatsächlich eine falsche Registrierung des Geburtsdatums anzeigt. Entsprechend wurden in den Heimatländern Berichtigungen der Geburtsurkunden veranlasst.

Der Gesetzgeber reagierte wegen des damit verbundenen möglichen Missbrauchs. Nunmehr ist für die Versicherungsnummer und damit die Altersrente das Geburtsdatum maßgebend, das sich aus der ersten Angabe des Berechtigten oder Verpflichteten oder seiner Angehörigen gegenüber einem Sozialleistungsträger ergibt. Eine Änderung ist nur zulässig, wenn sich aus einer Urkunde, deren Original vor dem Zeitpunkt der Angabe nach Absatz 1 ausgestellt worden ist, ein anderes Geburtsdatum ergibt (§ 33 a SGB IV). Diese Regelung unterscheidet weder nach dem Ausstellungsstaat noch der Art der vorgelegten Urkunde. Sie beinhaltet deshalb keine unzulässige europarechtliche Diskriminierung (EuGH v. 14. 3. 2000, Slg. 2000, I-1287 [Kocak]).

3.5 Kindererziehungszeiten

Kindererziehungszeiten werden in der Rentenversicherung angerechnet, wenn die Erziehung im Inland erfolgte (§ 56 SGB VI). Wurde ein Familiennachzug nicht erlaubt, wird damit zugleich ein wirtschaftlicher Vorteil in der Rente versagt, den die Ehegatten anderer Arbeitnehmer erlangen. Diese Benachteiligung entsteht auch dann, wenn die Versagung des Familiennachzugs rechtswidrig gewesen sein sollte. Das BVerfG (v. 2. 7. 1998, NJW 1998, 2963) sieht die Anknüpfung am gewöhnlichen Aufenthalt als sachgerecht an.

Ausländer, die ihr Kind im Inland erziehen, haben keinen Anspruch auf Anrechnung von Erziehungszeiten, wenn ihr ausländerrechtlicher Aufenthaltsstatus während des möglichen Anrechnungszeitraums nur vorübergehend geduldet und nicht rechtlich beständig gestaltet ist (BSG v. 28. 7. 1992, BSGE 71, 78). Die Erziehungszeiten, die Asylberechtigte im Asylverfahren vor ihrer Anerkennung zurücklegen, sind zu berücksichtigen, weil die Asylanerkennung selbst nur ein Grundrecht rückwirkend bestätigt (BSG v. 28. 7. 1992, EZAR 420 Nr. 4).

3.6 Wehrdienst

Gemäß § 14 a ArbPlSchG hat der Arbeitgeber während des Wehrdienstes die Beiträge zur Rentenversicherung (Arbeitgeber- und Arbeitnehmeranteil) weiter zu entrichten, und zwar in der Höhe, in der sie zu entrichten gewesen wären, wenn das Arbeitsverhältnis aus Anlass der Einberufung des Arbeitnehmers nicht ruhen würde. Sie werden ihm vom Staat später erstattet. Es handelt sich deshalb nicht um eine Leistung des Arbeitgebers, sondern einen staatlichen Ausgleich für die mit der Ableistung des Wehrdienstes verbundenen Nachteile. Ausländer, auch Unionsbürger sind von diesem Ausgleich ausgeschlossen. Dieser Ausschluss beinhaltet keine europarechtswidrige ungleiche Arbeitsbedingung (EuGH v. 14. 3. 1996, Slg. 1996, I-1417 [de Vos]).

3.7 Mehrehe

Die Schließung von Mehrehen ist in Deutschland unzulässig. Im Ausland von Ausländern geschlossene polygame Ehen sind rechtswirksam. Hinterlässt ein ausländischer Arbeitnehmer mehrere Frauen, haben sie gem. § 91 SGB VI Anspruch auf den Teil der Witwenrente oder Witwerrente, der dem Verhältnis der Dauer ihrer Ehe mit dem Versicherten zu der Dauer der Ehe des Versicherten mit allen Berechtigten entspricht. Davon abweichend ordnet Art. 25 Nr. 6 des deutsch-marokkanischen Abkommens über Soziale Sicherheit an, dass jede Witwe eine gleich hohe Hinterbliebenenrente erhalten soll.

Stellt eine von mehreren Witwen keinen Rentenantrag, wird sie bei der Rentenberechnung nicht berücksichtigt. Die Aufteilung ist nach § 34 Abs. 2 SGB I (und ebenso nach dem Abkommen mit Marokko) endgültig. Verstirbt eine der Witwen vor den anderen oder verheiratet sie sich wieder, erfolgt keine Erhöhung der Hinterbliebenenrente (BSG v. 30. 8. 2000, NZA 2001, 534).

3.8 Rentenpfändung bei Auslandszahlung

Renten sind wie Arbeitseinkommen pfändbar (§ 54 Abs. 1 SGB I). Eine Änderung der Pfändungsfreigrenze ist unter den Voraussetzungen des § 850 f ZPO zulässig. Wird die Rente bei Aufenthalt im Ausland als Einkommen behandelt, von dem Einkommensteuer zu zahlen ist, stellt die zusätzliche Steuerlast ein »besonderes Bedürfnis des Schuldners aus persönlichen Gründen« im Sinne des § 850 f ZPO dar und der pfändungsfreie Betrag ist um die zusätzlich zu zahlenden Steuern zu erhöhen. Mit dieser Auslegung wird zugleich dem europarechtlichen Gebot aus Art. 18 EG entsprochen, dass die Ausübung der

Freizügigkeit in der EU nicht behindert werden darf (EuGH v. 29.4.2004, Slg. 2004, I-5763 [Pusa]).

3.9 Beitragserstattung

Verlegt ein Ausländer seinen Wohnsitz aus dem Bundesgebiet nach außerhalb der EU, können die von ihm einbezahlten Sozialversicherungsbeiträge erstattet werden. Die Erstattung ist erst nach einer 2-jährigen Wartefrist zulässig (§ 210 SGB VI). Die Erstattung der Arbeitnehmer-Beiträge führt zum Verlust des Rentenanspruchs. Das gilt auch bei späterer Rückkehr ins Bundesgebiet.

Erstattet werden nur die Beiträge des Versicherten selbst. Die Arbeitgeber-Beiträge gehen verloren. Dementsprechend werden auch Beiträge aus selbstständiger Tätigkeit und freiwilliger Versicherung nur zur Hälfte erstattet.

Haben Versicherte eine Leistung der Rentenversicherung in Anspruch genommen, z. B. eine Rehabilitation, können nur nach dieser Maßnahme entrichtete Beiträge erstattet werden.

4. Arbeitslosenversicherung

4.1 Arbeitssuche in Europa

Freizügigkeitsberechtigte (und Deutsche) haben bei Arbeitslosigkeit die Möglichkeit, in einem anderen EU-Mitgliedstaat eine Beschäftigung zu suchen. Einen Anspruch auf Arbeitslosengeld können sie gem. Art. 69 VO 1408/71/EWG für die Dauer von höchstens drei Monaten auf die Arbeitssuche mitnehmen.

4.2 Benachteiligungen

In der Arbeitslosenversicherung ergeben sich Ausländerbenachteiligungen indirekt aus der Abhängigkeit der Ausländer aus Drittstaaten von ihrem aufenthaltsrechtlichen Status. Zwar darf ihnen während der Bezugsdauer das aus Beiträgen finanzierte Arbeitslosengeld nicht wegen ihres Status vorenthalten werden (EGMR v. 6.9.1996, InfAuslR 1997, 1 [Gaygusuz]; BVerfG v. 30.12.1999 – 1 BvR 809/95).

Doch wird gem. §7 Abs.2 SGB II Grundsicherung (Arbeitslosengeld II) für arbeitslose Ausländer (nach Ende des Anspruchs auf Arbeitslosengeld) nur geleistet, wenn sie ihren gewöhnlichen Aufenthalt in der Bundesrepublik Deutschland haben und die Ausübung einer Erwerbstätigkeit nicht durch ein gesetzliches Verbot ausgeschlossen ist.

Darüber hinaus sind Leistungsberechtigte nach §1 AsylbLG ausgeschlossen. Nicht nur Asylbewerber, sondern auch dauerhaft aufgenommene Ausländer erhalten deshalb keine Grundsicherung, wenn sie ohne förmliche Flüchtlingsanerkennung aus humanitären Gründen aufgenommen wurden.

Ausgeschlossen sind selbst Ausländer, die wegen eines dauerhaften Abschiebungshindernisses eine Aufenthaltserlaubnis oder Duldung erhalten haben. Es handelt sich dabei um einen Personenkreis, dessen Aufenthalt auf Dauer angelegt ist. Der Leistungsausschluss wiegt schwer. Bei fehlendem Anspruch auf Arbeitslosengeld II entfallen sämtliche Ansprüche auf Fördermaßnahmen zur Arbeitsmarktintegration (*Sieveking,* ZAR 2004, 283).

Dauerhaft anwesende Ausländer von der Integration in den Arbeitsmarkt auszugrenzen, lässt sich nicht mit fehlendem Integrationsbedarf rechtfertigen und ist kontraproduktiv. Solange die Beiträge zur Arbeitslosenversicherung nicht gesenkt werden, sieht *Geiger* (InfAuslR 2004, 360) eine solche Reduzierung des erarbeiteten Anspruchs auf die seit Jahren stetig geschmälerte Kern-Versicherungsleistung als verfassungsrechtlich bedenklich an. Die Erwägungen des BVerfG (v. 6.7.2004, InfAuslR 2005, 116) stützen die Zweifel an der Zulässigkeit des Ausschlusses dieses Personenkreises von Leistungen.

Die von Arbeitslosen mit der Agentur für Arbeit abzuschließenden »Eingliederungsvereinbarungen« sind nicht nur deshalb problematisch, weil eine Freiwilligkeit der Vereinbarung verlangt wird, obwohl sie nicht freiwillig zustande kommt, sondern aufgrund des Verlangens der Behörde, die den Inhalt bestimmt. *Heinhold/Classen* (Das Zuwanderungsgesetz, S.130) befürchten, dass vor allem MigrantInnen mit der verlangten (schriftlichen) Dokumentation ihrer Bewerbungsbemühungen überfordert sind. Die Unbestimmtheit dessen, was die Agentur für Arbeit verlangen darf, bewirke ein hohes Maß an Rechtsunsicherheit und eröffne Raum für Willkür einzelner Behördenmitarbeiter.

4.3 Leistungskürzung

Gegenüber Ausländern soll gem. § 44 a Abs. 3 Satz 2 AufenthG die Kürzung von Arbeitslosengeld und Grundsicherung um 10 % zulässig sein, wenn sie ihre Verpflichtung zur Teilnahme an einem Integrationskurs nicht erfüllen (siehe S. 72 ff.). Diese Kürzung ist gegenüber den ausländischen Ehegatten von bestimmten Deutschen, nämlich Spätaussiedlern, unzulässig. Wegen des Anspruchs auf nichtdiskriminierende Arbeitsvermittlung gem. Art. 10 Abs. 2 ARB 1/80 (und wohl auch gem. Art. 3 ARB 3/80) ist eine solche Kürzung ebenso gegenüber türkischen Arbeitslosen unzulässig. Die Ungleichbehandlung gegenüber Deutschen und den ausländischen Familienangehörigen von Spätaussiedlern widerspricht Art. 6 des ILO-Übereinkommens Nr. 97. Der Anspruch auf Gleichbehandlung in Bezug auf die gesetzlichen Vorschriften über die Arbeitslosigkeit lässt es nicht zu, wegen fehlender Bemühungen um einen Spracherwerb Ausländern die Leistungsansprüche als Arbeitslose zu kürzen, wenn Deutsche in der gleichen Lage keinen Kürzungen ausgesetzt wird. § 44 a Abs. 3 Satz 2 AufenthG ist deshalb völkerrechtswidrig.

Eine Vollverschleierung stellt erfahrungsgemäß ein Hindernis bei der Vermittlung einer Arbeitsstelle dar. Dies spreche gegen die Bereitschaft, den Lebensunterhalt durch Annahme einer Erwerbstätigkeit zu bestreiten (VG Mainz v. 26. 2. 2003, AuAS 2003, 125). Doch verletzt eine solche Auslegung das Grundrecht der Religionsfreiheit (vgl. BSG v. 10. 12. 1980, NJW 1981, 1526; siehe Seite 215 ff.).

4.4 Kirchensteuerabzug

Kirchensteuer können die katholische Kirche, die evangelischen Landeskirchen, die jüdischen Kultusgemeinden und andere öffentlich-rechtlich organisierte Religionsgemeinschaften erheben (§§ 1 f. KiStG). Der großen Gruppe der Mohammedaner ist die öffentlich-rechtliche Organisationsform fremd. Ihre Gemeinden leben von Spenden und dürfen Kirchensteuer nicht erheben. Dennoch stellen muslimische und andere nicht durch diese Kirchen gebundene Empfänger von Arbeitslosengeld verwundert fest, dass die Berechnung der ihnen zustehenden Leistung auch einen Abzug wegen Kirchensteuer enthält. Eine zwangsweise Leistung von Kirchensteuer an eine Kirche, deren Mitglied sie nicht sind, würde ihre Religionsfreiheit (Art. 4 GG) verletzen. Da es sich bei dem Abzug lediglich um einen bloßen die Leistungshöhe ermäßigenden Rechenposten handelt, ohne dass dabei tatsächlich eine Zahlung der Bundesagentur für Arbeit an die Kirchen erfolgen würde, ist dieser Abzug zulässig (BVerfG v. 23.3.1994, NZS 1994, 417).

5. Pflegeversicherung

Ein Anspruch auf Leistungen aus der Pflegeversicherung setzt voraus, dass der gewöhnliche Aufenthalt im Inland ist. Die Beitragszahlungen ausländischer Arbeitnehmer, die als Rentner in ihr Heimatland zurückkehren, führen zu keinem Leistungsanspruch. *Eichenhofer* (in: *Barwig* u.a., Sozialer Schutz von Ausländern in Deutschland, 1997, S. 68 verneint, dass darin eine nennenswerte Benachteiligung liege.

Dieses Verbot des Leistungsexports ist gegenüber Unionsbürgern unanwendbar. Sie haben auch bei Rückkehr in ihr Heimatland im Pflegefall einen Leistungsanspruch (EuGH v. 5.3.1998, Slg. 1998, I-843 [Molenaar]).

6. Unfallversicherung

Asylbewerber, die gemeinnützige Arbeit im Sinne des § 5 AsylbLG leisten, haben nach einem Arbeitsunfall angeblich keinen Anspruch auf Verletztengeld gegen die Unfallversicherung (LSG Niedersachsen-Bremen v. 25.9.2003 – L 6 B 30/03 U). Der Ausländer erhalte in diesem Fall kein Arbeitsentgelt, sondern nur eine Aufwandsentschädigung. Da die Empfänger von Leistungen gem. SGB II bei einer gemeinnützigen Tätigkeit nach einem Arbeitsunfall von der Unfallversicherung Leistungen erhalten, liegt in dieser Leistungsverweigerung eine durch die Antidiskriminierungs-Richtlinie verbotene Ungleichbehandlung.

Bei Auslandsaufenthalt gewährt die Unfallversicherung Geldleistungen. Für alle sonstigen zu erbringenden Leistungen werden entstandene Kosten einschließlich der Kosten für eine Pflegekraft oder für Heimpflege erstattet, soweit sie angemessen sind.

7. Schwerbehinderte

Die Anerkennung als Schwerbehinderter hängt nicht vom ausländerrechtlichen Status ab. Voraussetzung ist gem. §2 SGB IX lediglich der gewöhnliche Aufenthalt im Inland.

Für die Anerkennung als Schwerbehinderter ist gem. §2 SGB IX Voraussetzung ein Grad der Behinderung von wenigstens 50% und ein inländischer Wohnsitz oder gewöhnlicher Aufenthalt oder die rechtmäßige Beschäftigung auf einem Arbeitsplatz im Sinne des §73 SGB IX.

Das Schwerbehindertenrecht würde zu seinen eigenen Zielen in unlösbaren Widerspruch geraten, wenn es eine bestimmte Gruppe auf unabsehbare Zeit in Deutschland lebender ausländischer Behinderter wegen ihres ausländerrechtlichen Status auf Dauer von Hilfen zur Eingliederung in die Gesellschaft ausschlösse. Das wäre auch nicht mit der Verfassung vereinbar. Aus dem Sozialstaatsprinzip des Grundgesetzes (Art. 20 Abs. 1, Art. 28 Abs. 1 Satz 1 GG) ergibt sich die Verpflichtung der staatlichen Gemeinschaft, körperlich oder geistig behinderte Menschen so weit wie möglich in die Gesellschaft einzugliedern. Deshalb genügt auch eine jahrelange Duldung des Ausländers für die Anerkennung.

Das BSG (v. 1.9.1999, InfAuslR 1999, 510) verweist dazu auf das Sozialstaatsprinzip des Grundgesetzes. Aus Art. 20 Abs. 1, 28 Abs. 1 Satz 1 GG ergibt sich die Verpflichtung der staatlichen Gemeinschaft, körperlich oder geistig behinderte Menschen ohne Unterschied, ob Deutscher oder Ausländer, so weit wie möglich in die Gesellschaft einzugliedern. Das Integrationsbedürfnis ausländischer Behinderter und – spiegelbildlich – die Verpflichtung der staatlichen Gemeinschaft, diese Gruppe einzugliedern, wächst mit der Dauer des Aufenthalts.

Indem die Anerkennung ihrer Schwerbehinderung denjenigen verwehrt wird, die im Ausland wohnen, kann ihnen ggfls. die Altersrente wegen Schwerbehinderung vorenthalten werden. Diese Regelung trifft vor allem Ausländer. Wohnen sie im EU-Ausland, gebietet Art. 12 EG die Gleichstellung mit Schwerbehinderten (näheres oben E.3.3.).

8. Familienleistungen

8.1 Kindergeld

8.1.1 Aufenthalt der Kinder

Kindergeld wird nur für Kinder gezahlt, die einen Wohnsitz oder ihren gewöhnlichen Aufenthalt im Inland, in einem Mitgliedsstaat der Europäischen Union oder in einem EWR-Staat haben. Haben Kinder während des Schulbesuchs in einem Internat im Ausland den inländischen Wohnsitz beibehalten und ihre Eltern in den Schulferien immer im Inland besucht und dabei bei ihnen gewohnt, besteht der Kindergeldanspruch ungekürzt fort (FG München v. 16.10.2002, InfAuslR 2003, 167). Ein 15-monatiger Aufenthalt eines deutschen Minderjährigen bei Verwandten in Pakistan ist dann für den Anspruch auf Kindergeld unschädlich, wenn die familiäre Wohn- und Lebensgemeinschaft mit den im Inland lebenden Eltern und die kulturelle Verwurzelung im Inland nicht aufgegeben wird, sich ein lediglich kurzfristig geplanter Besuch unvorhergesehen verlängert und das Kind zur Einschulung nach Deutschland zurückkehrt (FG Düsseldorf v. 18.6.2004, EFG 2004, 1638).

Leben die Kinder ständig außerhalb der EU, wird Kindergeld nur noch gezahlt, sofern es in einem völkerrechtlichen Abkommen geregelt ist. Solche Vereinbarungen bestehen mit den Nachfolgestaaten des ehemaligen Jugoslawien, mit Marokko, Tunesien und der Türkei. Das Kindergeld ist in diesen Fällen allerdings deutlich gekürzt.

Wird im Ausland eine dem Kindergeld vergleichbare Leistung gewährt, wird kein Kindergeld geleistet (§ 65 Abs. 1 Nr. 2 EStG). Dasselbe gilt für den steuerlichen Freibetrag gem. § 31 EStG, der zu gewähren ist, wenn er günstiger als die Zahlung von Kindergeld ist.

8.1.2 Aufenthalt der Eltern

Kindergeld wird nicht allen Ausländern gewährt. § 62 EStG und § 1 Abs. 3 BKGG schließen Saisonarbeitnehmer, Werkvertragsarbeitnehmer und zur vorübergehenden Dienstleistung ins Bundesgebiet entsandte Arbeitnehmer vom Bezug von Kindergeld aus. Kindergeld sollen nur die Ausländer erhalten, von denen zu erwarten sei, dass sie auf Dauer in Deutschland bleiben (BSG v. 31.10.1995, EZAR 450 Nr. 8).

Besitzen muss der Ausländer deshalb eine Niederlassungserlaubnis oder eine Aufenthaltserlaubnis, die zur Ausübung einer Erwerbstätigkeit berechtigt. Kein Kindergeld erhalten Ausländer mit nur vorübergehendem Inlandsaufenthalt: zur Ausbildung im Bundesgebiet sich aufhaltende Ausländer, vor allem Studenten und Ausländer, denen aus humanitären Gründen eine Aufenthaltserlaubnis erteilt wurde (wegen eines Kriegs im Heimatland Aufgenommene, Härtefall-Aufenthaltserlaubnisse und vor allem aufgrund von Abschiebungs- und Ausreisehindernissen erteilte Aufenthaltserlaubnisse gem. § 25 Abs. 3 bis 5 AufenthG).

Von diesen Ausnahmen gibt es für wegen Abschiebungs- und Ausreisehindernissen erteilter Aufenthaltserlaubnisse wiederum eine Ausnahme, wenn diese Ausländer sich schon mindestens drei Jahre mit Aufenthaltserlaubnis oder Duldung oder als Asylbewerber im Bundesgebiet aufhalten und entweder erwerbstätig sind oder Arbeitslosengeld II erhalten oder Elternzeit in Anspruch nehmen (§ 1 Abs. 2 BKGG). Kindergeld ist deshalb z. B. für die Kinder von Asylbewerbern oder geduldeten Ausländern nicht zu gewähren.

8.1.3 Verfassungsrechtliche Schranken

Die Verweigerung von Kindergeld für Ausländer mit Aufenthaltserlaubnis aufgrund von Abschiebungshindernissen wurde damit gerechtfertigt, dass ihr Aufenthalt nur vorübergehend sei. Das BVerfG (v. 6. 7. 2004, InfAuslR 2005, 67) hat eine frühere Regelung für verfassungswidrig erklärt. Kindergeld dient dem Unterhalt von Kindern und soll einen aktuellen Bedarf befriedigen. Vor allem aber kann auch die humanitäre Aufenthaltserlaubnis in eine Niederlassungserlaubnis einmünden.

Der Gesetzgeber hat in seiner Neuregelung den Bedenken des Bundesverfassungsgerichts nicht vollständig Rechnung getragen. Er verlangt für Personen mit humanitären Aufenthaltstiteln als Voraussetzung der Familienleistungen das Bestehen eines Arbeitsverhältnisses oder den Bezug von Arbeitslosengeld I. Damit wird ein Verhalten verlangt, das Sinn und Zweck der Familienleistungen zuwiderläuft. Denn sie dienen der Betreuung Minderjähriger. Das BVerfG hatte lediglich das Recht zur Beschäftigung verlangt, nicht aber die Ausübung einer Beschäftigung.

8.1.4 Völkerrechtliche Abkommen

Völkerrechtliche Verträge Deutschlands und der EU mit Drittstaaten schränken diese Diskriminierungen ein. Die EU-Abkommen mit Marokko, Algerien und Tunesien enthalten Verbote einer sozialrechtlichen Diskriminierung, die zu Gunsten von in der EU beschäftigten Arbeitnehmern aus diesen Ländern ebenfalls verbieten, die Bewilligung von Kindergeld von der Form des Aufenthaltstitels abhängig zu machen. Dasselbe gilt gem. Art. 3 Abs. 1 ARB 3/80. Deshalb erkannte der EuGH (v. 4. 5. 1999, InfAuslR 1999, 324 [Sürül]) einem Studenten, der während des Studiums eine Nebenbeschäftigung ausübte, einen Anspruch auf Kindergeld zu, das nach dem Aufenthaltstitel hätte verweigert werden müssen.

Für in der Türkei und den Nachfolgestaaten Jugoslawiens Serbien, Kroatien und Bosnien lebende Kinder im Bundesgebiet beschäftigter Arbeitnehmer aus diesen Staaten wird auf dem Stand per 1. 1. 1975 eingefrorenes Kindergeld gezahlt, unabhängig vom Aufenthaltsstatus und auch mit Duldung. Dies gilt auch für die aus diesen Ländern stammenden arbeitslosen Empfänger von Arbeitslosengeld (BSG v. 12. 4. 2000, InfAuslR 2000, 347 zum Abkommen mit Jugoslawien). Erhält das Kind bei der Berufsausbildung im Heimatland eine Ausbildungsvergütung, ist Kindergeld nur dann zu versagen, wenn Bruttobezüge in Höhe von wenigstens 750 DM (= € 383,47) monatlich zustehen (LSG Nordrhein-Westfalen v. 18. 11. 1986 – L 13 Kg 50/85).

Angehörige des Gefolges der NATO-Streitkräfte sind gem. Art. 13 Zusatzabkommen zum NATO-Truppenstatut sozialrechtlich nicht als Inländer anzusehen und erhalten deshalb kein Kindergeld. Dies gilt auch für die deutschen Ehegatten von US-Soldaten, wenn sie mit diesen zusammen aus den USA zurückkehren. Eine Ausnahme ist für deutsche Stiefkinder der Angehörigen der Streitkräfte zu machen (BSG v. 25. 7. 1995, EZAR 454 Nr. 5). Nehmen die deutschen Ehegatten eine Beschäftigung auf, sind sie wieder dem deutschen Sozialrecht zuzuordnen und erhalten auch für die gemeinsamen Kinder Kindergeld.

8.1.5 Kinderzuschlag

Personen, die mit Ausnahme des Wohngelds und des Kindergelds über Einkommen (im Sinne des § 11 Abs. 1 Satz 1 SGB II) in Höhe von € 900 bzw. als Alleinerziehende von € 600 verfügen, können zur Vermeidung von Hilfsbedürftigkeit einen Kinderzuschlag erhalten, wenn sie ohne Kinderzuschlag Anspruch auf Leistungen gem. SGB II hätten. Die Vorschrift dient der Vereinfachung der Verwaltung und entlastet die Job-Center.

Damit haben auch alle Besitzer von Aufenthaltserlaubnissen einen Anspruch. Ausgenommen sind lediglich diejenigen Ausländer, die nur Anspruch auf Leistungen nach dem Asylbewerberleistungsgesetz haben. Keinen Anspruch auf Kinderzuschlag haben deshalb nach § 1 Abs. 1 Nr. 3 AsylbLG Ausländer mit Aufenthaltserlaubnissen gem. §§ 23 Abs. 1, 24 AufenthG, die die Aufenthaltserlaubnis nur wegen eines Kriegs im Heimatland erhalten haben. Solche Aufenthaltserlaubnisse werden derzeit nicht erteilt. Es gilt weiter für Ausländer, deren Aufenthaltserlaubnis nur nach § 25 Abs. 4 Satz 1 oder Abs. 5 AufenthG erteilt wurde.

8.1.6 Folgen behördlicher Fehler

Rechtswidrige Verwaltungsakte können vom Betroffenen angefochten und von der Behörde zurückgenommen werden. Das gilt auch für die Vergangenheit. Zugleich kann eine Aufenthaltserlaubnis rückwirkend für die Vergangenheit erteilt werden (BVerwG v. 29. 9. 1998, InfAuslR 1999, 69).

Da in der Praxis bei Erteilung von Aufenthaltserlaubnis keine Rechtsbehelfsbelehrung erfolgt, kann ein Widerspruch (oder je nach Recht des Bundeslandes eine Klage) gem. § 58 Abs. 2 VwGO innerhalb von einem Jahr eingelegt werden. Dadurch kann eine rückwirkende Abänderung der Aufenthaltserlaubnis erreicht werden.

Ein Hindernis ist allerdings eine tückische höchstrichterliche Rechtsprechung. Danach ist einerseits die Kindergeldkasse an die Entscheidung der Ausländerbehörde gebunden. Doch sei der sozialrechtliche Herstellungsanspruch unanwendbar, wenn Kindergeld infolge einer falschen Entscheidung der Ausländerbehörde versagt werde und könne insoweit auch wegen des unterschiedlichen Rechtsgebiets kein Amtshaftungsanspruch gegen die Ausländerbehörde entstehen (BSG v. 3. 12. 1996 – 10 RKg 8/96). Diese Rechtsprechung macht Ausländer zum bloßen Objekt staatlichen Handelns und verstößt gegen Art. 19 Abs. 4 GG. Stattdessen ist bei einer rückwirkenden Änderung der Aufenthaltserlaubnis auch rückwirkend Kindergeld nachzubewilligen (FG Baden-Württemberg v. 22. 3. 2005, Asylmagazin 10/2005, 36). Vorausgesetzt werden kann nur, dass ein Antrag auf Bewilligung von Kindergeld rechtzeitig gestellt wurde.

8.2 Elterngeld

Für Elterngeld gelten nach § 1 Abs. 7 BEEG zunächst dieselben Voraussetzungen wie für den Bezug von Kindergeld. Das betreuende ausländische Elternteil muss mit einer Niederlassungserlaubnis oder einer Aufenthaltserlaubnis, die einen dauerhaften Aufenthalt ermöglicht, in Deutschland leben. Dann erhalten diese Elternteile unter denselben weiteren Voraussetzungen und in derselben Höhe Elterngeld.

Ausgeschlossen vom Anspruch auf Elterngeld sind – wie beim Kindergeld – Ausländer mit einer humanitären Aufenthaltserlaubnis gem. §§ 23a, 24, 25 Abs. 3 u. 5 AufenthG, die sich noch keine drei Jahre rechtmäßig im Bundesgebiet aufhalten und nicht berechtigt erwerbstätig sind oder Elternzeit in Anspruch nehmen (deren Arbeitsverhältnis also fortbesteht) oder die Arbeitslosengeld I erhalten. Gegen diese Beschränkungen bestehen die vorstehend zum Kindergeld dargelegten verfassungsrechtlichen Bedenken. Voraussetzung der Sozialleistung, die die Betreuung der Kinder durch ihre Eltern fördern soll, ist eine Vernachlässigung dieser Betreuung durch Berufsausübung.

Soweit die Eltern aus assoziierten Staaten kommen, denen die EU sozialrechtliche Gleichbehandlung zugesichert hat, ist diese Leistungseinschränkung ebenfalls nicht anwendbar.

8.3 Erziehungsgeld

8.3.1 Bundeserziehungsgeld

Unionsbürger erhalten unter denselben Voraussetzungen wie Deutsche Erziehungsgeld (§ 1 Abs. 6 BErzG). Erziehungsgeld ist auch zu gewähren für Unionsbürger und Grenzgänger, die im Ausland wohnen und im Inland beschäftigt sind, sowie den im Ausland wohnhaften Ehegatten von im Inland beschäftigten Unionsbürgern (§1 Abs. 7 BErzG). Vom Bezug von Erziehungsgeld sind ausgeschlossen Saisonarbeitnehmer, Werkvertragsarbeitnehmer und zur vorübergehenden Dienstleistung ins Bundesgebiet entsandte Arbeitnehmer.

Der Kreis der Ausländer aus Drittstaaten, die Erziehungs- bzw. Elterngeld erhalten können, stimmt mit demjenigen der Bezugsberechtigten von Kindergeld überein. Er ist oben beim Kindergeld dargestellt.

Wegen der in den Abkommen der EU enthaltenen sozialrechtlichen Diskriminierungsverbote mit Algerien, Marokko, Tunesien und nach Art. 3 ARB 3/80 darf Arbeitnehmern und ihren Familienangehörigen aus diesen Ländern Erziehungsgeld wegen der Form des Aufenthaltstitels ohnedies nicht vorenthalten werden. Voraussetzung ist der Aufenthalt im Inland. Wurde der Familiennachzug rechtswidrig abgelehnt, kann Erziehungsgeld auch nicht nach den Grundsätzen des sozialrechtlichen Herstellungsanspruchs verlangt werden (BSG v. 29. 1. 2002, EZAR 455 Nr. 13).

Die Angehörigen der NATO-Streitkräfte einschließlich der deutschen dem Gefolge angehörenden Ehegatten sind gem. Art. 13 des Zusatzabkommens vom Bezug von Erziehungsgeld in gleicher Weise wie vom Bezug von Kindergeld ausgeschlossen (BSG v. 12. 7. 1988, EZAR 455 Nr. 2, vgl. S. 259). Dasselbe gilt für die Ehegatten von Konsulatsangestellten (BSG v. 29. 1. 2002, EZAR 455 Nr. 14).

8.3.2 Landeserziehungsgeld

Einige Bundesländer gewähren im Anschluss an Bundeserziehungsgeld einkommensabhängig Landeserziehungs- oder -familiengeld. Teilweise enthalten die Landesrechte Klauseln, die Ausländer weitergehend als beim Bezug von Bundeserziehungsgeld ausschließen. Solche Klauseln dürfen gegenüber Unionsbürgern und türkischen Staatsangehörigen nicht angewandt werden (BVerwG v. 6. 12. 2001, InfAuslR 2002, 255; BSG v. 29. 1. 2002, InfAuslR 2002, 249). Demgegenüber dürfen Flüchtlinge vom Bezug dieser Leistungen nach Landesrecht ausgeschlossen werden, außer sie haben zuvor in einem anderen EU-Mitgliedstaat gelebt (EuGH v. 11. 10. 2001, InfAuslR 2001, 490 [Khalil]. Erziehungsgeld ist keine Fürsorgeleistung und das Verbot der Benachteiligung gem. Art. 24 GFK sei insoweit unanwendbar.

Nach Auffassung der Rechtsprechung dürfen auch Ausländer aus Staaten außerhalb der EU, ausgenommen wiederum die Türkei, Marokko, Algerien und Tunesien, vom Bezug von Landeserziehungsgeld ausgeschlossen werden (VG Karlsruhe v. 18.7.2002 – 6 K 2487/99 –).

8.4 Unterhaltsvorschuss

Durch das Unterhaltsvorschussgesetz soll der Mindestunterhalt für bis zu zwölf Jahre alte Kinder alleinerziehender Elternteile gesichert werden, wenn der Unterhaltspflichtige den Unterhalt nicht oder nur schleppend und unregelmäßig zahlt. Vorausgesetzt ist der Aufenthalt der Kinder im Inland. Unterhaltsvorschuss steht Unionsbürgern mit Beginn des Aufenthaltsrechts zu. Vom Unterhaltsvorschuss sind die Kinder von Saisonarbeitnehmern, Werkvertragsarbeitnehmern und zur vorübergehenden Dienstleistung ins Bundesgebiet entsandten Arbeitnehmern ausgeschlossen. Im Übrigen gelten auch dieselben Voraussetzungen wie für den Bezug von Kinder- und Elterngeld und damit dieselben verfassungsrechtlichen Bedenken gegen den Ausschluss von Ausländern mit humanitären Aufenthaltstiteln.

9. Ausbildungsförderung

Der Personenkreis, der neben Deutschen Ausbildungsförderung nach dem BAFöG erlangen kann, wird in § 8 BAföG festgelegt:

- Heimatlose Ausländer,
- Asylberechtigte und Flüchtlinge im Sinne des GFK mit gewöhnlichem Aufenthalt im Inland,
- Ausländer, die wegen besonders gelagerter politischer Interessen der Bundesrepublik Deutschland eine Niederlassungserlaubnis erhalten haben (§ 23 Abs. 2 AufenthG),
- (ausländische) Kinder und Ehegatten Deutscher mit ständigem Wohnsitz im Inland,
- Auszubildende, denen nach dem FreizügG/EU als Kindern Freizügigkeit gewährt wird, die danach als Kinder verbleibeberechtigt sind oder denen danach als Kindern Freizügigkeit oder Verbleiberecht nur deshalb nicht zusteht, weil sie 21 Jahre alt oder älter sind und von ihren Eltern oder ihrem Ehegatten keinen Unterhalt erhalten,

- Freizügigkeitsberechtigte (aus der EU oder dem EWR), die im Inland vor Beginn der Ausbildung in einem Beschäftigungsverhältnis gestanden haben; zwischen der darin ausgeübten Tätigkeit und dem Gegenstand der Ausbildung muss grundsätzlich ein inhaltlicher Zusammenhang bestehen.

Die Beschränkung der Ansprüche von Freizügigkeitsberechtigten entspricht nicht vollständig der Rechtsprechung des EuGH. Danach sind die Mitgliedsstaaten nur unter besonderen Voraussetzungen verpflichtet, Ausbildungsförderung für Studenten aus anderen Mitgliedsstaaten zu gewähren. Sie sind vor allem dann nicht zur Zahlung von Stipendien verpflichtet, wenn ein Freizügigkeitsberechtigter einreist, ein Praktikum absolviert und danach ein Studium aufnimmt (EuGH v. 26. 2. 1992, InfAuslR 1992, 273 [Bernini]). Weitergehend ist Unionsbürgern auch dann Studienförderung zu bewilligen, wenn sie im Bundesgebiet einen großen Teil der Ausbildung in einer weiterführenden Schule erhalten und sich dadurch sozial integriert haben (EuGH v. 15. 3. 2005, InfAuslR 2005, 230 [Bidar]).

Anderen Ausländern wird Ausbildungsförderung geleistet, wenn

- geduldeten Ausländern, die ihren ständigen Wohnsitz im Inland haben, wenn sie sich seit mindestens vier Jahren ununterbrochen rechtmäßig, gestattet oder geduldet im Bundesgebiet aufhalten,
- oder wenn sie sich vor Beginn des förderungsfähigen Teils des Ausbildungsabschnitts insgesamt fünf Jahre im Inland aufgehalten haben und rechtmäßig erwerbstätig gewesen sind oder
- zumindest ein Elternteil während der letzten sechs Jahre vor Beginn des förderungsfähigen Teils des Ausbildungsabschnitts sich insgesamt drei Jahre im Inland aufgehalten hat und rechtmäßig erwerbstätig gewesen ist, im Übrigen von dem Zeitpunkt an, in dem im weiteren Verlauf des Ausbildungsabschnitts diese Voraussetzungen vorgelegen haben. Die Voraussetzungen gelten auch für einen einzigen weiteren Ausbildungsabschnitt als erfüllt, wenn der Auszubildende in dem vorhergehenden Ausbildungsabschnitt die Zugangsvoraussetzungen erworben hat und danach unverzüglich den Ausbildungsabschnitt beginnt. Von dem Erfordernis der Erwerbstätigkeit des Elternteils während der letzten sechs Jahre kann abgesehen werden, wenn sie aus einem von ihm nicht zu vertretenden Grunde nicht ausgeübt worden ist und er im Inland mindestens sechs Monate erwerbstätig gewesen ist.

Die Aufzählung ist im Einzelnen sehr kompliziert, aber so umfassend, dass praktisch jeder, der einen Abschluss an einer allgemeinbildenden Schule erlangt hat, für eine Fortsetzung der Ausbildung BAföG erhalten kann.

Die Voraussetzung eines Mindestaufenthalts im Inland ist mit dem Verbot willkürlicher Ungleichbehandlung aus Art. 3 GG vereinbar (BVerfG v. 13. 1. 1993, InfAuslR 1993, 277).

Diese Mindestaufenthaltszeiten sind im Rahmen der von der EU mit Drittstaaten vereinbarten sozialrechtlichen Diskriminierungsverbote unanwendbar. Denn sie stellen Anforderungen auf, die für Deutsche und ihre Kinder nicht gelten. Sie gelten deshalb nicht gegenüber den Kindern marokkanischer, algerischer und tunesischer Staatsangehöriger (vgl. Art. 64 der EU-Abkommen mit Marokko bzw. Tunesien; EuGH v. 31. 1. 1991, InfAuslR 1991, 105 [Kziber]) und gem. Art. 9 Satz 2 ARB 1/80 auch nicht gegenüber den Kindern türkischer Arbeitnehmer. Darüber hinaus ist das Studium der Kinder türkischer Arbeitnehmer während des vorübergehenden Besuchs einer Hochschule in der Türkei (Auslandssemester bzw. -studienjahr) zu fördern, sofern sie bei Beginn des Studiums bei ihren Eltern im Bundesgebiet gelebt haben (EuGH v. 7. 7. 2005, InfAuslR 2005, 354 [Gürol]). Derselbe Personenkreis darf deshalb auch nicht von der in einigen Bundesländern gewährten Begabungsförderung ausgeschlossen werden (VG Sigmaringen v. 24. 11. 2005, InfAuslR 2006, 315).

Dieselben Grundsätze gelten für die Förderung der beruflichen Bildung gem. § 63 SGB III durch die Arbeitsagenturen.

10. Wohngeld

§ 3 WoGG unterscheidet für den Anspruch auf Wohngeld nicht zwischen In- und Ausländern. Ausländer, die sich mit Aufenthalts- oder Niederlassungserlaubnis oder Duldung im Inland aufhalten, haben deshalb unter denselben Voraussetzungen wie Deutsche einen Rechtsanspruch auf Wohngeld. Nr. 1.02 WoGVwV bejaht diesen Anspruch auch für Ausländer, denen der Aufenthalt zur Durchführung des Asylverfahrens gestattet worden ist.

Wohngeld wird nicht gewährt, wer Arbeitslosengeld II oder Sozialgeld nach SGB II, Grundsicherungen oder Sozialhilfe gemäß SGB XII oder Leistungen nach dem AsylbLG erhält. Für das Wohnen in Notunterkünften wird kein Wohngeld gewährt, weil es sich dabei nicht um Wohnraum gem. § 4a WoGG handelt.

11. Wohnberechtigungsschein

Durch Wohnberechtigungsscheine wird gesichert, dass im öffentlich geförderten sozialen Wohnungsbau errichtete Wohnungen an sozial Schwache vergeben werden. Nach § 5 WoBindG i.V. m. § 27 Abs. 2 Satz 1 WoFG können Wohnungssuchende einen Wohnberechtigungsschein erhalten, die sich nicht nur vorübergehend im Geltungsbereich dieses Gesetzes aufhalten und die rechtlich und tatsächlich in der Lage sind, für sich und ihre Haushaltsangehörigen auf längere Dauer einen Wohnsitz als Mittelpunkt der Lebensbeziehungen zu begründen und dabei einen selbstständigen Haushalt zu führen.

Ausländer können deshalb nur einen Wohnberechtigungsschein erhalten, wenn sie eine Niederlassungserlaubnis oder Aufenthaltserlaubnis besitzen, die einen dauerhaften Aufenthalt ermöglicht. Sie müssen deshalb dauerhaft zum Arbeitsmarkt zugelassen sein.

12. Jugendhilfe

Leistungen der Jugendhilfe erhalten Ausländer, wenn sie »rechtmäßig oder aufgrund einer ausländerrechtlichen Duldung ihren gewöhnlichen Aufenthalt im Inland haben« (§ 6 Abs. 2 SGB VIII). Entgegen diesem Wortlaut können auch Asylbewerber jedenfalls nach Verlassen der Asylaufnahmeeinrichtung, also spätestens nach drei Monaten, Leistungen der Jugendhilfe erhalten. Das AsylbLG ist im Unterschied zum SGB VIII kein Erziehungsgesetz (*Classen*, Sozialleistungen für MigrantInnen und Flüchtlinge, S. 190). Das BVerwG (v. 24. 6. 1999, EZAR 465 Nr. 1) verweist dazu auf § 6 Abs. 4 SGB VIII i.V. m. Art. 1 des Haager Minderjährigen-Abkommens.

§ 24 Abs. 1 SGB VIII sieht für jedes Kind einen Anspruch auf einen Kinderplatz vor. Voraussetzung ist ein nicht nur vorübergehender Aufenthalt. Die Regelung erfasst damit auch Asylbewerber nach dem Verlassen der Erstaufnahmeeinrichtung. Eine besondere pädagogische Notwendigkeit muss nicht nachgewiesen werden. Der Kindergartenbeitrag ist Eltern mit geringem Einkommen, vor allem Empfängern von Leistungen nach SGB II, SGB XII oder AsylbLG auf Antrag vollständig oder teilweise zu erlassen (*Classen* a. a. O., S. 193).

Die Leistungen der Jugendhilfe sind vorrangig vor derjenigen nach dem AsylbLG zu gewähren (§ 9 Abs. 2 AsylbLG). Danach können die betroffenen Jugendlichen auch eine bessere medizinische Versorgung bei Krankheit und die im SGB VIII vorgesehenen pädagogischen Maßnahmen erhalten. Diese Leistungen können nicht nach §§ 1 a, 6 AsylbLG beschränkt werden.

Die Inanspruchnahme von Leistungen der Jugendhilfe begründet keinen Ausweisungsgrund bei Minderjährigen, deren personensorgeberechtigte Eltern sich mit Aufenthaltserlaubnis im Bundesgebiet aufhalten (§ 55 Abs. 2 Nr. 7 AufenthG).

13. Opferentschädigung

Die Opfer vorsätzlicher Gewalttaten können Entschädigungsleistungen in entsprechender Anwendung des BVersG erhalten. Unionsbürger haben ebenfalls Anspruch auf diese Leistungen. Andere Ausländer (also Drittstaatsangehörige) haben einen Anspruch auf Versorgung, soweit EU-Recht eine Gleichbehandlung mit Deutschen vorschreibt, z. B. die Ehegatten von Unionsbürgern aus Drittstaaten. Wenn das Heimatland ebenfalls ein System der Opferentschädigung kennt, werden ebenfalls Leistungen erbracht.

Andere Drittstaatsangehörige erhalten Versorgungsleistungen, wenn sie sich rechtmäßig nicht nur für einen vorübergehenden Aufenthalt von längstens sechs Monaten im Bundesgebiet aufhalten. Ein rechtmäßiger Aufenthalt im Sinne dieses Gesetzes ist auch gegeben, wenn die Abschiebung aus rechtlichen oder tatsächlichen Gründen oder aufgrund erheblicher öffentlicher Interessen ausgesetzt ist, der Ausländer also nur im Besitz einer Duldung ist (§ 1 Abs. 5 Satz 2 OEG). Auch Strafgefangene können Opferentschädigung verlangen, selbst wenn die Schädigung eine »gefängniseigentümliche Gefahr des Strafvollzuges« verwirklicht hat (BSG v. 29. 3. 2007, SozR 4-3800 § 2 Nr. 2).

Weiter ist zu unterscheiden: Drittstaatsangehörige, die sich seit mindestens drei Jahren ununterbrochen rechtmäßig im Bundesgebiet aufhalten, erhalten dieselben Leistungen wie Deutsche. Ausschließlich einkommensunabhängige Leistungen erhalten Drittstaatsangehörige, die sich noch nicht drei Jahre ununterbrochen rechtmäßig im Bundesgebiet aufhalten. Dies sind Leistungen für Heilbehandlung und Renten wegen bleibender Körperschäden.

Für einen etwaigen Rentenanspruch ist bei Ausweisung oder Abschiebung oder dauerhafter Ausreise eine Abfindung zu zahlen (§ 1 Abs. 7 OEG). Sie ist abhängig von der Dauer des Inlandsaufenthalts und beträgt mindestens das 10-fache und höchstens das 30-fache der zu zahlenden monatlichen Grundrente.

Begünstigt sind auch die Familienangehörigen von Deutschen oder leistungsberechtigten Ausländern, die sich nur vorübergehend im Bundesgebiet aufhalten.

Diese Regelung begünstigt auch die Opfer ausländerfeindlicher Übergriffe. Sie schließt einen eigenen Schadensersatzanspruch der Opfer gegen die Täter nicht aus.

Der Anspruch setzt nicht voraus, dass der Drittstaatsangehörige im Zeitpunkt der Tat einen Aufenthaltstitel besaß oder geduldet war. Es genügt auch eine zu einem späteren Zeitpunkt erteilte Duldung (BSG v. 8. 11. 2007 SolR4-3860 § 1 Nr. 12). Der Leistungsantrag kann wie bei jeder anderen Sozialleistung bei jeder Gemeinde und bei jedem Träger von Sozialleistungen (z. B. Krankenkassen) gestellt werden (§ 16 Abs. 1 SGB I).

14. Grundsicherung

Gemäß § 23 SGB XII ist Ausländern, die sich im Inland tatsächlich aufhalten, Hilfe zum Lebensunterhalt, Hilfe bei Krankheit, Hilfe bei Schwangerschaft und Mutterschaft sowie Hilfe zur Pflege zu leisten. Im Übrigen kann Sozialhilfe geleistet werden, soweit dies im Einzelfall gerechtfertigt ist. Diese Einschränkung gilt nicht für Ausländer, die im Besitz einer Niederlassungserlaubnis sind und für im Bundesgebiet wohnhafte Unionsbürger. Der Ausschluss der Unionsbürger von Leistungen würde gegen Art. 12 EG verstoßen (EuGH v. 12. 5. 1998, InfAuslR 1998, 316 [Sala]).

Ausländer, die eingereist sind, um Sozialhilfe zu erlangen, haben keinen Anspruch auf Sozialhilfe (§ 23 Abs. 3 SGB XII). Die Absicht, Sozialhilfe zu erhalten, muss den Entschluss zur Einreise geprägt haben (BVerwG v. 4.6.1992, EZAR 460 Nr. 11). Selbst wenn der Ausschluss von der Sozialhilfe zulässig ist, ist zur Behebung eines akut lebensbedrohlichen Zustandes oder für eine unaufschiebbare und unabweisbar gebotene Behandlung einer schweren oder ansteckenden Erkrankung Sozialhilfe zu bewilligen.

Ausgeschlossen von Leistungen sind auch Unionsbürger, die nur zum Zwecke der Arbeitssuche eingereist sind. Ob dieser zwingende Ausschluss europarechtlich zulässig ist, ist Gegenstand eines beim EuGH anhängigen Vorabentscheidungsverfahrens.

Halten sich Ausländer entgegen einer ausländerrechtlichen räumlichen Beschränkung in einem für sie gesperrten Teil des Bundesgebiets auf, darf der für den tatsächlichen Aufenthaltsort zuständige Träger der Sozialhilfe die Leistungen kürzen. Das gilt auch für Ausländer, die eine räumlich nicht beschränkte Aufenthaltserlaubnis nach den §§ 23, 23 a, 24 Abs. 1 oder 25 Abs. 3 bis 5 AufenthG besitzen, wenn sie sich außerhalb des Landes aufhalten, in dem ihnen der Aufenthaltstitel erstmals erteilt wurde. Diese Einschränkung ist nicht anzuwenden, wenn der Wechsel in ein anderes Land zur Wahrnehmung der Rechte zum Schutz der Ehe und Familie nach Art. 6 GG oder aus vergleichbar wichtigen Gründen gerechtfertigt ist oder es sich um einen anerkannten Flüchtling handelt. Der Begriff des »vergleichbar wichtigen Grundes« ist unklar. Ein solcher Grund dürfte zu bejahen sein, wenn der Ausländer am neuen Wohnort eine Arbeit gefunden hat, deshalb nur ergänzende Sozialhilfe benötigt und wegen des vom Sozialamts verlangten Umzugs die Arbeitsstelle wieder aufgeben müsste (*Heinhold/Classen*, Das Zuwanderungsgesetz, S. 121).

Muss ein Ausländer seinen Pass verlängern lassen und verfügt er hierfür nicht über ausreichende Mittel, besteht gegen das Sozialamt ein Anspruch auf eine einmalige Beihilfe (VGH Baden-Württemberg v. 14.6.1994, InfAuslR 1996, 346). Kosten einer Einbürgerung sind nicht vom Sozialamt zu übernehmen. Vielmehr besteht die Möglichkeit des Gebührenerlasses gem. § 38 StAG (VGH Baden-Württemberg v. 21.2.2001, InfAuslR 2001, 112).

Wegen der Tragung von Dolmetscherkosten bei einem Arzt sei auf die Darstellung auf S. 246 f. verwiesen.

15. Asylbewerberleistungsgesetz

Leistungen nach dem Asylbewerberleistungsgesetz (AsylbLG) erhalten Asylbewerber während und nach Abschluss des Asylverfahrens und im Flughafenverfahren. Weiter gehören dazu diejenigen Ausländer, die eine Aufenthaltserlaubnis nach §§ 23 Abs. 1, 24, 25 Abs. 4 u. 5 AufenthG besitzen. Dies sind die aus völkerrechtlichen, humanitären oder politischen Gründen erteilten Aufenthaltserlaubnisse. Dazu zählen auch nach der RL 2001/55/EG aufgenommene Flüchtlinge (vgl. S. 55 f.).

Weiter gehören dazu die geduldeten Ausländer einschließlich der »vollziehbar Ausreisepflichtigen«. Hierbei handelt es um Ausländer, gegen die eine Androhung ihrer Abschiebung erging, die vollstreckt werden kann. Sie muss noch nicht bestandskräftig sein.

Nach § 1 a AsylbLG hat keinen Anspruch auf Leistungen, wer ausreisepflichtig ist und die Aufenthaltsbeendigung durch sein Verhalten verhindert, also z. B. Reisedokumente vernichtet.

Die Leistungen der Sozialhilfe werden weitergehend als bei Sozialhilfe und Arbeitslosengeld II auf das Notwendigste beschränkt. Die Betroffenen erhalten Grundleistungen für den notwendigen Bedarf an Ernährung, Unterkunft, Heizung usw. neben einem geringen Taschengeld in Form von Sachleistungen.

Wer Leistungen nach dem AsylbLG erhalten kann, darf weder Leistungen der Sozialhilfe noch der Grundsicherung noch Arbeitslosengeldes II erhalten. Das Einkommen und Vermögen, auch der Ehegatten (bzw. Lebenspartner) und minderjährigen Kinder, ist vor Bewilligung von Leistungen vollständig zu verbrauchen.

Zur Behandlung akuter Erkrankungen und Schmerzzustände ist die erforderliche ärztliche und zahnärztliche Behandlung zu gewähren. Eine Versorgung mit Zahnersatz darf nur erfolgen, wenn sie unaufschiebbar ist. Umstritten ist z. B., inwieweit die Leistungen nach dem AsylbLG die Kosten der Behandlung einer posttraumatischen Belastungsstörung umfassen (vgl. *Deibel*, ZAR 2004, 321). Hierbei handelt es sich um schwerwiegende psychische Probleme, die bis hin zur Selbstmordgefährdung führen können und z. B. aus Kriegserlebnissen herrühren können.

»Sonstige Leistungen« können nach den Besonderheiten des Einzelfalls gewährt werden. Darunter fallen z. B. Arbeitskleidung und Fahrtkosten zur Arbeit bei gemeinnütziger Arbeit oder Fahrtkosten zur Ausübung des Umgangsrechts mit einem Kind (*Classen*, Menschenwürde mit Rabatt, S. 156).

Nach spätestens 36 Monaten besteht gem. § 2 AsylbLG Anspruch auf Leistungen analog der Sozialhilfe, außer der Flüchtling hat rechtsmissbräuchlich die Dauer seines Aufenthalts, z. B. durch Vernichtung des Passes oder Angabe einer falschen Identität, beeinflusst. Rechtsmissbräuchliches Verhalten, das ohne Auswirkungen auf die Aufenthaltsdauer ist, genügt für die Besserstellung nach § 2 AsylbLG nicht. So ist eine fehlende Mitwirkung an der Passbeschaffung nicht ursächlich für die Dauer des Aufenthalts, wenn dieser ohnedies, z. B. wegen der Verhältnisse im Heimatland, nicht beendet werden kann (*Heinhold/Classen*, Das Zuwanderungsgesetz, S. 110). Ein Rechtsmissbrauch kann nicht schon dann angenommen werden, wenn Ausländer lediglich ihrer Ausreisepflicht nicht nachkommen. Vielmehr ist auch in diesen Fällen die Zumutbarkeit der Ausreise zu prüfen. Unzumutbar kann die Ausreise für Ausländer sein, denen sich Ausreisemöglichkeiten erst nach jahrelangem Aufenthalt in Deutschland eröffnen, sofern sie sich während dieser langen Zeit derart in die deutsche Gesellschaft und die hiesigen Lebensverhältnisse integriert haben, dass ihre Ausreise in das Herkunftsland einer Auswanderung nahe käme (BSG v. 8. 2. 2007, InfAuslR 2007, 315).

F. Staatsangehörigkeitsrecht

1. Erwerb

1.1 Geburt

Die deutsche Staatsangehörigkeit kann mit Geburt oder Adoption oder aufgrund eines Antrags erworben werden. Sie geht durch Verzicht oder durch den Erwerb einer anderen Staatsangehörigkeit verloren. Auch zu den hier bestehenden hochkomplexen Fragen kann nur ein Überblick gegeben werden.

Die Kinder Deutscher erwerben mit **Geburt** die deutsche Staatsangehörigkeit. Hat ein Elternteil eine oder mehrere andere Staatsangehörigkeiten, können diese Kinder Doppelstaater sein. Sie müssen später nicht auf die weiteren Staatsangehörigkeiten verzichten, um Deutsche bleiben zu dürfen.

Auch die Kinder von Ausländern können gem. §4 Abs. 3 StAG von Geburt an Deutsche sein. Dazu muss ein Elternteil seit mindestens acht Jahren rechtmäßig seinen gewöhnlichen Aufenthalt im Inland haben und im Zeitpunkt der Geburt ein unbefristetes Aufenthaltsrecht besitzen.

Rechtmäßig ist der Aufenthalt, wenn der Ausländer einen Aufenthaltstitel besitzt. Die erforderlichen acht Jahre rechtmäßigen Aufenthalts vor der Geburt sind auch erfüllt, wenn ein Antrag auf Verlängerung der Aufenthaltserlaubnis um wenige Tage verspätet gestellt wurde (BVerwG v. 18. 11. 2004, InfAuslR 2005, 215). Türkische Arbeitnehmer und ihre Familienangehörigen benötigen allerdings keinen Aufenthaltstitel ab dem Zeitpunkt, ab dem sie die Voraussetzungen der Art. 6 f. ARB 1/80 erfüllen (siehe oben S. 137 ff.).

Über ein unbefristetes Aufenthaltsrecht verfügen diejenigen, die eine Niederlassungserlaubnis oder eine Erlaubnis zum Daueraufenthalt-EG besitzt. Weiter besitzen ein unbefristetes Aufenthaltsrecht Unionsbürger und ihre Familienangehörigen, die Staatsangehörigen des EWR und schweizerische Staatsangehörige nach über 5-jährigem Aufenthalt.

Wer ohne deutsche Eltern die deutsche Staatsangehörigkeit mit Geburt erworben hat, muss sich mit Erreichen der Volljährigkeit entscheiden, ob er die deutsche Staatsangehörigkeit beibehalten will oder auf sie verzichtet. Gibt er bis zur Vollendung des 23. Lebensjahres nach vorherigem Hinweis keine Erklärung ab, verliert er die deutsche Staatsangehörigkeit (§ 29 StAG). Wollen diese Kinder die deutsche Staatsangehörigkeit beibehalten, sind sie verpflichtet, sich um die Entlassung aus der anderen Staatsangehörigkeit zu bemühen.

Gegen diese als Optionslösung bezeichnete Verpflichtung bestehen verfassungsrechtliche Bedenken. Bei ihr werden Deutsche wegen ihrer Abstammung ungleich behandelt. Auch ist es widersprüchlich, wenn der Gesetzgeber gleichzeitig die sog. Ersitzung ermöglicht, bei der ein Ausländer zum Deutschen mit doppelter Staatsangehörigkeit wird, wenn er wenigstens zwölf Jahre von deutschen Behörden als Deutscher behandelt wird und das nicht zu vertreten hat (§ 3 Abs. 2 StAG).

Die deutsche Staatsangehörigkeit erwerben ebenfalls die Kinder von Unionsbürgern und Schweizern, wenn diese oder ihre Ehegatten seit mindestens acht Jahren rechtmäßig den gewöhnlichen Aufenthalt und dadurch das Recht zum Daueraufenthalt im Inland haben. Diese Kinder müssen aber mit Vollendung des 18. Lebensjahres keine Erklärung zur Beibehaltung der deutschen Staatsangehörigkeit abgeben. Sie sind damit den Kindern mit deutschen Eltern gleichgestellt, die nicht auf eine weitere Staatsangehörigkeit verzichten müssen, um Deutsche zu bleiben.

Das StAG schafft damit zwei Gruppen deutscher Kinder: Die Kinder Deutscher und die Kinder von Unionsbürgern dürfen Doppelstaater sein. Andere Kinder dürfen nach Erreichen der Volljährigkeit nicht mit mehrfacher Staatsangehörigkeit weiter Deutsche bleiben wollen. Die darin liegende Ungleichbehandlung dürfte aber mit Art. 3 GG vereinbar sein, obwohl diese anderen Kinder wegen ihrer Abstammung benachteiligt sind.

Eine **Adoption** minderjähriger Ausländer durch Deutsche bewirkt ihre Einbürgerung (§ 6 StAG). Dies gilt nicht für die Adoption Volljähriger. Jedoch werden auch Volljährige durch Adoption zu Deutschen, wenn der Adoptionsantrag vor Erreichen der Volljährigkeit gestellt wurde (BVerwG v. 14. 10. 2003, InfAuslR 2004, 80).

Gelegentlich kommt es vor, dass Behörden irrtümlich davon ausgehen, dass jemand die deutsche Staatsangehörigkeit besitze und entsprechend deutsche Ausweispapiere ausstellen. In einem solchen Fall darf nach zwölf Jahren die deutsche Staatsangehörigkeit nicht mehr in Zweifel gezogen werden (§ 3 Abs. 2 StAG).

1.2 Einbürgerung auf Antrag

1.2.1 Aufenthaltsdauer

Für einen Antrag auf Einbürgerung müssen verschiedene Voraussetzungen erfüllt werden. Die Auflistung in § 10 StAG muss im Zusammenhang mit den nachfolgenden Bestimmungen gelesen werden. Zunächst wird eine **Aufenthaltsdauer** von acht Jahren verlangt. Der Aufenthalt muss »rechtmäßig« gewesen sein (also mit Aufenthaltstitel bzw. aufenthaltserlaubnisfrei aufgrund EU-Rechts). Er muss seit acht Jahren der »gewöhnliche« Aufenthalt sein. Ein Ausländer hat seinen gewöhnlichen Aufenthalt im Bundesgebiet, wenn er nicht nur vorübergehend, sondern auf unabsehbare Zeit hier lebt, sodass eine Beendigung des Aufenthaltes ungewiss ist (BVerwG v. 29. 9. 1995, InfAuslR 1996, 19).

Nicht als Zeiten des gewöhnlichen Aufenthalts werden deshalb Studienzeiten von Ausländern anerkannt, die erst als Erwachsene zugewandert sind. Der Einbürgerungsbewerber muss bei Einbürgerung entweder ein unbefristetes Aufenthaltsrecht als Unionsbürger oder EWR-Staater oder Schweizer oder als der Ehegatte besitzen oder eine Niederlassungserlaubnis besitzen. Es genügt auch ein Aufenthaltstitel, der einen dauerhaften Aufenthalt ermöglicht. Nicht ausreichend sind aus humanitären Gründen und nur zu einer Ausbildung erteilte Aufenthaltserlaubnisse.

Die Mindestdauer des Aufenthalts kann durch den erfolgreichen Besuch eines Integrationskurses auf sieben Jahre verkürzt werden. Durch besondere Integrationsleistungen, vor allem den Erwerb besonders guter Deutschkenntnisse kann die Mindest-Aufenthaltsdauer auf sechs Jahre verkürzt werden (§ 10 Abs. 3 StAG). Das Bundesinnenministerium hat vorläufige Anwendungshinweise erlassen, wonach auch wegen längerer ehrenamtlicher Tätigkeit bei einer gemeinnützigen Organisation oder einem Verein die Mindest-Aufenthaltsdauer verkürzt werden kann.

Auslandsaufenthalte, die ein halbes Jahr übersteigen, werden in der Regel für die Erfüllung der Mindest-Aufenthaltsdauer nicht angerechnet. Doch mitgerechnet wird die Zeit eines Auslandsaufenthalts zur Erfüllung der gesetzlichen Wehrpflicht im Heimatland. Mitgerechnet werden auch Zeiten, in denen die Rechtmäßigkeit des Aufenthalts nur aufgrund eines verspäteten Antrags auf Verlängerung der Aufenthaltserlaubnis unterbrochen war (§ 12 b StAG).

Erfüllt ein Ausländer die Voraussetzungen für die Einbürgerung, können seine Familienangehörigen ebenfalls unter Fristverkürzung mit eingebürgert werden (§ 10 Abs. 2 StAG). Danach genügt für die Miteinbürgerung eines Ehegatten ein Inlandsaufenthalt von vier Jahren; die eheliche Lebensgemeinschaft muss seit wenigstens zwei Jahren bestanden haben und im Zeitpunkt der Aushändigung der Einbürgerungsurkunde fortbestehen. Ein mit einzubürgerndes, noch nicht 16 Jahre altes Kind soll mit eingebürgert werden, wenn der Ausländer das Sorgerecht besitzt und das Kind sich seit mindestens drei Jahren im Inland aufhält. Unter 6-jährige Kinder müssen nur seit sechs Monaten im Bundesgebiet leben.

1.2.2 Sicherung des Lebensunterhalts

Der **Lebensunterhalt** muss gesichert sein. Der Ausländer darf nicht einen Anspruch auf Leistungen nach SGB II (Arbeitslosengeld II) oder SGB XII (Sozialhilfe und Grundsicherung) besitzen (§ 10 Abs. 1 Nr. 3 StAG). Es kommt auch an dieser Stelle nicht darauf an, ob er die Leistungen in Anspruch nimmt. Die Armut an sich schadet. Ausgenommen sind Fallgestaltungen, in denen die Armut auf dem Besuch einer Schule oder Hochschule beruht. Bildungsstreben wird nicht benachteiligt.

1.2.3 Vorstrafen

Vorstrafen sind unschädlich, wenn sie bestimmte Schranken nicht überschreiten: vom Jugendrichter verhängte Erziehungsmaßregeln oder Zuchtmittel bis hin zum Freizeitarrest; Verurteilungen zu Geldstrafe bis zu 90 Tagessätzen und zu Freiheitsstrafen bis drei Monaten, wenn sie zur Bewährung ausgesetzt und nach Ablauf der Bewährungsfrist erlassen wurden (§§ 10 Abs. 1 Satz 1 Nr. 5, 12 a Abs. 1 StAG).

1.2.4 Ausnahmen vom Verzicht auf die bisherige Staatsangehörigkeit

Das Gesetz hält an dem Verbot der doppelten Staatsangehörigkeit fest. Wer die Einbürgerung anstrebt, muss zum **Verzicht auf die bisherige Staatsangehörigkeit** bereit sein (§ 10 Abs. 1 Satz 1 Nr. 4 StAG). Eine Ausnahme gilt für Unionsbürger und Schweizer (§ 12 Abs. 2 StAG). Weitere Ausnahmen sind für folgende Fälle vorgesehen:

- Das Recht des ausländischen Staats lässt einen Verzicht auf dessen Staatsangehörigkeit nicht zu, beispielsweise Argentinien oder Uruguay.
- Der ausländische Staat verweigert regelmäßig Entlassungen, z. B. Afghanistan, Algerien, Eritrea, Kuba, Libanon, Marokko, Syrien und Tunesien. Ein solcher Fall liegt auch vor, wenn nur einer bestimmten Gruppe der Staatsangehörigen die Entlassung verweigert wird (BVerwG v. 3. 5. 2007, InfAuslR 2007, 359). Zu diesen Staaten gehört nicht die Türkei. Zwar können türkische Staatsangehörige vor Vollendung des 18. Lebensjahres nur dann entlassen werden, wenn beide Elternteile ebenfalls nicht mehr türkische Staatsangehörige sind. Doch soll es zumutbar sein, dann bis zur Volljährigkeit zuzuwarten.
- Der ausländische Staat macht die Entlassung von unzumutbaren Bedingungen abhängig. Das ist etwa der Fall, wenn der Ausländer als Angehöriger der 2. Ausländergeneration im Bundesgebiet aufgewachsen und überwiegend im Inland die Schule durchlaufen hat, aber dennoch zunächst die Wehrpflicht im Herkunftsland erfüllen soll.

Unzumutbar ist auch ein Wehrdienst für die Dauer von mindestens zwei Jahren, wenn der Einbürgerungswillige im Bundesgebiet mit seinem Ehegatten und einem minderjährigen Kind in ehelicher Lebensgemeinschaft zusammenlebt. Dasselbe gilt für Kriegsdienstverweigerer aus Gewissensgründen, wenn der Herkunftsstaat keinen nichtmilitärischen Ersatzdienst ermöglicht.

Ein Freikauf vom Wehrdienst ist unzumutbar, wenn dafür ein Betrag aufzuwenden ist, der das 3-fache eines durchschnittlichen Bruttoeinkommens übersteigt oder den absoluten Betrag von € 5.112,92.

Es gilt auch bei Entlassungsgebühren, die im Verhältnis zum Einkommen des Einbürgerungsbewerbers unverhältnismäßig hoch sind. Das ist der Fall, wenn die Gebühren einschließlich Nebenkosten, z. B. für Beglaubigungen ein durchschnittliches Bruttoeinkommen übersteigen **und** mindestens € 1.278,23 betragen.

Entscheidet der ausländische Staat nicht innerhalb angemessener Zeit über den Antrag auf Entlassung aus der bisherigen Staatsangehörigkeit, kann ebenfalls die sofortige Einbürgerung verlangt werden. Als Zeitraum, gerechnet ab Vorlage des vollständigen Entlassungsantrags und Zahlung der verlangten Gebühren werden zwei Jahre angesehen (VGH Baden-Württemberg v. 20. 3. 1997, InfAuslR 1997, 317).

Ein Verzicht auf die bisherige Staatsangehörigkeit ist auch unzumutbar, wenn dem Einbürgerungsbewerber erhebliche Nachteile vor allem wirtschaftlicher und vermögensrechtlicher Art drohen. Das wird in der Regel bei Nachteilen bejaht, die ein Bruttojahreseinkommen übersteigen.

Ist der Einbürgerungsbewerber als Flüchtling anerkannt, wird ein Verzicht auf die Staatsangehörigkeit nicht verlangt. Ist ein Verfahren auf Aberkennung des Flüchtlingsstatus anhängig, darf mit der Entscheidung über den Einbürgerungsantrag bis zum Abschluss dieses Verfahrens zugewartet werden.

1.2.5 Ausreichende Kenntnisse der deutschen Sprache

Die in § 10 Abs. 1 Satz 1 Nr. 6 StAG verlangten **ausreichenden Kenntnisse der deutschen Sprache** definiert § 10 Abs. 4 StAG für über 16-jährige mit mündlichen und schriftlichen Sprachkenntnissen, wie sie für das Zertifikat Deutsch B1 verlangt werden. Deshalb genügt der erfolgreiche Abschluss der Hauptschule oder einer 10. Klasse einer weiterführenden Schule oder eines Studiums in jedem Fall.

Verlangt werden schließlich **Kenntnisse der deutschen Rechts- und Gesellschaftsordnung**. Nachgewiesen sind diese Kenntnisse, wenn ein Einbürgerungstest bestanden wird. Dazu hat das Bundesinnenministerium einen Katalog von Fragen und Antworten ausgearbeitet, die gelernt werden können.

Zur Prüfung der **Verfassungstreue** wird das Landesamt für Verfassungsschutz befragt, das der Einbürgerungsstelle mitteilt, ob dort ein Bekenntnis gegen die freiheitliche demokratische Grundordnung bekannt ist.

2. Verlusttatbestände

Das StAG regelt einige wenige Sachverhalte, die zum Verlust der deutschen Staatsangehörigkeit führen. Es gibt den genehmigungsbedürftigen Verzicht (§ 26 StAG), die Adoption eines minderjährigen Deutschen durch einen Ausländer im Fall des damit verbundenen Erwerbs der ausländischen Staatsangehörigkeit (§ 27 StAG) und der freiwilligen Verpflichtung in einem ausländischen Heer, wenn dadurch die fremde Staatsangehörigkeit erworben wird (§ 28 StAG). Der wichtigste Grund für den Verlust ist gem. § 25 StAG der **Erwerb einer ausländischen Staatsangehörigkeit**. Dieser Verlust tritt allerdings nicht ein, wenn die Staatsangehörigkeit eines anderen Mitgliedsstaats der EU oder der Schweiz erworben wird.

Stichwortverzeichnis